KB036386

3·1운동 100년

1 메타역사

운동

3·1운동
100주년
총서

1 메타역사

한국역사연구회 3·1운동100주년기획위원회 엮음

100년

Humanist

■ **일러두기**

1. 논문과 기사 제목은 〈 〉로, 신문과 잡지, 단행본 제목은《 》로 표기했다.
2. 외래어 표기는 국립국어원 외래어 표기법에 따랐다. 단, 외국 도서명과 잡지명, 출판사명
   일부는 뜻을 명료히 하기 위해 한자 독음대로 표기했다.
3. 옛 문헌을 인용하는 경우, 맞춤법은 원문에 따랐다.
4. 역사 용어는 통일하지 않고, 각 필자의 의견에 따랐다.

총론

3·1운동 100주년,
새로운 역사학의 모색

 3·1운동 100주년을 맞는 소회가 남다르다. 3·1운동은 거리의 저항 축제였다. 전국 방방곡곡 공원과 장터를 메운 사람들은 독립만세를 외쳤고 태극기를 손에 쥔 채 대로와 골목을 누비며 행진했다. 그로부터 100년의 세월이 흐른 2019년, 우리는 추운 겨울 거리에서 촛불을 밝혀 민주주의의 진전을 이뤄냈고 한반도 평화의 길로 성큼 들어섰다. 100년 전과 마찬가지로 역사적 전환기를 맞아 새로운 역사를 써내려가고 있다.

 새로운 시대로의 진입, 그 길목에서 역사학계도 전에 없이 활발히 움직이고 있다. 특히 소장학자들이 새롭고 다양한 시각으로 자신들의 목소리를 내고 있다. 한국근대사도 새로운 역사학을 모색하는 흐름의 한가운데 있다. 오래도록 근대사의 주체는 민족이었고 때론 민중이었다. 프레임 역시 민족 대 반민족이었다. 20세기에서 21세기로 진입하면서 양자 사이에 광범위한 회색지대가 존재했다는 선언이 이뤄졌고 이분법적 구도는 서서히 무너져 내렸다. 그리고 2019년, 근대사는 민족이나 민중을 단일한 집합주체로 보지 않고 다양한 스펙트럼과 경계를 넘나드는 그들의 운동성에 주목하는 한편, 장애인과 성소수자 등 역사 속에서 배제된 주체를 찾아 그들의 삶을 복원하려 한다. 수탈 대 저항이라는 전통적인 이분법을 해체하고 일제 시기를 재해석하려는 움직임이 주된 흐름으로 자리를 잡아가고 있다.

한국역사연구회가 3·1운동 100주년을 맞아 내놓는 다섯 권의 총서는 새로운 역사학을 모색하고자 하는 근대사의 고민을 담고 있다. 지금까지 10년을 주기로 역사적 사건을 기념하는 책들은 으레 배경, 발단, 전개, 결과와 영향, 역사적 의의로 차림표를 내놓는 경우가 많았다. 이번 3·1운동 100주년 총서는 이와 달리 구성되었다. 3·1운동을 주재료로 삼아 100년간의 3·1운동에 대한 기억과 상식을 메타역사적 시각에서 접근했고, 그동안 미진했던 3·1운동 자체에 대한 실증적 분석을 시도했으며, 3·1운동을 전후한 시기의 정치·경제·사회·문화적 변화와 식민지-동아시아-세계라는 공간의 변동을 살폈다.

먼저, 비평적 역사 읽기를 시도했다. 지난 100년 동안 3·1운동의 기억과 상식이 빚어져온 과정을 메타역사적 관점에서 접근했다. 3·1운동은 한국사는 물론이고 세계사적으로도 주목받는 대사건이었다. 그만큼 3·1운동에 대한 기억과 상식은 일찍부터 형성되어 고정관념으로 굳어지는 길을 걸어왔다. 총서에서는 그간 당연시되어온 3·1운동에 대한 기억과 상식이 남과 북, 한국과 일본이라는 공간에 따라 달리 해석되고 정치 변동에 따라 위상과 해석이 달라지는 역사적 주제임에 주목했다.

둘째, 역사학이 100년간 밝히지 못했던 3·1운동의 사건사를 규명하고자 했다. 이제껏 2·8독립선언, 3월 1일 7개 도시에서 일어난 만세시위, 3월 5일 서울에서 일어난 학생시위, 3·1운동에서의 학살 문제 등을 정면으로 다룬 논문은 없었다. 두 달 넘게 진행된 3·1운동의 끝자락에 어떤 만세시위가 자리하고 있는지에 대해서는 논의조차 없었다. 총서에서는 3·1운동을 이해하는 데 반드시 규명되어야 함에도 제대로 조명받지 못했던 주요 사건들을 실증적으로 짚었다.

셋째, 다양한 주체와 시선으로 3·1운동을 재현하고자 했다. 지금까지 3·1운동에 대한 연구는 주로 참여자에게 주목하고 그들과 관련한 판결문을 분석해왔다. 반면, 총서에서는 다양한 목격자가 등장한다. 일본 유학생 청년 양주흡과 청년 유학자 김황, 서울 한복판에서 3·1운동을 비판했던 윤치호, 탄압과 학살의 주역 조선군사령관 우쓰노미야 다로, 그리고 한국인도 일본인도 아닌 제3자인 외국인 선교사의 시선을 통해 3·1운동을 다각적으로 해석했다. 또한 세대론적 시각과 다원적 연대라는 관점에서 3·1운동을 재현했다.

넷째, 권력과 정치를 화두로 3·1운동을 일본의 식민지인 조선, 즉 조선총독부의 지배 권역에서 일어난 사건으로 조망하고자 했다. 일제 시기 연구는 늘 식민통치 대 저항운동이라는 이분법을 전제하고 있었다. 권력보다는 통치의 시선으로, 정치보다는 운동의 시선으로 역사를 해석해왔다. 총서에서는 3·1운동을 둘러싼 사법, 경찰, 군부 등 권력의 대응과 조선총독부, 한국인, 일본인 등을 포함한 정치세력의 동향에 주목했다. 3·1운동이 권력과 정치에 미친 파장은 '비식민화(decolonization)'라는 관점에서 다뤘다.

다섯째, 공간적이고 인적인 차원에서 경계 넘기를 시도했다. 이제껏 3·1운동과 일제 시기 연구는 주로 식민지 조선이라는 공간에 국한되었고 한국인의 동향을 살폈다. 총서에서는 식민지 조선, 식민 본국인 일본은 물론 세계로 공간을 넓혀 경제와 법, 사회현상을 다뤘다. 3·1운동을 경험한 한국인이 바라본 아일랜드 독립운동도 조망했다. 또한 한국인뿐 아니라 일본과 식민지 조선에 살고 있던 일본인의 동향도 살폈다. 무엇보다 총서에는 4명의 일본 학자가 필자로 참여했다. 대표적인 항일운동으로 꼽히는 3·1운동의 100주년을 맞아 발간하는 총서에 한국과 일본 학자가 함께 이름을 올린다는 것은 국경을 넘는 역사 교류의 반영이라 할 수 있다.

여섯째, 사회를 일원적 시각이 아니라 다층적 시각에서 살폈다. 그동안은 일제의 식민지배를 받았던 조선 사회를 단일한 사회로 인식하는 풍토가 있어왔다. 하지만 조선 사회는 일원적이지도 단일적이지도 않았다. 총서는 3·1운동 전후의 조선 사회를 도시 시위, 길거리 정치, 보통학교, 혁명의 여진이라는 사회적 화두로 재구성했다.

일곱째, 3·1운동 전후의 조선 사회를 문화사적 시각에서 접근했다. 지금까지 일제 시기 연구는 식민정책과 독립운동을 중심으로 이루어졌던 만큼 문화사 연구는 상대적으로 빈약했다. 문화사의 일환인 사상사에서는 3·1운동 전후 시기에 대한 연구가 소략했다. 총서에서는 그동안 3·1운동과 관련해 본격적으로 다룬 바가 없는 반폭력사상, 평화사상, 인종 담론뿐만 아니라 단군문화, 역사문화, 민족 정체성, 여성 정체성, 민족 서사 등에도 주목했다. 미술과 영화 같은 문화현상도 살폈다.

1919년으로부터 100년, 역사적 전환기에 발맞추어 역사학 또한 전환의 시대를 맞고 있다. 오늘날 역사학의 변화를 담고 있는 다섯 권의 총서가 앞으로 역사학이 나아갈 길을 모색하는 데 미력하나마 디딤돌이 되기를 기대한다. 대중 역사가들이 이끄는 대중 역사에는 아직도 민족주의적 기풍이 강하다. 하지만 새로운 역사학에는 단일한 대오도, 단일한 깃발도 없다. 근대사 연구에서는 이분법적 구도가 무너져 내리고 광범한 회색지대가 드러난 이래 기존 역사상에 대한 비판과 성찰이 이뤄지고 있으며 다양한 역사상이 새롭게 주조되고 있다.

1989년 한국역사연구회는 역사문제연구소, 한겨레신문과 함께 3·1
운동 70주년 기념논문집인 《3·1민족해방운동연구》를 펴냈다. 27년
이 지난 2016, 그 논문집의 기획자와 집필자, 그 책을 밑줄 치고 읽
은 대학원생, 1989년에는 그 존재조차 몰랐던 중학생과 유치원생이
었던 이들이 모였다. '3·1운동100주년기획위원회'는 그렇게 3년 전인
2016년에 탄생했다. 10명의 중진, 소장학자가 함께 꾸린 기획위원회
는 100년의 3·1운동 연구를 메타역사의 시각에서 분석하며 문제의식
을 공유하고 총서의 틀을 짰다. 그간 대화가 소홀했던 중진학자와 소
장학자 간의 활발한 토론은 새로운 역사학을 전망하며 총서를 구성하
는 데 큰 힘을 발휘했다. 무엇보다 명망성보다는 문제의식의 참신성
에 주목하면서 많은 소장학자가 필진으로 참여하는 성과를 거두었다.

총서를 발간하기까지 기획위원회의 팀워크가 크게 기여했다. 게다
가 집필자들의 헌신성이 있었기에 가능한 일이었다. 특히 비정규직
연구자로서 바쁜 삶을 살고 있는 소장학자들은 한 사람도 낙오 없이
옥고를 제출했다. 이 자리를 빌려 39명의 필자분께 깊은 감사의 말씀
을 전한다.

역사학자로서 3·1운동 100주년을 기획하고 총서를 발간하는 소임
에 참여한 것은 무한한 영광이다. 그 역사적 소임을 제대로 마무리했는
지 두렵지만, 3·1운동 100년의 기억과 기념에 머무르지 않고 역사학의
미래를 가늠할 수 있는 기회를 갖게 된 점에 자부심을 느끼며 3·1운동
100주년 총서를 세상에 내놓는다. 39명에 달하는 필진의 49편의 논
문을 갈무리해 다섯 권의 총서로 묶어낸 휴머니스트의 노고에 깊이
감사드린다.

김정인(한국역사연구회 3·1운동100주년기획위원회 위원장)

3·1운동의 메타역사

3·1운동은 신분과 성별, 지역과 종교, 빈부 격차를 초월한 다양한 계층이 참여하고, 그 과정에서 '민족'이라는 공동체를 발견한 일대 사건이었다. 3·1운동을 계기로 정치체제로서 대한제국이라는 군주제의 그림자가 걷히고 민주공화제가 불가역적인 형태로 등장했다. 시위를 주도한 사람들은 이후 사회를 이끌어가는 주체로 성장했고, 이는 '신민'에서 근대적인 '시민'으로의 전환이기도 했다. 이러한 점에서 3·1운동을 3·1혁명으로 불러야 한다는 주장도 제기되고 있다.

이와 같이 한국근현대사에 의미심장한 사건이자 계기로서 3·1운동은 줄곧 많은 이에게 주목받았고 수많은 논저가 나왔다. 그러나 3·1운동에 대한 기억과 역사 쓰기가 '거족적인 항쟁', '민족해방운동사의 최고봉' 같은 수식어에 묻힌 채 고정관념으로 굳어지거나 '민족'이라는 이름 아래 과장되고, 때로는 당연하게 받아들이는 '상식' 속에 밝혀지지 않은 많은 사실이 존재하고 있는 것은 아닐까? 기획위원회는 이러한 문제의식을 공유하고, 3·1운동 100주년을 단순히 학술회의와

연구논문 몇 편을 남기는 '기념'으로만 그칠 수 없다는 데 뜻을 함께
했다. 그 첫 작업으로 지난 100년의 '3·1운동 연구의 역사'를 비판적
으로 되짚어본 것이 바로 1권이다.

1권의 화두는 '메타역사(Metahistory)'이다. 일찍이 헤이든 화이트
(Hayden White)는 《메타역사》(1973)에서 역사의 본질을 역사 서술의 형
식인 서사(narrative)에 있는 것으로 보고, 역사 서술에는 역사가의 설
명 방식, 형상화를 위한 구성(플롯)과 장르, 이데올로기 등 메타역사
적인 요소가 작용한다고 했다. 따라서 역사가는 그가 이용하는 독특
한 서사와 서술 방식, 이론을 통해 의미를 부여하며, 그 과정은 불가
피하게 윤리적이고 정치적일 수밖에 없다는 것이다. 굳이 헤이든 화
이트를 염두에 두지 않더라도 '메타역사'의 관점을 취하는 것은 역사
를 '과거에 대한 진술' 그 자체로 보기보다는 '역사가가 생각하는 것
에 대한 진술'의 의미로 받아들이는 것을 뜻한다. 이에 우리는 그동
안 3·1운동이 정치·사회적 변동에 따라, 남북한, 일본과 동아시아라
는 공간에 따라 어떻게 해석되고 쓰여왔는지를 비평하는 역사 읽기
를 시도했다.

1권에는 총 9편의 글이 실려 있다. 제1부는 각 시기마다 3·1운동
을 누가 어떻게 이해하고, 이를 활용하려 했는지 '인식'과 서사구조
를 되짚어본 글 4편으로, 제2부는 3·1운동에 대한 정치와 경제, 세계
사 차원의 주제별 연구와 공간적으로는 북한과 일본에서의 3·1운동
연구의 내용 분석에 초점을 맞춘 '연구사'를 재검토한 5편의 글로 이
루어져 있다. 참고로 1권은 나머지 권들과 달리 기획위원의 글로만 구
성되었고, '메타역사로서의 3·1운동사 연구, 3·1운동 인식사의 재검
토'(2017. 11. 18, 서울역사편찬원과 공동 주최), '3·1운동의 메타역사, 3·1
운동 연구사의 재검토'(2018. 3. 17, 국가보훈처 후원) 등 두 차례 학술회

의의 결과물임을 밝혀둔다.

먼저, 제1부 '인식과 서사의 흐름'이다. 최우석은 〈3·1운동, 그 기억의 탄생〉에서 3·1운동 직후인 1919~1922년에 간행된 대한민국임시정부 임시사료편찬회의 《한일관계사료집》과 박은식의 《한국독립운동지혈사》, 김병조의 《한국독립운동사략 상편》을 중심으로 독립운동 참여자들이 3·1운동을 기억했던 방식과 의미를 되짚어보았다. 그는 세 사서가 각기 편찬 시점과 독립운동 노선에 따라 내용 차이가 발생한 점을 지적했고, 《한국독립운동지혈사》의 〈독립운동 일람표〉 통계 수치를 구체적으로 검토함으로써 3·1운동 규모의 '고정된 기억'에 대한 비판적인 문제 제기를 시도했다.

박종린은 〈해방 직후 사회주의자들의 3·1운동 인식〉에서 조선공산당을 중심으로 한 사회주의자들이 왜 3·1운동에 주목했고, 민족해방운동사에서 3·1운동을 어떻게 자리매김했는지 검토했다. 그에 따르면 사회주의자들은 3·1운동을 민주주의 실현을 위한 투쟁으로 평가했지만, 전위조직이 부재했고 토지개혁 문제를 제기하지 않았기 때문에 실패한 '자연발생적 대중운동'으로 규정했다. 이 시기 좌우익의 격렬한 투쟁 속에서 사회주의자들의 3·1운동에 대한 인식과 평가는 이후 북한에서의 민족해방운동사 정리와 연관된다는 점에서 중요한 주제이다.

김정인은 〈3·1운동과 임시정부 법통성 인식의 정치성과 학문성〉에서 제헌헌법과 현행 헌법에 명문화되어 있는 '임시정부 법통성의 골간'인 3·1운동과 임시정부의 관계를 둘러싼 인식이 어떻게 변해왔는지를 살피고, 오늘날 임시정부 법통성 문제가 지닌 정치적·학문적 위상을 되짚고자 했다. 이를 통해 그는 임시정부 법통성이 우파와 반공주의의 합작이라는 정치성을 지녔음을 밝혔고, 이 정치성은 학계에서도 힘을 발휘해 독립운동사가 임시정부사를 중심으로 이뤄지는 데까지 나아갔다. 한편 1980년대 이후에는 임시정부 법통성을 부정하는 흐름이 형성되었고, 2000년대 들어 3·1운동과 임시정부를 민주주의와 민족통일전선의 관점에서 평가하는 변화도 있었다. '역사의 정치화'라는 논란선상에 3·1운동과 임시정부 법통성 인식이 놓여 있었던 것이다.

이지원은 〈3·1절 기념사를 통해 본 3·1운동의 표상과 전유〉에서 국민 만들기의 정치적 기획으로서 정부에 의해 3·1운동의 정신적 의미가 어떻게 표상되는지를 분석했다. 역대 대한민국 정부는 '우리', '민족', '국민'으로서의 집합적 정체성을 강조하며 '3·1정신'을 표상하고 전유했다. 동시에 각 시기마다 그 표상의 내용은 통치 전략과 지향에 따라 차이가 존재했다. 3·1절 기념사에도 '역사의 정치화'가 작동한 것이다. 이 내용을 공기어(共起語)와 네트워크 분석이라는 새로운 기법을 활용해 밝혀낸 점에서 한층 흥미롭다.

다음으로, 제2부 '연구사의 성찰'이다. 도면회는 〈3·1운동 원인론에 관한 성찰과 제언〉에서 지난 100년간 3·1운동 원인을 파악해온 관점의 변화상을 3·1운동 직후부터 1950년대까지의 민족자결주의론과 러시아 10월 혁명론, 1960년대 이후 민족엘리트 선도론과 민중봉기론, 1990년대 이후 지역사의 등장과 다양한 원인론 등으로 나눠 당대 연구자들의 시야를 제약하고 있던 역사학적 지형을 추적했다. 이어 3·1운동의 원인을 일본에 의한 근대적 제도의 강행과 민족 차별로 인한 조선인의 분노, 종교 지도자들의 정치적 욕구, 그리고 민족자결주의의 확산 같은 국제 정세가 상호작용한 것에서 찾고, 1910년대 한국 사회의 모순구조를 체계적으로 검토할 것을 제언했다.

배석만은 〈3·1운동의 경제적 배경에 관한 서술과 시대성〉에서

1919년 당시부터 '농업에서의 토지 수탈과 농민 몰락, 상공업에서 한국인 기업 성장의 억제'라는 기본 인식이 형성된 점을 밝혔다. 마르크스주의 사적유물론이 1950~1960년대 북한과 1980년대 남한의 민중사학에서의 서술에도 큰 영향을 준 점도 지적했다. 또한 그는 21세기 들어 경제 관련 서술의 비중이 급격히 줄어든 원인을 '근대화 논쟁', 경제결정론 및 민중사학의 퇴조 등에서 찾았다.

이어 한승훈은 〈'3·1운동의 세계사적 의의'의 불완전한 정립과 균열〉에서 3·1운동의 세계사적 의의와 관련해 그동안 사료의 뒷받침 없이 주장만 반복되고 비교사적 이해가 이뤄지지 않았던 것에 문제를 제기하고, 그 '세계사적 의의'가 학계와 교과서에 정립된 과정을 추적했다. 이에 따르면 해방 직후 세계 민족해방투쟁사에서 3·1운동의 선도적 지위를 부각시키는 논조가 등장하기 시작했고, 1970년대 이후 정부 주도로 국사 교과서에 '세계사적 의의'가 서술되면서 3·1운동의 '선도성'이 강조되었다. 그러나 최근에는 약소민족의 해방운동에서 '동시성'을 강조하는 흐름이 등장했다. 언론매체와 일반 사회는 물론, 학계에서도 3·1운동의 세계적인 영향이나 5·4운동과의 관계를 과대평가해온 경향이 있었던 점을 생각할 때, 본 논문의 의의가 적지 않다.

휴전선과 대한해협을 넘어선 공간적 차원에서의 '메타역사'로서 먼저 홍종욱의 〈북한 역사학계의 3·1운동 연구〉는 북한 역사학이 전체 역사 서술에서 3·1운동을 어떻게 위치시켰는지를 검토한 글이다. 이 연구에 따르면 3·1운동 서술이 북한 정권 수립 초기에는 유물사관에 입각해 이뤄졌고, 1960년 전후로는 민족의 주체성을 강조하는 시각이 대두되었으며, 1980년대 이후에는 주체사상과 유일체제의 강화에 따라 평양의 3·1운동을 중시하고 김일성 가계에 주목하는 관점이 두드러졌다. 체제 변화에 따른 '역사 활용'이 3·1운동 서술에도 여실히 드러났던 것이다.

마지막으로, 박준형은 〈전후 일본 조선사학계의 3·1운동 연구〉에서 메이지유신 150주년을 맞아 과거 군국주의 시대의 망상에 사로잡힌 일본의 상황을 비판하며, 3·1운동 100주년을 맞이해 무엇을 어떻게 기념할 것인가를 고민했다. 그는 3·1운동 50주년이었던 1969년을 기준으로, 먼저 그 이전 일본 조선사학계의 과제를 '식민주의 극복'으로 보며 한국근대사와 3·1운동 인식 문제를 다뤘고, 다음으로 1969년 이후 일본 상황과 국제관계라는 현실 속에서 새로운 역사학을 시도하려는 조선사학계가 진행한 연구와 그 한계를 3·1운동 연구를 중심으로 평가했다. 이를 통해 저자는 "현실 문제에 대한 재인식"을 강조하고 있다.

이상과 같이 우리는 그동안 3·1운동 인식에 축적된 고정관념과 자명한 듯 여겨온 '사실'의 장막을 걷어내고자 했다. '메타(meta-)'라는 말의 어원과 같이 우리의 연구가 현 단계 인식의 한계를 '넘어서고(beyond)', '다음(after; post-)' 시대를 열 연구를 촉진하는 하나의 계기가 된다면 다행일 것이다.

고태우(한국역사연구회 3·1운동100주년기획위원회 위원)

차례

2부 연구사의 성찰

1장

3·1운동, 그 기억의 탄생

최우석

3·1운동 최초의 기록을 찾아서

1919년 3월 1일 3·1운동 발발과 동시에 기록이 시작되었고, 그것은 기억의 기초가 되었다. 이때 기록의 주체는 크게 셋이었다. 우선, 압도적인 힘에 기반해 3·1운동을 탄압했던 일제 관헌 측이 기록을 구축했다. 이 기록들은 이른바 일제의 '공문서'와 조선총독부 기관지였던 여러 매체를 통해 생산되었다. 두 번째는, 3·1운동 직후에 중국 상하이에서 1919~1922년 사이에 간행되었던 대한민국임시정부(이하 '임시정부') 임시사료편찬회의 《한일관계사료집(韓日關係史料集)》(이하 《사료집》), 박은식의 《한국독립운동지혈사(韓國獨立運動之血史)》(이하 《혈사》), 김병조의 《한국독립운동사략 상편(韓國獨立運動史略 上編)》(이하 《사략 상편》)을 들 수 있다. 이는 독립운동 참여자들의 입장에서 주체적 관점으로 3·1운동을 재구조화하고자 한 작업이었다. 마지막으로, 동조자 혹은 목격자로서 3·1운동을 기록하고 세계에 전파했던 외국인 선교사와 기자 들이 남긴 기록이다.

이 글에서는 그중에서도 독립운동 참여자들이 주체적으로 3·1운동을 기억하고자 했던 과정과 그 의미를 살펴보고자 한다.[1] 운동 참가자 스스로가 구축했던 3·1운동상(像)이 만들어진 과정을 정리하고 그 내용의 공통점과 차이, 그리고 현재에 미치고 있는 영향들에 대해 살피고 비판적인 문제 제기를 해보고자 한다.[2]

세 역사서에 대한 연구는 주로 해제 형태로 이루어졌다.[3] 기존 연구들은 공통적으로 《사료집》에서 《혈사》와 《사략 상편》이 비롯되었음을 지적했다. 그렇지만 《사료집》이 《혈사》와 《사략 상편》에 구체적으로 어떤 영향을 끼쳤고, 공통점과 차이점이 무엇인지에 대한 작업은 소홀하게 취급되었다. 이 글에서는 각 역사서의 입장과 상호관계에 대해 정리하고자 한다.

---

1) 2009년 3·1운동 90주년을 맞아, 1945년 해방을 전후로 이루어진 기억 경쟁 양상을 다룬 연구들이 제출되었다. 《역사와 현실》 74호의 [3·1운동, 기억과 기념] 특집 논문 중 최선웅, 정상우, 최병택 논문과 《1919년 3월 1일에 묻다》에 수록된 임종명, 양근애, 정종현 등의 논문이 대표적이다. 《역사와 현실》 74, 한국역사연구회, 2009. 12.; 박헌호·류준필 편, 《1919년 3월 1일에 묻다》, 성균관대학교출판부, 2009.

2) 이 글은 1919년 이후 중국 상하이에서 저술된 저서들로 그 범위를 한정했다. 분석 대상에서 누락된 대표적인 저서로는 미국 호놀룰루 소재 태평양잡지사에서 1919년 8월 김영우가 간행한 《대한독립혈전기》가 있다(국사편찬위원회 편, 《한국독립운동사자료 4: 임정 편 Ⅳ》, 국사편찬위원회, 1974).

3) 백순재, 〈서평-김병조 저 《한국독립운동사》〉, 《아세아연구》 제12권 제1호, 1969; 신용하, 《박은식의 사회사상연구》, 한국문화연구소, 1982; 신용하, 〈해제 한국통사(韓國痛史)·한국독립운동지혈사(韓國獨立運動之血史)〉, 《백암박은식전집(白巖朴殷植全集)》 제2권, 동방미디어, 2002; 신용하, 〈박은식의 애국계몽사상과 민족주의역사관〉, 《한국민족운동사연구》 10, 한국민족운동사연구회, 1994; 박성수, 〈박은식의 《혈사(血史)》에 나타난 3·1운동관〉, 《윤병석교수화갑기념한국근대사논총》, 한국근대사논총간행위원회, 1990; 박성수, 〈3·1운동-박은식의 《혈사》를 중심으로〉, 《한국의 사회와 문화》 제20집, 한국정신문화연구원, 1993; 박걸순, 〈대한민국임시정부의 역사서 편찬〉, 한국근현대사학회 편, 《대한민국임시정부 수립 80주년 기념논문집(하)》, 국가보훈처, 1999; 박걸순, 〈대한민국임시정부 편찬 《한일관계사료집》의 사학사적 의의〉, 《식민지 시기의 역사학과 역사인식》, 경인문화사, 2004; 김희곤, 〈해제〉, 대한민국임시정부자료집 편찬위원회 편, 《대한민국임시정부자료집 7: 한일관계사료집》, 국사편찬위원회, 2005.

이를 위해 우선 세 사서의 편찬 시점과 과정, 편찬 목적 등을 살펴보겠다. 그리고 구체적으로《사료집》의 구성이《혈사》와《사략 상편》에 옮겨진 방식을 살피고, 또한 서술의 공통점과 차이점을 밝힘으로써 각 역사서의 방향성과 입장차를 확인하려고 한다.

다만, 편찬 시점과 과정을 살피는 데 작은 문제가 있다. 세 역사서 중 임시정부 임시사료편찬회가 주도한《사료집》만이 그 편찬 과정을 구체적으로 알 수 있다. 나머지 두 역사서는 자료가 부족하며,《사략 상편》의 경우 후반부가 누락되어 서지 정보가 전하지 않아 출판 시점이 불명확하다.[4] 이 글에서는 독립기념관에서 새롭게 발굴한《사략 상편》의 완전판을 바탕으로 당대 기록들을 비교·검토해 발간 과정을 정리하도록 하겠다.[5]

마지막으로,《혈사》에 담긴 〈독립운동 일람표〉에 대한 비판적 검토를 진행할 것이다.《혈사》의 〈독립운동 일람표〉는 본래《사료집》에 실린 〈독립운동 일람표〉에서 비롯되었다. 그런데《사료집》,《혈사》,《사략 상편》에 실린 세세한 수치와 총계에 차이가 있다. 이러한 문제를 백순재와 박걸순의 연구에서도 지적했지만 상세한 분석으로 나아가지는 못했다.[6]

《혈사》에 실린 〈독립운동 일람표〉가 중요한 이유는 일반적으로 기억되고 있는 '3·1운동 규모'를 알려주는 수치이기 때문이다. 총 집회 횟수 1,542회, 참가자 202만 3,098명, 사망자 7,509명, 부상자 1만 5,961

---

4)　백순재의 경우에는 김병조가 쓴 책 서문의 날짜인 1920년 6월을 주장했고, 신용하는 1921년, 김경일은 1922년을 주장했으나 근거를 제시하고 있지 않다. 백순재, 위의 논문, 156쪽; 신용하, 〈3·1운동 연구의 현 단계와 과제〉,《한민족독립운동사》 12, 국사편찬위원회, 1993; 김경일, 〈3·1운동〉,《한국사론(韓國史論)》 5, 국사편찬위원회, 1978, 260쪽.

5)　《사략 상편》 완전판은 2009년 김운하 기증 자료다(독립기념관 자료번호 13086).

6)　백순재, 앞의 논문, 157쪽; 박걸순, 앞의 논문(1999), 427쪽.

명, 체포된 사람 4만 6,948명, 불탄 교당 47개소, 불탄 학교 2개교, 불탄 민가 715호.[7] 이 수치는 제1차 교육과정의 중학교 국사 교과서부터 제7차 교육과정의 중·고등학교 국사 교과서까지 줄곧 수록되었다. 신용하는 이 수치를 두고 "이것은 일제 조선총독부의 통계보다는 정확한 통계이지만, 이것도 지방에서의 소규모 시위운동을 모두 조사한 것은 아니기 때문에 여전히 저평가된 것"이라고 지적했다.[8]

우리는 3·1운동의 '가장 중요한 수치'라고 말해온 것에 대해 제대로 비판적 검토를 시도해본 적이 없었다. 따라서 〈독립운동 일람표〉를 만들고 통계를 구축했던 작업이 지닌 당대의 의미를 규명하고, 《사료집》, 《혈사》, 《사략 상편》에 나타나는 수치 차이의 실체를 확인하고 그 의미를 추론해보고자 한다.

1. 편찬 과정들

1) 임시정부 주도의 《한일관계사료집》 편찬 과정

1919년 5월 12일, 임시정부 제4회 임시의정원의회가 개원한 지 12일째 되는 날이었다. 이날 국무원위원 조완구는 국무원에서 장래 방침으로 "3월 1일부터 진행한 역사를 편찬할 것"을 결의했음을 밝혔다.[9] 이 발표는 《사료집》 편찬에 대한 첫 번째 결의로, 역사 편찬의 당위성을 밝혔을 뿐 아직 편찬 작업을 어떻게 구체화하고 무슨 목적에

---

7) 박은식, 《한국독립운동지혈사》, 유신사, 1920년 12월 30일; 백암박은식선생전집편찬위원회, 《백암박은식전집》 제2권, 동방미디어, 2002, 182·183쪽.

8) 신용하, 〈3·1독립운동의 사회사(상)〉, 《한국학보》 Vol. 9 No. 1, 일지사, 1983, 33·34쪽.

9) 〈임시의정원기록 제4회(1919. 4)〉, 《대한민국임시정부자료집 2: 임시의정원 I》, 국사편찬위원회.

구분	인명(출생연도 및 지역)
총재	안창호(1878, 평남 강서)
주임	이광수(1892, 평북 정주)
간사	김홍서(1886, 평남 강서)
위원(8)	김병조(1877, 평북 용천), 이원익(1885, 평북 선천), 장붕(1877, 서울), 김철(1886, 전남 함평), 김두봉(1889, 경남 기장), 박현환(미상), 김여제(1900, 평북 정주), 이영근(미상, 경남)
조역(22)	김명제, 김석황, 김성봉, 권지용, 유영국, 박석홍, 박순흠, 박자욱, 박지명, 우승규, 신균창, 차균현, 차정신, 정명익, 이기영, 이강하, 강현석, 김항신, 정혜선, 조숙경, 이메리, 이봉순

※ 출전: 〈조선민족운동연감〉,《대한민국임시정부자료집 별책 2》, 국사편찬위원회, 2009. 11.

표 1. 임시정부 임시사료편찬회 구성

서 진행할 것인지를 명시적으로 제시한 것은 아니었다. 하지만 3·1운동이 지속되고 있던 5월 12일에 이미 임시정부 차원에서 그 역사를 편찬하겠다는 결정은 매우 주목할 만하다.

그로부터 50일 뒤인 7월 2일에야 국무총리대리 겸 내무총장인 안창호 주도로 임시정부 산하에 임시사료편찬회가 구성되었다. 총재에 안창호, 주임은 이광수, 간사는 김홍서가 맡았으며, 위원 8명과 조역(助役) 22명이 참가해 총 33명의 조직을 갖추었다.[10]

임시사료편찬회 조역으로 참여한 이들 대부분의 신상 정보는 파악할 수가 없다. 조역을 제외한 11명의 출신지를 살펴보면 〈표 1〉에서 보이는 것처럼 평안도 출신이 6명, 경남이 2명, 서울과 전남이 각 1명,

---

10) 〈조선민족운동연감〉,《대한민국임시정부자료집 별책 2》, 국사편찬위원회, 2009. 11.《독립신문》9월 30일자 기사에서는 조역에 23명이 참여했다고 밝혔다(〈사료 편찬 종료〉,《독립신문》, 1919년 9월 30일자).《독립신문》에 보도된 조역 인원수와 〈조선민족운동연감〉의 조역 명단에 차이가 있지만 어느 쪽이 잘못되었는지 아직까지 불분명하다.

미상이 1명이다. 지역적으로 이른바 '서북파'가 중심이 되어 임시사료편찬회를 구성했다. 그리고 주요 역할에는 기독교 신자이거나 목사, 전도사 등 기독교 관련 인물들이 주로 포진되었다.[11]

임시사료편찬회에 참여한 인물들이 각기 수행한 역할은 명확하게 확인되지 않는다. 다만 핵심적인 역할을 맡은 인물에 대해서는 이광수가 쓴 서문에 명시되어 있다.

> 이 사업을 계획하고 실행하게 하기는 현 국무총리대리 내무총장 **안창호** 씨요. 고대로부터 병합에 이르는 한일관계사료들 다수 수집하기는 **김두봉** 씨며, 재료를 구하기 가장 곤란한 독립운동 사실을 수집하기 일야불휴(日夜不休)함은 33인 중 1인인 **김병조** 씨와 **이원익** 두 목사라.[12]
>
> (강조 - 인용자, 이하 같음)

위 사료에서는 구성원 33명 중 4명만을 언급하고 있다. 안창호, 김두봉, 김병조와 이원익이 바로 그들이다. 사업의 전체적인 계획과 실행을 책임진 사람은 상하이 임시정부의 국무총리대리 겸 내무총장이었던 안창호였고, 고대부터 병합에 이르는 한일관계사료를 수집한 이는 김두봉이었다고 밝혔다. 그리고 김병조와 이원익 두 목사가 가장 곤란한 독립운동 사실을 수집했다고 한다. 여기서 안창호를 제외한 3명에게 감사를 표한 것은 《사료집》 편찬의 난제였던 자료 수집 임무를 이 3명이 맡아주었기 때문이다. 김두봉의 작업은 삼국시대부터 한일강제병합까지의 한일관계사를 다룬 《사료집》 제1권, 김병조

---

11) 김병조와 이원익은 목사, 장봉은 전도사였다.
12) 《한일관계사료집 제1》, 1919; 대한민국임시정부자료집 편찬위원회 편, 앞의 책, 7쪽.

와 이원익은 3·1운동 자체를 다룬《사료집》제4권의 자료를 주로 모았던 것이다.[13]

　임시사료편찬회 주임이었던 이광수의 말을 빌리자면,《사료집》의 편찬 과정은 세 가지 어려움에 처해 있었다. 우선, 1919년 10월 파리강화회의에 이어 조직될 국제연맹에《사료집》을 제출할 계획이었기 때문에 9월 1일 이전까지 완성해서 발송해야 한다는 시간적 압박을 편찬회는 강하게 느끼고 있었다. 7월 2일 구성된 편찬회에 주어진 시간은 고작 50일가량이었다.[14] 이는 물리적으로 불가능에 가까웠다. 그 결과 편찬 작업은 애초 계획보다 늦어진 9월 23일이 되어서야 완료되었다. 국제연맹 창설도 1920년 1월로 연기되는 바람에 완료가 늦어진 것이 문제가 되지 않았다. 그렇지만 이러한 일정은 상당한 긴박감 속에서 작업이 이루어졌음을 잘 말해준다. 그리고 두 번째로는《사료집》의 기본이 되는 자료 수집에 어려움이 있었다. 식민지 조선에서의 자료 수집이 쉽지 않은 데다 수집 과정에서 일제의 압수도 빈번했다. 기술하려던 바의 10분의 1도 할 수 없었다는 이광수의 평가도 있었다. 마지막 세 번째로는 편찬에 필요한 인력이 턱없이 부족했다는 점이다.[15]

　《사료집》편찬 과정에서 발생했던 기본적인 한계는 중요한 의미를 지닌다. 이후 편찬된《혈사》와《사략 상편》의 경우《사료집》과 중첩된 부분은 대부분《사료집》의 내용을 고스란히 옮기고 있다.《사

---

13)　박걸순의 경우에는《한일관계사료집 제1》에서 김두봉, 김병조, 이원익 3인만이 자료 수집과 집필에 참여한 사람으로 거명된 데 대해 큰 의미를 부여했고,《사료집》을 편찬할 인물이 부족한 사정을 반증하는 사례로 해석했다. 그러나 서문의 내용을 보면 편찬회 참여자 중 3인이 자료 수집에 큰 공을 세워서 언급되었을 뿐 그 이상의 의미는 없어 보인다. 박걸순, 앞의 논문 (2004), 14쪽.

14)　대한민국임시정부자료집 편찬위원회 편, 앞의 책.

15)　위의 책, 4쪽.

료집》편찬에서 발생했던 문제가 개선되지 않은 채 그대로《혈사》와 《사략 상편》에도 이어졌을 가능성이 있다.《사료집》의 경우, 짧은 일정으로 체재가 통일되지 못하거나 서술이 중복됐고, 서술 내용이 충실하지 못하거나 오류가 발생한 경우도 있었다.[16]

임시정부의《사료집》편찬 사업은 크게 두 단계로 진행되었다. 첫 번째 단계는 7월 2일 임시사료편찬회가 조직되고 나서 두 달간이다. 이 기간 동안 기초 사료를 모두 수집했고, 집필도 거의 완료되었던 것으로 보인다. 9월 1일 이전에 완료해야 한다는 애초 계획을 어느 정도 달성했던 것이다. 8월 중순《사료집》원고가 준비되었는데, 시간 문제로 활판인쇄를 하지 못하고 10여 명이 필사를 했다.[17]

두 번째 단계는 9월 2일 임시국무회의에서 국무원 산하에 조사과를 설치해 사료 및 선전 자료를 조사·편찬케 하도록 한 이후부터 9월 23일 사료 편찬 사업이 종료된 시점까지다. 9월 2일 임시국무회의 결정으로 임시사료편찬회 조직을 해산하고, 편찬회 위원 중 김병조와 이원익만을 국무원 사료입사(史料立査) 사무촉탁으로 임명했다.[18] 독립운동에 관한 자료 수집과《사료집》편찬의 마무리 과정에 김병조, 이원익 두 목사가 주도적으로 개입했다는 사실은 눈여겨볼 만한 대목이다.

9월 23일 4권으로 이루어진《사료집》100질이 출간되었다. 하지만 애초 계획대로 국제연맹에 제출했는지 여부와 출간 뒤의 활용 방식은 알 수 없다. 1919년 9월 설립 예정이었던 국제연맹은 1920년 1월

---

16) 박걸순, 앞의 논문(2004), 16·17쪽.

17) 〈사료 편찬의 복사(複寫)〉,《독립신문》, 1919년 8월 21일자.

18) 〈임시국무회의의 결의〉,《독립신문》, 1919년 9월 6일자; 〈사료편찬회 해산〉,《독립신문》, 1919년 9월 13일자.

에 가서야 설립되었고, 국제연맹 상임이사국에 일본이 포함되었다. 게다가 국제연맹이 설립된 1920년 1월에 오히려 임시정부는 이동휘, 안창호가 주도해 국무원 포고 1호로 '독립전쟁의 원년'을 선포하고 나섰다.[19] 1920년 1월을 전후해 국제연맹에 대한 임시정부의 외교 활동이 확인되지 않기에 《사료집》이 본래 목적대로 활용되었다고 보기는 힘들다. 《사료집》은 이후 상당 기간 이름만 전하다가 1972년 미국의 콜롬비아대학 극동도서관에서 발견되었다.[20]

2) 중국과 연관된 《한국독립운동지혈사》 편찬 과정

《혈사》를 편찬한 박은식은 1919년 9월 러시아 시베리아에서 중국 상하이로 이동했다.[21] 상하이에 도착한 직후 《독립신문》에 실린 기사에 따르면, 박은식은 독립운동사 편찬을 위해 상하이에 온 것이라고 밝히고 있다.[22] 이 시기는 임시정부의 《사료집》 편찬 활동이 마무리되어가던 중이었으니 그와 연관이 있다고 보기는 힘들다.[23] 오히려 박은식이 독립운동사를 갑신정변부터 쓰기 시작할 것이라고 구체적인 구상을 밝혔던 점을 미루어볼 때,[24] 《사료집》 편찬과는 다른 독자적인 구상을 한 상태였던 것으로 짐작된다.

이후 박은식이 《혈사》를 어떤 과정을 거쳐 서술했는지에 대해서는 확인되지 않는다. 약 1년 3개월이 흐른 1920년 12월 상하이 프랑스

19) 《매일신보》, 1919년 11월 3일자; 《매일신보》, 1920년 1월 16일자; 《독립신문》, 1920년 2월 5일자; 윤대원, 《상해 시기 대한민국임시정부 연구》, 서울대학교출판부, 2006, 142·143쪽.
20) 《경향신문》, 1972년 2월 28일자.
21) 〈인사소식(人事消息)〉, 《독립신문》, 1919년 9월 30일자.
22) 〈박은식 선생과 독립운동사〉, 《독립신문》, 1919년 10월 14일자.
23) 박걸순, 앞의 논문(2004), 14쪽.
24) 〈박은식 선생과 독립운동사〉, 《독립신문》, 1919년 10월 14일자.

조계 포석로 창여리 57번지 '유신사(維新社)'에서 《혈사》가 간행되었다. 유신사는 임시정부 요인으로 활동하고 있던 이유필, 김홍서 등이 경영하는 출판사였다.[25] 이 책은 《사료집》과 《사략 상편》이 국한문 혼용체로 쓰인 것과 달리 순한문으로 간행되었다. 이는 독자층과 출간 목적이 두 책과는 달랐음을 의미한다.

이러한 차이는 각 책의 서문을 쓴 인물들을 통해 재확인할 수 있다. 《사료집》 서문은 임시정부 임시사료편찬회 주임이었던 춘원 이광수가 썼으며, 《사략 상편》은 백암 박은식과 도산 안창호, 평안북도 귀성군 출신인 장재한이 썼다.[26] 이에 반해 《혈사》의 서문은 중국 혁명가들이 썼다. 〈한국독립운동사서〉를 쓴 징딩청(景定成, 1882~1961)은 산서성 안읍 출신으로, 일본에 유학했고 신해혁명에 참가했으며, 무정부주의 노선을 추구하면서 언론 활동에 종사했다. 그는 박은식이 번역원으로 참여했던 신문 《사민보》의 총찬술(總撰述), 즉 논설위원장을 맡기도 했다. 그리고 또 한 사람, 〈서〉를 자필로 써준 징웨이(精衛)라는 인물은 본명이 왕자오밍(汪兆銘, 1883~1944)으로, 마찬가지로 일본 유학파이며 중국혁명동맹회 활동을 하면서 직업적 혁명가의 길을 걸었다. 1916년 이후에는 국민당 지도부에서 활동했다.[27]

이렇듯, 조선인이 조선인의 관점에서 서문을 찬술했던 책들과 달리, 순한문으로 중국 혁명가가 서문을 쓴 《혈사》는 독자층으로 중국인들을 염두에 두고 있었던 것이다. 더 나아가 《혈사》는 단순히 독립

---

25) 신용하, 앞의 글(2002), 21쪽.
26) 장재한은 1909년 서북학회 회원으로 활동했고 1920년에 블라디보스토크에서 임시정부를 후원했다. 〈회계원보고(會計員報告) 제32호〉, 《서북학회월보》 제15호, 1909년 8월 1일; 〈분골쇄신(粉骨碎身)하여 정부원호(政府援護)의 충성(忠誠)〉, 《독립신문》, 1920년 4월 10일자; 〈과거 일 년간 우리의 독립운동〉, 《독립신문》, 1921년 1월 1일자.
27) 박은식 지음, 김도형 옮김, 《한국독립운동지혈사》, 소명출판, 2008, 27~30쪽.

운동사를 서술하고 조선인들에게 독립운동의 열망을 심어주는 데 머무르지 않고 '반(反)일본연대'에 대한 기대를 담아냈을 가능성이 있다. 이에 대한 구체적인 서술이 본문에 나타나는 것은 아니나, 박은식은 자신의 서문에서 일본을 지칭해 "한번 나아가서 우리의 2천만과 원수가 되고, 둘째는 중국의 4억 민중과 원수가 되며, 셋째는 러시아의 2억 국민과 원수가 되었다"[28]고 서술하면서 연대 가능성을 타진하고 있다.

《혈사》는 출간되자마자 독립운동이 활발한 국외에서 널리 배포되었고, 서점 판매 외에 독립운동 조직을 통해서도 유통되었다. 식민지 조선에도 여러 차례 반입이 시도되기도 했다.[29] 일제강점기 《혈사》의 활발한 활용은 식민 지배가 끝나자마자 국내에서 출간될 수 있는 토대가 되었다. 1946년 4월 서울신문사 출판국에서 출간되어 해방 직후부터 3·1운동의 역사상을 구축하는 기본 텍스트가 되었다.

3) 《사료집》 계승으로서의 《한국독립운동사략 상편》 편찬 과정

《사료집》 편찬에 중추적 역할을 했던 김병조는 1920년 초반에 이미 《사략 상편》 집필에 착수했던 것으로 보인다. 그 단서는 1920년 《도산 안창호 일기》에서 확인된다.

김병조 군이 내방함에 일찍이 나에게 부탁하였던 대한역사 기초건 교열은 홀망(忽忙)으로 인(因)하여 미수(未遂)하였다 하고, 다만 역사의 연대는 건국기원을 써서 통일케 하라 하다.[30]

28) 백암박은식선생전집편찬위원회, 앞의 책, 425·426쪽.

29) 장신, 〈일제하 민족주의 역사학의 유통-박은식과 신채호를 중심으로〉, 《정신문화연구》 제39권 제3호, 한국학중앙연구원, 2016, 250~252쪽.

김병조 군이 내방하여 군이 집필한 역사 인쇄 일을 상의하여 정부 명의로 인쇄에 붙이기로 결정하다.[31]

1920년 1월 29일과 2월 13일《도산 안창호 일기》에 따르면, 김병조가 역사책을 저술하고 이에 대해 안창호가 교열을 담당했으며, 발간은 임시정부 명의로 할 계획이었다. 여기서 책 제목은 "대한역사"로 이것이《사략 상편》인지 불명확하지만,《사략 상편》서론이 "대한민국 독립선언 2년(1920년) 6월"에 쓰인 사실에 착안한다면《사략 상편》에 대한 준비 과정으로 추정해볼 수 있다.

그런데 위 내용에서 임시정부 명의로 책을 발간할 것이라는 계획과 달리《사략 상편》은 "상해중국우상(上海中國郵箱) 106호 선언사(宣言社)"에서 발행되었다. 이는《사략 상편》이 발간된 시점과 관련이 있다. 새로 발굴한《사략 상편》판권에는 "대한민국 3년(1921) 3월 30일 인쇄"라고 적혀 있다. 그런데 당대의《독립신문》광고 기사를 살펴보면 판권의 정보가 틀렸을 가능성이 있다.

김병조의 저서에 대한 광고가《독립신문》에 세 가지 형태로 총 12번 실렸다. 그런데 이 중 1921년 2월 5일부터 4월 2일까지 6번 실린 광고는 '서적 예약 광고'였다. 현재 김병조 선생이《대한독립운동사략(大韓獨立運動史略)》을 집필하고 있으며, 출간은 1개월 뒤라는 문구가 반복적으로 실렸다.[32] 그리고 1921년 3월 12일과 4월 9일에 '독립운동사료 수집' 광고가《독립신문》에 실렸다.[33] 이는 예약 판매 광고

---

30)《도산 안창호 일기》, 1920년 1월 29일.

31) 위의 책, 1920년 2월 13일.

32)《독립신문》, 1921년 2월 5일자·2월 17일자·2월 25일자·3월 5일자·3월 12일자·4월 2일자.

33)《독립신문》, 1921년 3월 12일자·4월 9일자.

를 사전에 진행했으나, 집필 계획에 차
질이 생겨 출판이 미뤄지고 있는 데다
부족한 독립운동 자료를 모으고 있었
다는 사실을 의미한다.

책 제목이 《대한독립운동사략》에서
《한국독립운동사 상편》으로 바뀌어 소
개된 시점은 1922년 6월이다. 예전에
광고한 '독립운동사 상편'이 우선 간행
되었기에 소개한다는 내용이었다. 그리
고 현재 상편에 이어 중편도 준비 중이
라는 내용도 밝혀놓았다.[34] 이러한 광고
내용을 통해 《사략 상편》은 본래 《대한

《한국독립운동사략 상편》 판권

독립운동사략》이란 제목의 1권짜리 저서로 기획되었으나 준비 과정
에서 자료 수집과 집필 시간 문제로 인해 《한국독립운동사》 상·중·
하 3편의 기획으로 변경되었고, 1922년 6월을 전후한 시점에 출간되
었을 가능성이 있다.

이러한 추정을 보강해주는 자료가 있다. 1922년 7월 20일 조선총
독부 경무국장이 보고한 〈한국독립운동사에 관한 건〉이라는 문건에
따르면, 김병조의 저술이 "최근 상해 독립신문사에서 상편 5,000부를
인쇄"했다고 한다.[35] 이 정보는 《독립신문》에 실린 광고와 시기상 맞
아떨어진다.

---

34) 《독립신문》, 1922년 6월 24일자·7월 1일자·7월 22일자·8월 22일자. 편찬 중이라던 《사략 중
    편》은 현재 전하지 않아 출간 여부를 알 수 없다.
35) 조선총독부 경무국장, 〈《韓國獨立運動史》=關スル件〉, 1922. 7. 20, 《한국독립운동사자료 37:
    해외 언론운동 편》, 국사편찬위원회, 2001.

《사략 상편》을 발행한 선언사의 발행인으로는 각 자료에서 각기 다른 세 명의 인물이 거론되고 있다. 《독립신문》 광고에서는 처음에 이영렬로 나왔다가 나중에 김희산으로 바뀌었다.[36] 이 두 사람은 각기 독립신문사에서 영업부장과 경리부장을 역임했는데, 이영렬이 1921년 10월 퇴사하면서 그 역할을 김희산이 이어받았다.[37] 선언사 발행인이 바뀐 것도 독립신문사에서 이영렬이 퇴사하고 김희산이 그 역할을 승계한 것과 관련이 있다. 그런데 《사략 상편》의 판권에는 서문을 썼던 평북 귀성군 출신 장재한이 발행인으로 적혀 있다.[38]

1920년 안창호와의 논의에서 임시정부 명의로 발간하고자 했던 《사략 상편》이 독립신문사가 경영하는 선언사에서 간행된 이유는 무엇일까? 이는 1921년 5월 국민대표회 소집을 요구하는 연설회가 열리면서 김병조도 안창호와 함께 임시정부를 빠져나와 국민대표회의 개최를 위한 활동에 주력하기 시작했던 것과 연관이 있다.[39] 책이 출간된 1922년 7월에도 이러한 활동을 계속 이어나가면서 임시정부 명의가 아닌 독립신문사 계열의 출판사인 선언사에서 《사략 상편》을 발간하게 된 것이다.[40]

또한 판권에는 《사략 상편》의 교열을 백암 박은식이 담당했다고 적고 있다. 박은식은 《혈사》 출간을 전후해 《사략 상편》을 교열했던 것이다. 그렇지만 《사략 상편》은 같은 시기에 편찬된 《혈사》보다 《사료

---

36) 《독립신문》, 1921년 2월 5일자·2월 17일자·2월 25일자·3월 5일자·3월 12일자·4월 2일자·4월 9일자, 1922년 6월 24일자·7월 1일자·7월 22일자·8월 22일자.

37) 《독립신문》, 1921년 10월 5일자.

38) 일제 측 문건에서 발행부수 5,000부 중 1,000부는 블라디보스토크에 있는 "張"에게 전달한다고 적고 있는데, 장재한으로 추정된다.

39) 조선총독부 경무국장, 〈상해에서 불령선인간(不逞鮮人間)의 분쟁속보(紛爭續報)〉, 1921. 5. 24, 《불령단관계잡건(不逞團關係雜件)-조선인의 부(部)-상해가정부(上海假政府) 3)》.

집》과의 연관성이 더 깊다. 전반적으로는《사료집》의 내용을 시간순으로 정리했다.《사료집》편찬에 주된 역할을 했던 안창호와 김병조가 그 연장선에서 작업한 것으로 보인다.

《사략 상편》은 해방 직후《조선해방과 삼일운동》에 인용되었다는 점에서 일부 사람들이 소장하고 있었던 것으로 보이지만, 1940~1950년대 한국에서 다시 출간된 흔적은 없다.[41] 그 이후 상당 기간 사라졌다가 1969년에 백순재가 동대문의 헌책방에서 우연히 입수한 이후 1977년 아세아문화사를 통해 영인본이 출간되면서 세간에 다시 알려졌다.

2. 접점과 차이

《사료집》은 총 4부로 구성되었다. 제1부는 고대부터 한일강제병합 이전까지의 역사와 조약들을 다루고 있다. 제2부는 한국인과 일본인의 차이를 강조하고 집회, 결사, 언론, 종교에 가해졌던 탄압 양상에 주목하고 있다. 그리고 제3부는 한일강제병합 이후 1910년대 조선총독부의 통치 양상에 대해 다루었고, 제4부는 3·1운동이 일어난 원인부터 이후 임시정부 활동까지 서술했다. 1919년 8월 초순에 임시정부에서 위원제를 폐지하고 차장제를 실시한 것과 1919년 8월 29일 국

---

40) 일반적으로《독립신문》을 대한민국임시정부 기관지로 인식하나, 본고에서는 독립신문사를 운영하고《독립신문》을 발간했던 주체를 '안창호 그룹'으로 파악한 이한울의 논문 입장을 따른다. 일본 경찰 역시《독립신문》을 흥사단의 기관지라고 지목한 예가 있다. 〈상해한인독립운동자가 조직한 각종단체〉,《한국민족운동사료(중국 편)》, 국회도서관, 1976, 211쪽; 이한울, 〈상해판《독립신문》과 안창호〉,《역사와 현실》 76, 한국역사연구회, 2010 참고.

41) 조선과학자동맹,《조선해방과 삼일운동》, 청년사, 1946. 조선과학자동맹에서 1946년 펴낸《조선해방과 삼일운동》의 부록에는《사략 상편》에 수록된 문건들이 실려 있다.

치기념일에 만세시위가 있었던 내용이 마지막으로 서술되었다.[42]

《혈사》는 상·하편으로 나누어, 상편은 갑신혁명당의 혁명(갑신정변)부터 1910년대 통치 양상까지 다루고 있다. 하편은 짤막하게 한국인과 일본인의 차이를 다루고, 3·1운동부터 1920년 하반기의 청산리대첩과 경신참변까지 다루었다. 《사략 상편》은 1894년 갑오전역(청일전쟁)부터 1920년 3월 독립선언기념축하식까지를 연대순으로 서술했다.

《사략 상편》은 단위 기사를 날짜별로 재배치해서 다른 두 역사서와 장절의 내용 구성을 비교하기 힘들다. 그에 반해 《혈사》 상편은 《사료집》 제1·3부의 내용과 제2부에서 다룬 집회·결사·언론·종교에 가해졌던 탄압상을 포함했고, 하편은 《사료집》 제2부 일부와 제4부 내용을 기반으로 총 31장 중 17장까지를 서술했다.

세 역사서는 서술 내용이나 소재는 대부분 일치하나 다루는 시간 범위가 모두 다르며 장절과 부록의 배치 등에 차이를 보였다. 《사료집》의 경우 국제연맹에 제출할 계획이었던 터라 고대부터 한일관계사를 전반적으로 서술하면서 일본의 침략성과 야만성을 강조했다. 그에 비해 갑신정변을 시작점으로 잡은 《혈사》는 '갑오동학당의 대풍운'(갑오농민전쟁)과 독립협회 활동, 의병운동 등을 순차적으로 배치하며 역사적으로 한국인의 독립 역량이 축적된 과정을 계보화하는 데 주력했다. 《사략 상편》은 기본적으로는 《사료집》과 마찬가지로 일본의 침략성을 강조했으나 직접적인 침략이 시작된 청일전쟁부터 서술했다는 점이 다르다.

두 번째로 3·1운동의 전사(前史)를 서술하는 방식과 내용에도 미세한 차이가 있다. 《사료집》에서는 갑신정변을 '갑신혁명당의 난'으로

---

42) 대한민국임시정부자료집 편찬위원회 편, 앞의 책, 177~198쪽. 《사료집》 원문에는 국치기념일을 8월 28일로 기록하고 있다.

지칭하고 김옥균와 박영효를 친일당으로 명명하고 있다.[43] 그리고 갑오농민전쟁을 '갑오동학의 난'으로 명명하고 동학이 창궐해 중대한 폭동이 발생했다고 보았다.[44] 갑오개혁의 내용도 일본인 고문에 의한 것이었을 뿐이라면서 그 침략성을 강조한 측면이 강했다.[45]

그에 비해 《혈사》는 갑신정변을 '갑신독립당의 혁명 실패'라고 하면서 이들의 목표를 독립제국 건설로 보았다. 또 그 실패 원인으로 일본인에게 속았다는 점을 지적하고 있지만, 그보다 박은식이 강조한 것은 "독립운동을 남의 힘을 빌려서 하려고 했기 때문에 실패"했다는 것이었다.[46] 갑오농민전쟁에 대해서는 "우리나라 평민혁명"이라고 평가하면서도 당시 동학교도 중 어리석고 무식한 자가 많아 정치 개혁에 실패했다고 평가했다.[47] '갑오동학당-명성황후 시해-독립협회'로 이어지는 내용에서 갑오개혁과 아관파천에 관한 서술이 생략되었으며, 독립협회 운동에 대해서는 "우리나라의 민권 발달을 불리하게 여"긴 일본인이 독립협회를 실패하게 만들었다고 서술했다.[48]

《혈사》의 가장 큰 특징은 1907년 헤이그 만국평화회의에 대한 평가에서 확인된다.

이 세상에는 다만 강권이 있을 뿐이요 소위 '공리', '공법'은 없어졌다. 평화의 내용은 경쟁이고 보호의 실상은 병탄(倂呑)이다. **오늘날 '평화회의'라 하는 것도 어찌 이른바 약한 자를 돕고 강한 자를 누르며 멸**

---

43) 위의 책, 27쪽.
44) 위의 책, 28쪽.
45) 위의 책, 31쪽.
46) 백암박은식선생전집편찬위원회, 앞의 책, 428~431쪽.
47) 위의 책, 431·432쪽.
48) 위의 책, 432~435쪽.

한 자를 일으키고 끊어진 것을 이어, 확고히 정의에 근거하여 공법을 실행하는 자가 있겠는가. 그러나 병이 위독하여 곧 죽을 사람이 귀신에게 빌어 '요행이 있을 수 없는 요행'을 바라는 것도 역시 고통이 절박하기 때문에 부득이한 일이다. 평화회의에 밀사가 가서 호소한 것도 이런 까닭이다.[49]

박은식은 국제평화회의가 가진 힘의 논리를 파악하고, 그 '평화'의 허구성을 비판하고 있다. 헤이그밀사 파견을 절박해서 부득이했던 사건으로 설명했다. 헤이그 만국평화회의에 대한 박은식의 시선은 1919년 파리강화회의에도 적용될 수 있다. 그에 비해 의병운동을 '독립운동의 도화선'이라고 평가하면서 성공-실패로 논평하는 것은 천박한 식견이라고 비판했다.[50]

《사략 상편》에서는 사건에 대한 논평이 직접적으로 드러나지 않기 때문에 각 사건을 어떻게 파악했는지 보기 힘드나, 한국인의 독자적인 독립 노력보다는 일본의 침략행위를 연대기적으로 서술하고 있어 《혈사》보다는 《사료집》의 서술을 따라가고 있음을 알 수 있다.[51] 그리고 제2장의 주제를 '윌슨의 14조약과 대한독립거사의 내력'으로 함으로써 3·1운동의 시작을 윌슨의 민족자결주의로 배치하고 있다. 더 나아가 윌슨이 제시했던 〈14개조(Fourteen Points)〉 권고안 전문까지 제시하고 있다.[52] 《사료집》에는 윌슨의 민족자결주의라든가 〈14개조〉를

---

49) 위의 책, 440·441쪽.

50) 위의 책, 454쪽.

51) 《사략 상편》의 제1장은 '명성황후 시해-최익현 등의 반일 활동-《대한매일신보》의 일본인 비판-일진회-을사늑약-여러 자결과 최익현의 아사-신민회 조직-헤이그밀사사건-정미7조약-한일강제병합'으로 서술이 이어지고 있다. 김병조, 《한국독립운동사략 상》, 아세아문화사, 1977, 1~9쪽.

직접 언급하고 있지 않으나 4권의 제2장 '거사의 내력'에서 파리강화회의 대표 파견을 언급하고 있어 비슷한 맥락을 보인다.[53] 반면《혈사》에서는 윌슨의 민족자결주의와 파리강화회의에 국한하지 않고 러시아혁명과 제1차 세계대전 종결, 1918년 독일혁명 등도 언급했다.[54] 이는 3·1운동이 일어난 원인에 대한 세계사적 이해를 분명 달리하는 것이다.

세 번째로《사료집》편찬에 서북파와 기독교 관련 인물이 다수 참여했던 만큼 기독교와 서북 지역 중심의 3·1운동 양상에 대한 서술이 상당한 비중을 차지하고 있다. 제2부 제7절에서는 종교 탄압과 관련해 기독교, 불교, 천도교의 상황을 각기 다른 필자가 독립된 보고서 형식으로 써서 수록했는데, 그 분량이 각각 82쪽, 22쪽, 9쪽이다.[55] 이 중 기독교 탄압에 대한 내용은 총 736쪽에 달하는《사료집》의 10%가 넘는 분량이다. 박은식의《혈사》에서는 여전히 기독교 내용이 많긴 하지만 대종교 탄압에 관한 내용이 새로 추가되었고, 천도교 분량이 많이 늘어나는 등의 변화가 있다.[56]

기독교와 관련해서도 제암리 학살사건에 대한 서술은 세 역사서마다 차이가 있다.[57]《사료집》에서는 제2부 '7. 종교 압박'과 제4부 '4. 독립운동의 형편'에서 제암리 사건을 언급하고 있다. 제암리 피해자들을 제2부에서는 기독교와 천도교 교도로, 제4부에서는 기독교도만

---

52) 위의 책, 9쪽.

53) 대한민국임시정부자료집 편찬위원회 편, 앞의 책, 173쪽.

54) 백암박은식선생전집편찬위원회, 앞의 책, 495·496쪽. 단, 2002년에 출간한 전집 495쪽에서 러시아혁명 부분은 '중략(中略)' 처리되어 있다.

55) 대한민국임시정부자료집 편찬위원회 편, 앞의 책, 239~320·321~342·343~351쪽. 불교는 신상완(申尙玩)이 작성했다. 기독교, 천도교 부분의 작성자는 알 수 없다.

56) 백암박은식선생전집편찬위원회, 앞의 책, 133~139쪽. 원문 총 7쪽 가운데 대종교 0.5쪽, 기독교 4쪽, 불교 0.5쪽, 천도교 1.5쪽 정도의 분량으로 서술되어 있다.

으로 기술하고 있다. 제4부의 서술이 《사략 상편》으로 이어져 《사략 상편》에서는 기독교도의 피해만 언급했다.[58] 그런데 《혈사》에서는 제암리 피해자를 기독교도와 천도교도로 언급하는 한편, 《사료집》·《사략 상편》과 달리 기독교적 색채가 매우 강한 1919년 3월 3일 독립단 통고문을 수록하지 않는 등 기독교 중심의 서술에서 벗어나려는 점이 엿보인다.[59]

네 번째로 세 역사서의 임시정부 관련 기술에도 차이가 있다. 《사료집》은 임시정부에서 직접 편찬한 역사서로 1919년 8월까지 임시정부의 발자취를 꼼꼼히 기술하고 있다.[60] 아직 한성정부안을 중심으로 한 '통합임시정부'가 출범하기 이전이어서, 한성정부가 아니라 경성독립단본부의 신한민국정부안이 전파된 것을 크게 다루었다.[61] 《사략 상편》은 《사료집》을 계승해 국무회의와 임시의정원 회의 개최 사실, 위원제 폐지와 차장제 실시, 통합임시정부 출범 과정, 문창범의 이탈 등 1919년 8월 이후의 일들을 기술하고 있다.[62] 다만, 《사략 상편》이 출간된 시점은 이미 여러 임시정부안 중에서 한성정부안을 중심으로

---

57) 초기 기록 형성 과정에서 제암리 학살사건 피해자들을 오로지 기독교도로만 인식하게 된 경위에 대해서는 신효승, 〈일제의 '제암리 학살사건'과 미국 선교사 기록의 형성 과정〉, 《학림》 41, 연세사학연구회, 2018. 3. 참고.

58) 대한민국임시정부자료집 편찬위원회 편, 앞의 책, 94~184쪽; 김병조, 《한국독립운동사략 상편》, 선언사, 1922, 92쪽.

59) "신도는 매일 세 차례 기도하되 일요일은 금식(禁食)하며, 매일 성경을 읽되 월요일은 이사야(以賽亞) 10장, 화요일은 예레미야(耶利未) 12장, 수요일은 신명기(申命記) 28장, 목요일은 아가(雅谷) 5장, 금요일은 이사야 59장, 토요일은 로마서(羅馬) 8장으로 순환하여 독료할 것이니라." 대한민국임시정부자료집 편찬위원회 편, 앞의 책, 178쪽; 김병조, 앞의 책(1922), 34쪽; 백암박은식선생전집편찬위원회, 앞의 책, 545·546쪽.

60) 대한민국임시정부자료집 편찬위원회 편, 앞의 책, 174~177쪽.

61) 위의 책, 174~175쪽; 윤대원, 〈임시정부 법통론의 역사적 연원과 의미〉, 《역사교육》 110, 역사교육연구회, 2009, 105·106쪽.

62) 김병조, 앞의 책(1922), 173·193·196·197·201·202·209·210쪽.

한 '통합임시정부'가 출범한 이후라 한성정부의 내용을 중심으로 그 것을 정당화하는 체재로 구성되어 있다.[63]

《혈사》는 하편 제11장 '상하이 임시정부 의정원 및 각 기관'에 임 시정부에 대한 서술이 집약되어 있고, 《사료집》과 《사략 상편》에 실린 임시정부 선포문, 헌장 선포문, 헌장, 선서문, 정강, 국무원령 제1호(통 유문) 등이 누락되어 있다.[64] 통합임시정부 각료 명단에 제시된 차장 명단은 1919년 8월 출범했던 차장체제와 그 이후 변화를 서술한 것 이 아니라 1920년의 상황을 기술하는 데 그치고 있다.[65] 《사료집》과 《사략 상편》이 임시정부 활동을 중심적으로 서술하고 있는 데 반해, 《혈사》는 그렇지 않은 것이다.

그러나 《사략 상편》 또한 완전히 임시정부를 중심에 두고 서술했 다고 보기에는 미묘하다. 1920년 1월 당시 임시정부에서 이동휘, 안 창호 주도로 '독립전쟁의 원년'을 선포했는데, 《사략 상편》에는 전쟁 원년을 선포한 국무원 포고 제1호가 누락되어 있다.[66] 제17장 '독립 선언기념축하식'에서는 상하이를 비롯한 세계 각지의 기념축하식이 서술되고 있을 뿐, 독립전쟁론과 관련된 기술은 미약하다.[67] 이는 《사 략 상편》이 저술된 1920~1921년 운동노선 간의 갈등이 반영된 결과 가 아닐까 생각된다.

---

63) 위의 책, 62·197쪽. 《사략 상편》에서는 한성정부가 1919년 3월 23일 수립된 것으로 기록하고 있다.

64) 대한민국임시정부자료집 편찬위원회 편, 앞의 책, 175·176·215·216·224~226쪽; 김병조, 앞 의 책(1922), 84~88·137~140쪽.

65) 백암박은식선생전집편찬위원회, 앞의 책, 543·544쪽.

66) 〈국무원 포고 제1호〉, 《독립신문》, 1920년 2월 5일. 1920년 2월 미국에서 노백린 군무총장 주 도로 독립전쟁을 위한 비행학교를 설립한 것과 서간도에서 임시국민대회를 열어 윤기섭 등 을 중심으로 '최후혈전(最後血戰)'을 결의한 일들을 별다른 논평 없이 기재하고 있다. 김병조, 앞의 책(1922), 225·226쪽.

67) 위의 책, 227~232쪽.

이런 차이들의 근본 원인은《사략 상편》은 미국 중심의 '외교독립론' 노선에,《혈사》는 '무장투쟁론' 노선에 기반해 쓰인 역사서라는데 있다.《사략 상편》은 윌슨의 〈14개조〉 전문과 국제연맹 헌법 전문을 수록하고 있으며, 미국 상·하원 의원들의 활동 및 미국 각계각층의 다양한 한국 독립운동 지지 활동을 다루고 있다.[68] 반면《혈사》는 하편 제25장 '대한광복군의 맹렬행동'에서 독립운동의 제1보는 평화적이고 온건했지만 제2보는 마침내 맹렬한 형태로 나아간다는 선언을 하고 있다. 그러면서 주로 1920년 3월 이후 각종 단체들의 무장투쟁 및 의열투쟁 양상을 기술하고,《혈사》의 마지막 역시 간도 참변과 봉오동, 청산리 전투로 끝마쳤다.[69] 그리고 미국에만 국한하지 않고 중국의 쑨원(孫文), 탕사오이(唐紹儀)의 발언 및 러시아 국민당의 후원 성명, 영국 하원의원 주도의 한국우인공회, 프랑스 파리 인권보호회, 체코 가이다(Radola Gajda) 장군 등의 지지 활동을 다루고 있다.[70]

물론 이것이《혈사》와《사략 상편》이 다룬 시기적 범위 차이 때문이라고 볼 수도 있겠지만, 윌슨과 국제연맹을 강조한 김병조의 기술과 이에 대한 언급이 미약한 박은식의 저술은 분명히 결을 달리하는 것이다. 박은식은《사략 상편》을 교열했지만 자신의 저서에서 김병조가 3월 7일 발표했다는 '관헌경고문'을 누락하고 있고, 3·1운동 기술에서《사료집》에 없던 내용이《혈사》와《사략 상편》에 추가되었을 때 전혀 다른 사건을 기술한 경우도 있었다. 이는 저자들이 각자 저술에 서로 관여하지 않았고, 1919~1921년 독립운동의 격동기에 편찬 시점과 운동노선에 따라 저술 내용에 차이가 발생했음을 알려준다.

---

(68) 위의 책, 116~131·194·203·206·214·215·230~232·234·235쪽.

(69) 백암박은식선생전집편찬위원회, 앞의 책, 615~618·636~645·651~653쪽.

(70) 위의 책, 586~593·599~601쪽.

3. 〈독립운동 일람표〉의 의미와 변화

'통계'의 사전적 의미는 "어떤 현상을 종합적으로 한눈에 알아보기 쉽게 일정한 체계에 따라 숫자로 나타냄, 또는 그런 것"이다.[71] 통계는 '앎(knowledge)'과 '통치(government)'가 결합된 근대 국민국가 특유의 지식 형태로 등장한 것이다.[72] 3·1운동과 관련한 무수한 통계는 식민지 조선인의 관점에서 생산된 것보다도 일제 관헌 측에 의해 다양한 형태로 생산되었다. 이러한 통계들을 역사 연구자들은 '역사적 사실'로, 혹은 그 사실을 발굴할 수 있는 도구로 사용하고 있지만, 그에 대한 비판은 계속적으로 제기되어야만 한다.

일제가 구축한 통계에 대한 비판적 인식은 1919년 당대에도 이미 존재하고 있었고, 《사료집》을 비롯해 《혈사》와 《사략 상편》에 모두 독립운동을 갈무리하는 〈독립운동 일람표〉 내용이 수록된 것은 일제 측의 시선에서 벗어난 3·1운동상을 정립하기 위한 구체적인 작업이었다.

일제가 만들어냈던 여러 3·1운동 '시위 일람표' 중 최종본으로 만든 〈조선 소요사건 일람표〉의 항목을 보면 〈표 2〉와 같다.

일별로 만세시위가 발생한 상황을 파악하고 있는데, 3·1운동의 형태를 세 가지로 나누고 있다. 그것은 '폭행', '무폭행', '미연 방지'다. '미연 방지'라는 것은 일제 관헌 측의 행위로 3·1운동을 막아 세웠다고 판단한 구분이라면, '폭행'과 '무폭행'은 일제 관헌 측의 시각에서 만세시위 참가자들의 행위를 규정짓는 구분이었다. 이는 국가체

---

71) 국립국어원 표준국어대사전(http://stdweb2.korean.go.kr/ 2017년 11월 10일 검색).

72) 박명규·서호철, 《식민권력과 통계》, 서울대학교출판부, 2003, 13쪽.

월일	소요지명	폭행	무폭행	미연방지개소	소요인원	소요자종별	소요자검거인원	소요지관할별		사상					관공서 및 민가의 파괴 수
								헌병	경찰	폭민	군대	헌병	경찰	기타	

※ 출전: 조선헌병대사령부·조선총독부 경무총감부, 〈조선 소요사건 일람표〉, 일본외무성 편, 《극비 한국독립운동사료총서 2: 3·1운동 편》, 한국출판문화원, 1989, 1579~1678쪽.

표 2. 〈조선 소요사건 일람표〉의 항목

제 내에서 폭력인지 아닌지, 더 정확하게 말해서 무엇이 정당한 폭력이고 부당한 폭력인지를 구분하는 권한은 국가에 있었던 사실을 상징적으로 보여주는 구분이라고 할 수 있다.[73] 근대국가에서는 국가가 행하는 공권력은 '법치(法治)'로 표상되며 스스로를 '폭력'이라고 명명하지 않는다. 그에 반해 민중들이 행하는 행동은 '불법'+'폭력'으로 곧잘 명명되고 있다. 1919년 3·1운동의 순간에 '폭력'을 명명한 주체는 당시의 지배기관, 즉 조선총독부였다.

〈조선 소요사건 일람표〉에서는 시위 형태가 '폭행'이었던 경우에만 사상자(폭민, 군대, 헌병, 경찰, 기타) 및 관청 피해가 발생했다는 식으로 수치를 제시하고 있다.[74] 이는 식민지 조선인들이 폭력을 행했기 때문에 부득이하게 강력한 진압이 시행되었고, 그로 인해 사상자가 발생했다는 논리를 포함하고 있는 것이다. 실제로 이러한 논리는 통계표뿐 아니라 일본 헌병과 경찰의 보고 문건들, 심지어 신문 기사에서도 반복적으로 나타났다.[75] 3·1운동에 참가한 식민지 조선인들은

---

73) 공진성, 《폭력》, 책세상, 2009, 18~23·41쪽.

'폭민(暴民)'으로 명명되었으며, 일제 측 자료의 맥락에서는 그들의 '폭력'행위가 향후 법적 처벌을 위해 파악해야 하는 행위에 불과했다. 그리고 조선총독부와 조선 주둔 일본군이 행한 폭압적 탄압은 식민지 조선인들의 폭력에 대항하기 위한 공권력 행사로 여기며 합리화하고자 했다.

이에 대항한 《사료집》과 《혈사》는 만세시위의 공세적 양상에 대한 언급은 생략하고 일제 관헌 측의 압도적 폭력과 탄압을 밝히는 데 주력했다. 그러면서 일제 측이 제시한 통계 내용에 대한 비판도 제기했다. 그 구체적 실체로서 일본 육군성의 1919년 4월 20일 공포를 비판하며 시위 양상 축소와 폭력 행사의 선후관계에 대한 왜곡을 지적했다.[76] 그리고 대항의 결과물이자 독립운동가 측의 입장에서 3·1운동상을 형상화하기 위한 시도가 바로 〈독립운동 일람표〉로 구체화되었다.

《사료집》과 《혈사》에는 〈독립운동 일람표〉가 수록되어 있으나 《사략 상편》에는 '표'가 없다. 다만 그 표와 동일한 내용이 3, 4, 5월의 독립투쟁을 연대기적으로 서술하면서 마지막 문단으로 제시되고

---

74) '무폭행 시위'로 파악된 516건 중 4건, '미연 방지'로 파악된 357건 중 2건만이 예외다. 그 내역은 다음과 같다.

무폭행 시위	3월 24일 경상북도 영양군 청기면 청기동 관공서 및 기타 파괴 수 1건 3월 29일 충청북도 괴산군 괴산면 읍내리 경찰 부상 2명 4월 1일 충청남도 공주군 정안면 석송리 시위 참가자 부상 7명, 경찰 부상 1명 4월 2일 경기도 진위군 송탄면 독곡리 시위 참가자 사망 1명, 부상 2명
미연 방지	3월 20일 전라북도 장수군 산서면 사계리 관공서 및 기타 파괴 수 1건 3월 29일 경상남도 진주군 반성면 창촌시장 헌병 사망 1명

75) "안주에서는 3일 오후 유치 중의 피고를 탈환하기 위해 다수 폭민 동지 헌병분대를 습격해 폭행을 함. 완강히 저항하므로 헌병은 **부득이(不得已)** 병기를 사용해 퇴산시켜 폭민 사망자 3, 부상 5 발생"(조선총독→육군대신, 밀(密) 제102호 기(其)15 3월 5일 제86회).

76) 대한민국임시정부자료집 편찬위원회 편, 앞의 책, 200~201쪽; 백암박은식선생전집편찬위원회, 앞의 책, 566·567쪽.

있다.[77]

《사료집》에 수록된 〈독립운동 일람표〉에는 우선 표의 한계성을 밝히고 있다. 일제의 계엄조치로 상세하고 확실한 조사가 도저히 불가능했으며, 전체 군·면·동에서 만세시위가 일어났지만 신문, 통신, 개인의 증언으로 증거가 명확한 지역만 기입했다고 밝혔다. 그리고 한 지역에서 14번 이상 운동을 거행한 곳도 있었으나 모두 싣기가 어려워 한 지역당 1회씩 상세한 상황을 적었다고 밝혔다.[78] 《혈사》도 이러한 비고 내용을 전반적으로 따르고 있으며, 표의 형태도 거의 동일하고 지역 순서도 일치한다. 〈표 3〉은 〈독립운동 일람표〉에 제시된 항목이다.

〈표 3〉에 따르면, 《사료집》과 《혈사》에 실린 일람표의 항목은 거의 동일하지만, 두 항목에서 차이가 있다. 하나는 월일과 회집 횟수다. 《사료집》에서는 각 지역별로 시위가 최초로 있었던 날만을 기록하고 있다. 그에 비해 《혈사》에서는 회집 횟수를 기입하고 있다. 또 다른 항목은 주모단체 여부다. 《사료집》에서는 이를 적고 있는 반면, 《혈사》에서는 생략되었다.

주모단체를 생략한 이유는 불명확하지만 '월일'이 '회집 횟수'로 바뀐 것은 일람표에 제시된 수치에 대한 인식이 변화한 결과다. 《사료집》에서는 한 지역당 1회씩 상세한 상황을 적은 것이 일람표의 수치라고 비고에 밝힌 바 있다. 그런데 이 비고 항목은 《혈사》에서 삭제되었고, 그 대신 월일 항목이 회집 횟수로 대체되었다. 회집 횟수를 집계한 근거가 무엇인지는 확인할 수 없지만, 《사료집》 단계에서 한

---

77) 김병조, 앞의 책(1977), 73·136·167쪽.

78) 한국사데이터베이스와 《대한민국임시정부자료집》의 탈초문에는 "一郡一面式"으로 되어 있으나, 원문상으로나 비교 결과 의미상으로나 '一郡一回式'이 맞다고 추정된다.

《사료집》	군명	월일	회집 수	사망 수	피상 수	피수 수	훼소 교당	훼소 학교	훼소 민호	주모 단체
《혈사》	부·군명	회집 횟수	회집인 수	사망인 수	피상인 수	피수인 수	훼소 교당	훼소 학교	훼소 민호	—

※ 출전: 대한민국임시정부자료집 편찬위원회 편, 《대한민국임시정부자료집 7: 한일관계사료집》, 국사편찬위원회, 2005, 720~741쪽; 백암박은식선생전집편찬위원회, 《백암박은식전집》 제2권, 동방미디어, 2002, 166~183쪽.

표 3. 〈독립운동 일람표〉의 항목

줄에 적힌 만세시위 정보는 한 지역당 한 번의 만세시위에 대한 정보고 해당 날짜에 일어난 사건 기록이라는 의미를 지녔던 반면,《혈사》에서 한 줄에 적힌 시위 정보는 1919년 3·1운동 기간 중에 해당 지역에서 여러 차례 있었던 만세시위의 상황에 대한 총계라는 인식이다. 이러한 차이는 《사략 상편》을 통해 확인할 수 있다. 《사략·상편》은 《사료집》의 '월일' 정보에 기반해 3, 4, 5월의 만세시위 양상을 해당 월에 서술했다.

〈독립운동 일람표〉 항목에 나타난 시위 정보는 전체 시위 규모를 파악할 수 있는 총계에서도 차이를 보였다. 《사료집》의 일람표 총계에는 211개 부·군에서 참가자 168만 1,648명, 사망자 6,821명, 부상자 4만 5,163명, 체포된 사람 4만 9,511명, 불탄 교당 47개소, 불탄 학교 2개교, 불탄 민가 364호로 적고 있다.[79] 그에 반해 《혈사》 일람표 총계에는 참가자 202만 3,098명, 사망자 7,509명, 부상자 1만 5,961명, 체포된 사람 4만 6,948명, 불탄 교당 47개소, 불탄 학교 2개교, 불탄 민가 715호로 적고 있다.[80] 《사료집》에서 《혈사》로 〈독립운동 일람표〉를

---

79) 대한민국임시정부자료집 편찬위원회 편, 앞의 책, 741쪽.

옮기면서 참가자 34만 1,450명, 사망자 688명, 불탄 민가 351호가 증가했고, 반대로 부상자 2만 9,202명, 체포된 사람 2,563명이 감소했다. 두 일람표의 참가자와 부상자 수가 상당히 큰 차이가 난다.

그러나 《사료집》과 《혈사》의 총계 수치로 두 일람표를 비교하는 것은 부적절하다. 각 책에 밝혀놓은 항목별 총계가 부정확하기 때문이다. 일람표의 항목별 수치들을 다시 합산해보니 책에 나온 내용과 차이가 많이 났다. 결과는 〈표 4〉와 같다.

〈표 4〉에서 괄호 안의 수치는 해당 역사서에 제시된 총계 수치와 실제 계산한 수치 간의 차이를 나타낸 것이다. 일단 시위가 있었던 지역 수는 211개가 아니라 210개였다. 참가 인원 차이는 합산 총계에서 《사료집》은 1만 4,300명 감소, 《혈사》는 2만 8,350명 증가한 결과, 차이가 38만 4,100명으로 더 벌어졌다. 그에 비해 부상자는 《사료집》의 총계에 3만 명이 잘못 잡힌 것이었기에 합산 총계는 604명으로 차이가 줄어든다.

아울러 작은 변화이긴 하지만 불탄 학교와 불탄 민가 수에 대한 변화도 감지된다. 불탄 학교 16개교가 감소한 것은 경북 안동 지역의 불탄 학교 16개교가 《혈사》에서 불탄 민가로 바뀌었기 때문이다. 그런데 임시정부의 임시사료편찬회 차원에서 파악했던 불탄 민가 수는 오히려 《사료집》 원사료의 총계에 나온 364개소가 맞는 것으로 보인다.[81]

한편, 《사략 상편》에 나타난 일람표에는 참가 인원, 사망자 수, 부

---

80)　백암박은식선생전집편찬위원회, 앞의 책, 183쪽.

81)　불탄 민가 수(훼소 민호)의 총계가 364에서 671호로 증가한 결정적 계기는 평안도 평양과 대동 지역의 불탄 민가 수로 323호이란 수치가 동일하게 기록된 것을 더한 탓이다. 합산 총계 671호에서 중복된 수치인 323호를 제외하고, 불탄 학교(훼소 학교)에 있는 수치인 16개교를 불탄 민가로 계산하면 바로 《사료집》의 총계인 364호가 된다.

	부·군 개수	회집 횟수	회집인 수	사망인 수	피상인 수	피수인 수	훼소 교당	훼소 학교	훼소 민호
《사료집》	210 (−1)	—	1,667,348 (−14,300)	7,492 (+671)	15,146 (−30,017)	53,099 (+3,588)	47 (0)	18 (+16)	671 (+307)
《혈사》	210 (−1)	1,542 (0)	2,051,448 (+28,350)	7,509 (0)	15,750 (−211)	57,116 (+10,168)	47 (0)	2 (0)	715 (0)
《사략 상편》	—	—	1,376,828 (+32,750)	6,673	14,614	52,777	—	—	—

※ 출전: 대한민국임시정부자료집 편찬위원회 편, 《대한민국임시정부자료집 7: 한일관계사료집》, 국사편찬위원회, 2005, 720~741쪽; 백암박은식선생전집편찬위원회, 《백암박은식전집》 제2권, 동방미디어, 2002, 166~183쪽; 김병조, 《한국독립운동사략 상》, 아세아문화사, 1977, 73·136·167쪽.

표 4. 〈독립운동 일람표〉를 직접 합산한 총계(이하 '합산 총계')

상자 수, 체포된 사람 수 등 4개 항목에 대한 정보만이 기재되어 있다. 사망·부상·체포자 수는 《사료집》에서 조금 축소된 경향을 보인다. 다만 참가자 수에서는 30만 명가량 적게 산출되어 있는데, 이러한 차이는 서울 지역 만세시위 참가자 수가 《사료집》과 《혈사》의 57만 명과 달리 《사략 상편》에는 27만 명으로 기록된 탓이다. 변화의 원인이 불명확하지만, 《사료집》의 수치처럼 3월 1일 서울 지역 만세시위 참가자로만 한정했을 때 57만 명은 과도한 것일 수 있다.[82]

그렇다면 《사료집》과 달리 《혈사》에서 38만 명의 만세시위 참가 인원 차이가 발생하게 된 이유는 무엇일까? 우선 그 변화 양상을 살펴보면 〈표 5〉와 같다.

전라도와 서북간도를 제외한 지역들에서 수치 변화가 발생했다.

---

82) 1919년 당시 경성 인구가 25만 명 정도였는데, 고종 인산으로 인해 시골에서 온 인파가 20만 명에 달했다고 한다. 《대정 9년 조선총독부 통계연보》, 조선총독부, 1921, 44·45쪽; 〈남대문역의 대혼잡〉, 《매일신보》, 1919년 3월 5일자.

도 (변동 지역 수/전체=비율)	계 (변동률)	부·군	변동	차이
경기도 (2/24 = 8.3%)	−32,400 (−5%)	가평 강화	32,000→3,200 4,000→400	−28,800 −3,600
황해도 (5/16 = 31.3%)	+33,000 (+55%)	수안 황주 겸이포 안악 재령	1,500→3,500 1,000→2,000 7,300→17,300 15,000→25,000 15,000→25,000	+2,000 +1,000 +10,000 +10,000 +10,000
평안도 (20/34 = 58.8%)	+279,000 (+118%)	선천 평양 진남포 안주 강서 함종 신의주 용천 성천 용강 철산 영변 귀성 곽산 정주 영원 창성 강계 초산 운산	15,000→35,000 20,000→30,000 15,000→25,000 4,000→24,000 3,000→5,000 3,760→13,760 1,300→5,300 7,600→27,600 12,000→52,000 300→7,300 10,000→40,000 9,000→19,000 6,500→16,500 500→5,500 25,000→55,000 250→1,250 1,000→3,000 13,500→53,500 300→2,300 1,600→7,600	+20,000 +10,000 +10,000 +20,000 +2,000 +10,000 +4,000 +20,000 +40,000 +7,000 +30,000 +10,000 +10,000 +5,000 +30,000 +1,000 +2,000 +40,000 +2,000 +6,000
함경도 (1/18 = 5.6%)	+1,000 (+2%)	이원	700→1,700	+1,000
강원도 (2/13 = 15.4%)	+46,500 (+88%)	철원 평강	10,000→70,000 15,000→1,500	+60,000 −13,500
충청도 (4/23 = 17.4%)	+31,000 (+35%)	아산 공주 조치원 서산	12,800→22,800 4,000→14,000 1,800→2,800 10,000→20,000	+10,000 +10,000 +1,000 +10,000
전라도 (0/28)	0			
경상도 (5/47 = 10.6%)	+26,000 (+20%)	진주 연일 성주 문경 울산	8,000→28,000 1,400→2,400 400→1,400 300→1,300 2,000→5,000	+20,000 +1,000 +1,000 +1,000 +3,000
서북간도 (0/7)	0			
합계 (39/210 = 18.6%)	+384,100 (+23%)	39		

표 5. 만세시위 참가 인원 변화(《사료집》→《혈사》)

그중에서도 평안도 지역은 34개 지역 중 20개 지역(58.8%)에서 만세시위 참가 인원이 28만 명가량 증가했다. 이는《사료집》의 23만 5,670명에서 118%의 증가율을 보인 것이다. 수치 변동은 천 또는 만 단위로 더해지거나, 500명이 5,000명이 되듯이 단위가 한 단계 올라가는 양상을 띠고 있다. 총 210개 지역 가운데 169개 지역에서는 변동이 없고 39개 지역(18.6%)에서만 수치 변동이 이루어졌고, 지역마다 변동 규모가 다른 점은 '일정한 정보'에 기반한 수정 작업이 이루어진 것으로 추정된다. 평안도 지역에서 대대적으로 증가한 것은 임시정부의 국내 활동과 맞물려 정보 수집이 이루어졌을 가능성이 있다. 1920년을 전후한 임시정부의 국내 선전대와 연통부 활동은 평안남북도와 황해도 지역에 집중되었다.[83]

하지만 이러한 보정이 매우 엄밀한 작업이었는지 평가하는 것은 별개의 문제이다. 이에 대해 세 가지 문제점이 있다. 하나는 천 또는 만 단위로 보정되고 있는 것으로 보아, 대략적인 계산으로 집회 참가 인원이 산출되었음을 알 수 있다. 경기도 강화군의 경우《사료집》에서 제시한 4,000명이《혈사》에서 400명으로 감소되었다. 그러나 이는 3월 18일 강화군 부내면에서 2만 명이 만세시위를 벌였다는 일제 관헌 측 기록에 비해 지나치게 축소된 수치다.[84] 두 번째는 강화군의 경우를 연장시켜 검토해본 결과,《한국독립운동지혈사》의 참가 인원수와 〈조선 소요사건 일람표〉의 참가 인원수를 단순 비교해보더라도 일제 측 기록보다《혈사》의 참가자 수가 적게 기록된 지역이 49곳, 그 인원이 19만 2,615명에 달한다.[85] 마지막으로, 합천 지역의 예를 살펴

83) 윤대원, 앞의 책(2006), 172쪽.
84) 조선헌병대사령관 고지마 소지로(兒島惣次郎), 〈朝憲警 第107號 朝鮮騷擾事件一覽表ニ関スル件〉, 1919년 10월 2일, 8쪽.

보면 본문의 서술과 일람표 수치의 불일치 현상도 확인된다. 합천 지역은 《혈사》에서 독자적으로 주목한 곳으로, 3월 16일에는 야로면 사람들과 해인사 승려들 주도로 1만여 명, 22일에는 5개면 연합시위에 3만여 명, 초계면 유림들과 학생들의 주도로 8,000여 명이 만세시위에 참가했다고 밝히고 있다. 이외에도 참가 인원이 기록되지 않은 3월 18일 강양면 시위, 19일 대정면 시위가 있다.[86] 《혈사》에 따르면 적어도 4만 8,000명이 만세시위에 참가했는데, 《사료집》·《혈사》·《사략 상편》의 일람표 모두 4,800명으로 기록되어 있을 뿐이다.

일제 측 통계와 일람표를 거슬러 독립운동가들이 독자적으로 3·1운동에 대한 인식 틀을 정리하고자 했던 목표는 분명 중요한 지점이다. 하지만 《사료집》, 《혈사》, 《사략 상편》의 수치들 중 어느 하나를 '공식적인 통계'로 삼는 것에 대해서는 진지한 고민과 비판적 성찰이 필요하다.

박제화된 기억을 넘어서

3·1운동에 대한 최초의 기록이 시작된 과정은 단순하지 않았다. 하나의 사실을 확정하고자 한 과정이 아니라, 각 주체들의 입장에서 3·1운동을 평가하고 3·1운동의 전후사를 서술하면서 각자가 추구한

---

85) 《혈사》의 210개 지역 중 129개 지역에서 161만 9,638명의 운동 참가 인원이 일제 측 시위 일람표보다 많고, 이 중 일제 측 기록에 참가자 수가 0명인 지역이 33개에 달한다. 그리고 1개 지역은 양측이 집계한 참가자 숫자가 일치한다. 이상의 비교 과정에서 행정구역 변동 등으로 22개 지역 정보는 1919년 당대 지역에 통합해서 비교했으며, 9개 지역은 미확인 및 비교 불가 지역(서간도)으로 이상의 비교에서 제외했다.

86) 백암박은식선생전집편찬위원회, 앞의 책, 549·550쪽.

독립운동 방략에 대한 평가를 의미화해나갔다. 그들이 생성해낸 기록과 기억은 고정되지 않고 기록된 시점의 시대상과 정치적 입장에 따라 유동적이었다.

《사료집》은 국제연맹 제출을, 《혈사》는 중국인들과의 독립운동 제휴를, 《사략 상편》은 《사료집》을 계승해 이후의 독립운동사 서술을 각각 목표로 삼았다. 그 과정에서 《사료집》과 《사략 상편》은 안창호와 김병조라는 인물을 통해 일정한 연속성을 강하게 지녔고, '외교독립론'적인 입장에 기반해 독립운동사를 서술했다. 그에 비해 박은식의 《혈사》는 비(非)미국중심주의를 표방하며 '무장투쟁론'적인 입장에서 쓰였다.

이러한 차이에도 불구하고, 세 역사서가 궁극적으로 대항했던 것은 일제가 생산해내고 있는 3·1운동상이었다. 일제의 통계를 인용해 조선인의 맥락에서 재해석해내고, 일제의 보도를 비판하고 〈독립운동 일람표〉라는 형식을 통해 3·1운동에 대한 총체적인 상을 스스로 만들어내고자 했다. 상하이에서 자료를 수집하고 역사서를 편찬하는데 한계가 있었지만 나름의 정보와 합리성을 토대로 보정 작업도 병행했다.

그 때문에 《사료집》과 《혈사》, 《사략 상편》은 어느 한 저서가 압도적인 객관성을 지니기보다는 상호보완적인 성격을 지닌 동시대성의 저작들이라고 평가할 수 있다. 그럼에도 불구하고 해방 이후 각 저작의 유통 상황에 따라 그 영향력은 확연히 차이가 났다. 해방 직후 여러 차례 출간된 《혈사》는 한국인 주체의 3·1운동상을 구축하는 중요한 역사서가 되었고, 《혈사》에 제시된 200만 명이라는 수치는 3·1운동 참가자를 대표하는 수치가 되었다. 《사료집》과 《사략 상편》은 상당 기간 잊혔다가 1970년대에 발견되어 제한적으로 활용되었다. 《혈사》에 제시된 수치가 3·1운동의 '일반적인 수치'가 된 것은 정보의 정확성보다 구미에 맞는 정보 여부에 따라 결정된 것인지도 모른다. 가장 큰 수치로 가장 많은 수의 만세시위 참가자를 제시한《혈사》의 수치는 별다른 문제 제기 없이 3·1운동의 '일반적인 수치'가 될 수 있었다.

　어느덧 3·1운동 100주년이 되었다. 하지만 3·1운동에 대한 연구는 여전히 출발점에 서 있다. 기본적인 물음이 다시 제기되어야 하며, 2019년 현재의 시대정신에 맞춰 새롭게 서술할 수 있는 가능성을 탐구해야 한다. 이제 박제화된 기억을 넘어 3·1운동을 다시 마주해야 할 때다.

2장
해방 직후 사회주의자들의 3·1운동 인식

박종린

3·1운동의 '전유'를 위한 투쟁

해방 후 처음 맞은 1946년 3·1운동 기념식은 좌익 중심의 '3·1기념 전국준비위원회'와 우익 중심의 '기미독립선언기념 전국대회준비위원회'의 주최로 남산공원과 서울운동장에서 각각 개최되었다. 거기다 1947년 3·1운동 기념식에서 좌익과 우익의 충돌로 유혈사태가 발생했음은 주지의 사실이다.[1] 해방공간에서의 이러한 대립은 3·1운동의 '전유'를 통해 정치적 이니셔티브를 장악하고자 했던 각 정치세력의 움직임으로, 민족해방운동사에서 3·1운동이 차지하는 위상이

---

1) 3·1운동 90주년 이후, 1946년과 1947년 3·1운동 기념식을 둘러싸고 전개된 좌익과 우익의 투쟁 양상에 주목하는 연구들이 발표되었다. 대표적인 연구는 다음과 같다. 임종명, 〈탈(脫)식민 시기(1945. 8.~1948. 7.) 남한에서의 3·1의 소환(召喚)과 표상(表象)〉, 《대동문화연구》 66, 2009; 최선웅, 〈3·1운동 기념 의례의 창출과 변화〉, 《역사와 현실》 74, 2009; 박명수, 〈1946년 3·1절: 해방 후 첫 번째 역사논쟁〉, 《한국정치외교사논총》 38-1, 2016; 박명수, 〈1947년 3·1절에 나타난 임정 법통론과 인민혁명에 대한 미군정의 대응〉, 《한국정치외교사논총》 39-1, 2017; 임경석, 〈해방 직후 3·1운동 역사상의 분화〉, 《사림》 63, 2018.

어떠한지를 잘 보여주는 사건이기도 하다.

3·1운동은 민족해방운동사에서 그 위상과 역사적 상징성으로 인해 10년을 주기로 어김없이 관련된 기념논집 등이 발간되었다. 1969년 동아일보사가 주관해 발간한 《3·1운동 50주년 기념논집》과 3·1운동 70주년을 맞아 한국역사연구회와 역사문제연구소가 공동 심포지엄을 개최하고 1989년 발간한 기념논문집이 대표적이다.[2] 3·1운동 90주년이었던 2009년을 전후해서는 '표상'과 '기억'을 매개로 3·1운동을 고찰한 연구들이 산출되었다.[3]

지금까지 3·1운동과 관련한 다양한 주제와 소재의 연구들이 축적되었다. 그러나 그 가운데 해방 직후 사회주의자들이 민족해방운동, 특히 3·1운동을 어떻게 인식하고 있었는가에 대한 전일(專一)적 연구는 전무한 상황이다. 이는 관련 자료의 소략함에 기인하는 것이지만, 사회주의와 해방 3년사에 대한 학계의 관심 저하라는 연구 지형의 변화와도 무관하지 않다.

그러나 '해방 직후 사회주의자들의 3·1운동 인식'에 대한 검토는 해방 직후 좌익과 우익의 격렬한 투쟁 속에서 사회주의자들이 자신들의 운동을 일제강점기에 전개된 민족해방운동과 어떻게 연결시켜 정리하고 있는가라는 문제와, 이후 북한에서 진행된 민족해방운동사 정리와는 어떻게 연관되어 있는가라는 문제와 관련된 중요한 주제라고 할 수 있다.

---

2) 동아일보사 편, 《3·1운동 50주년 기념논집》, 동아일보사, 1969; 한국역사연구회·역사문제연구소 편, 《3·1민족해방운동연구》, 청년사, 1989.

3) 2009년 《역사와 현실》 74호 '특집: 3·1운동, 기억과 기념'으로 게재된 다음 연구가 대표적이다. 김정인, 〈기억의 탄생: 민중 시위 문화의 근대적 기원〉; 류시현, 〈1920년대 삼일운동에 관한 기억—시간, 장소 그리고 '민족/민중'〉; 최선웅, 앞의 논문; 정상우, 〈3·1운동의 표상 '유관순'의 발견〉; 최병택, 〈해방 후 역사 교과서의 3·1운동 관련 서술 경향〉.

본고와 관련해 지수걸의 일련의 작업이 주목된다.[4] 그는 3·1운동 이후부터 1948년까지 사회주의자들의 3·1운동 인식을 '역사 만들기'와 관련해 개괄적으로 고찰했다. 해방 직후에는 노동자, 농민, 진보적 소시민, 학생 등의 '자주적 투쟁'이 강조된 반면, 1948년 이후에는 '미국과의 비타협적 투쟁'이 강조되었다고 주장했다. 그러나 이러한 주장은 해방 후 상징적인 자료들에 대한 검토를 바탕으로 한 정리라는 점에서 검토 자료의 확대가 필요하다고 생각한다.[5] 또한 1948년을 하나의 분기점으로 설정한 점도 검토할 여지가 있다.

이러한 선행 연구에 유념하면서, 본고는 해방 직후[6] 사회주의자들의 3·1운동 인식을 고찰하고자 한다. 이를 위해 조선공산당(남조선노동당)을 중심으로 한 사회주의자들이 왜 3·1운동에 주목했는지, 민족해방운동사에서 3·1운동을 어떻게 자리매김했는지를 검토하고자 한다. 또한 사회주의자들의 저작에서 보이는 3·1운동 서술의 특징도 살펴보고자 한다.

---

4) 지수걸, 〈3·1운동의 역사적 의의와 오늘의 교훈〉, 《3·1 민족해방운동 연구》, 청년사, 1989; 지수걸, 〈3·1운동과 국내 공산주의 계열의 민족해방운동 – 일제 시기 조선인 공산주의자들의 '역사 만들기'〉, 《한국독립운동사연구》 13, 1999.

5) 인용된 자료는 다음 세 가지다. ① 〈삼일기념일에 동포에게 고함〉, 《해방일보》, 1946년 3월 1일자. ② 조선과학자동맹, 《조선해방과 삼일운동》, 청년사, 1946. ③ 남조선노동당 중앙위원회, 〈조선 인민에게 호소함!-삼일운동 29주년 기념에 제(際)하야〉, 《노력인민》, 1948년 3월 8일자. 해방 직후 사회주의자들의 3·1운동 인식을 살펴보는 데 중요한 자료인 박헌영의 저작(이노미, 《삼일운동의 의의와 그 교훈》, 1947) 등이 빠져 있다.

6) 본고의 검토 대상인 '해방 직후'는 1945년 해방부터 1948년 분단정부 수립 전후까지를 지칭한다. 검토 대상 가운데 전석담의 《조선경제사》(박문출판사)는 1949년 2월 15일 발행되었지만, 논의를 위해 포함했다.

1. 3·1운동, 그 현재성

식민지 조선의 사회주의자들은 당대부터 3·1운동과 그 역사적 의미에 주목했다. 그러나 시기에 따라 사회주의자들이 3·1운동과 관련해 강조하거나 주목한 점은 상이했다. 3·1운동 직후에는 혁명적 농민과 노동대중의 '혁명적 자각과 진출'이란 측면을 강조했다. 반면, 12월 테제 이후에는 '부르주아 민족주의자들의 분열 및 개량화'의 문제와 토지혁명과 노동자계급 헤게모니의 부재라는 측면, 즉 3·1운동의 실패 원인에 주목했다.[7]

그렇다면 해방 직후 사회주의자들은 어떠했을까? 그들 역시 3·1운동과 그 역사적 의의에 주목했다. 그들이 3·1운동에 주목한 이유는 무엇인가? 그 이유에 대해 박헌영은 다음과 같이 서술했다.

> 삼일운동을 맑스-레닌주의적으로 연구함에 있어 여러 가지 중요 문제가 제기되나니 민족문제, 토지=농민문제, 전략·전술 문제, 헤게모니와 통일전선 문제, 당에 대한 문제 등이 곧 그것이다. 이와 동시에 삼일운동은 조선 문제 연구에 가장 적절한 재료를 제공한다. 이 운동에서 우리는 조선의 정체를 발견할 수 있는 모든 문제가 내포되어 있기 때문이다. 일본제국주의 식민정책의 특수성, 조선 사회의 낙후성(특히 부르주아와 프롤레타리아 계급의 미약의 원인 등), 인민대중의 투쟁성과 지도자층의 군웅적(群雄的) 분열성과 그 의타적 사대사상과 독자성 결여 등의 조선 민족의 특수성 등이 그것이다.[8]

---

7) 이에 대해서는 지수걸, 앞의 논문(1999) 참조.
8) 이노미, 《삼일운동의 의의와 그 교훈》, 1947, 23쪽. '이노미'는 '而丁'을 풀어 쓴 것으로 박헌영의 필명 가운데 하나이다.

즉, 식민지 조선의 실제 모습을 고찰할 수 있는 가장 좋은 대상이 3·1운동이라는 것이다. 3·1운동을 분석함으로써 일제 식민정책의 특수성과 식민지 조선 부르주아와 프롤레타리아 계급의 미성숙, 인민 대중의 투쟁성, 3·1운동 지도부의 의타성 등 조선 민족의 특수성을 확인할 수 있다는 것이다. 이는 민족, 전위, 통일전선, 전략·전술, 헤게모니, 토지 등의 핵심적인 문제와 밀접하게 연관되어 있다.

이러한 문제들은 식민지 조선뿐 아니라 해방 직후 조선에서도 미해결의 과제로 중첩되어 존재하고 있었다. 따라서 해방 직후 사회주의자들이 3·1운동에 주목하고 그를 분석하고자 한 것은 당대 현실의 미해결 과제를 풀어가기 위한 실천적 활동의 일환이었다.

조선과학자동맹의 다음과 같은 주장도 사회주의자들이 3·1운동과 그 역사적 의미에 주목한 이유가 당대 현실의 문제를 해결하기 위한 활동과 밀접하게 관련되었음을 잘 보여준다.

> 이날이 가진 역사적 의의를 재인식하고 그 혁명적 정신을 정당히 계승함으로써 우리는 당면한 조선의 민족통일·민주주의 정권 수립 문제를 옳은 방향으로 해결할 수 있는 것이다.[9]

또한 해방 직후 사회주의자들이 3·1운동을 어떻게 인식하고 있었는지는 대중매체 등에 글과 함께 실린 다음의 슬로건과 그 배치를 통해서도 유추할 수 있다.

---

9)   조선과학자동맹, 〈권두언〉, 《조선해방과 삼일운동》, 청년사, 1946, 1쪽.

㉠ 삼일운동 기념은 민족통일 촉성으로![10]

㉡ 삼일운동에 흘린 피를 민족전선에서 살리자!!![11]

㉢ 삼상 결정은 조선의 자주독립과 민주건설의 유일한 로선이다.[12]

㉣ 삼일운동의 혁명적 정신을 계승하야 조국을 분할 침략하려는 외제(外帝)와 그 주구(走狗) UN조위(朝委)를 구축(驅逐)하는 구국투쟁에 전 인민은 궐기하라! 양군철퇴(兩軍撤退)에 의하야 조선 인민의 손으로 조선민주주의인민공화국을 수립하자! 용감하게 이러서라![13]

㉠과 ㉡은 조선공산당 기관지 《해방일보》와 조선노동조합전국평의회 기관지《전국노동자신문》1946년 3월 1일자 1면에 박스 형태로 강조되어 실린 슬로건이다. 이 슬로건들은 각각 그 날짜의 사설(〈삼일기념일에 동포에게 고함〉, 〈삼일운동의 의의와 교훈〉)과 함께 지면의 중앙에 배치되었다.

3·1운동을 '민족통일'과 '민주주의민족전선'으로 연결시키고 있는 조선공산당과 조선노동조합전국평의회의 슬로건에는 1946년 2월 15일 결성된 민주주의민족전선에 대한 적극적인 지지와 3월 20일부터 시작되는 제1차 미소공동위원회에 대한 기대가 담겨 있다.

㉢은 민주주의민족전선이 1947년 3·1운동 28주년을 맞아 배포한 전단에 실린 슬로건이다. 전단의 내용은 모스크바 삼상회의 결정을

---

10) 〈삼일기념일에 동포에게 고함〉, 《해방일보》, 1946년 3월 1일자.

11) 〈삼일운동의 의의와 교훈〉, 《전국노동자신문》, 1946년 3월 1일자.

12) 민주주의민족전선, 〈이렇게 삼일운동을 기념하자!〉, 1947. 3.

13) 남조선노동당 중앙위원회, 〈조선 인민에게 호소함!-삼일운동 29주년 기념에 제(際)하야〉, 《노력인민》, 1948년 3월 8일자.

지지하는 것이 3·1운동을 계승해 자주독립된 민주조선을 건설하는 유일한 길임을 강조하고 있다. 이는 1947년 5월 21일부터 시작되는 제2차 미소공동위원회를 통해 이를 이루고자 한 민주주의민족전선의 의지를 표현한 것이다.[14]

㉣은 남조선노동당 중앙위원회 기관지 《노력인민》의 1948년 3월 8일자 2면에 실린 슬로건이다. 남조선노동당은 단독선거 실시와 단독정부 수립에 반대하는 '단선단정(單選單政)' 반대운동으로 전개된 '2·7구국투쟁'을 3·1운동을 계승해 조선민주주의인민공화국을 건설하는 운동으로 연결시키고 있다.

이렇듯 현실 문제의 해결과 관련된 3·1운동의 현재성 문제가 해방 직후 사회주의자들이 3·1운동에 주목한 이유다.

2. 3·1운동의 역사적 위상

그렇다면 해방 직후 사회주의자들은 3·1운동을 어떻게 인식하고 있었을까? 또한 이를 확인할 수 있는 자료는 얼마나 될까? 다음 목록은 이와 관련된 당대의 자료를 정리한 것이다.[15]

① 〈삼일기념일에 동포에게 고함〉, 《해방일보》, 1946년 3월 1일자.

---

14) 민주주의민족전선은 제1차 미소공동위원회가 진행되던 1946년 4월 1일, 미소공동위원회 지지와 함께 모스크바 삼상회의 결정에 기반한 민주주의 임시정부 수립을 주장하는 성명서를 발표했다(민주주의민족전선, 〈임시정부 수립 촉진을 위하야 삼천만 동포에게 고함〉, 1946. 4. 1).

15) 자료 목록은 필자가 직접 확인해 작성한 것이다. 이 자료 목록이 당시 발표된 관련 자료 전체라고는 할 수 없다. 그러나 자료의 집필자나 발표 매체 등을 고려해보면 당대 사회주의자들의 3·1운동 인식에 대한 '경향성'을 파악하기에는 큰 무리가 없을 것이라고 생각한다.

② 〈삼일운동의 의의와 교훈〉,《전국노동자신문》, 1946년 3월 1일자.

③ 조선과학자동맹,《조선해방과 삼일운동》, 청년사, 1946.[16]

④ 이노미,《삼일운동의 의의와 그 교훈》, 1947.[17]

⑤ 민주주의민족전선, 〈이렇게 삼일운동을 기념하자!〉, 1947. 3.[18]

⑥ 조선과학자동맹,《주보 민주주의》13, 1947.[19]

⑦ 남조선노동당 중앙위원회, 〈조선 인민에게 호소함!―삼일운동 29

　주년 기념에 제(際)하야〉,《노력인민》, 1948년 3월 8일자.

⑧ 전석담,《조선사교정》, 을유문화사, 1948.[20]

⑨ 전석담,《조선경제사》, 박문출판사, 1949.[21]

---

16) 발행일은 1946년 3월 10일이고, 조선과학자동맹 기념논집으로 발행되었다. 권두언과 여섯 편의 글과 부록으로 구성되어 있다. 부록 자료는 1921년 3월 상하이의 선언사에서 발행된 김병조의 《한국독립운동사략》에서 전재함을 밝히고 있다. 1946년 11월 문우인서관에서 '국사참고용(國史參考用)'으로 발행된 《조선해방사(삼일운동 편)》는 《조선해방과 삼일운동》의 지형(紙型)을 이용해 인쇄한 것으로, 내용과 면수도 모두 동일하다. 실제로 목차에서 책 제목인 '조선해방과 삼일운동' 위에 '조선해방사'를 덧붙이고 있는 정도이다(조선과학자동맹,《조선해방사(삼일운동 편)》, 문우인서관, 1946, 〈목차〉 참조).

17) 1947년 2월 24일 집필되었는데(이노미, 앞의 책, 26쪽), 발행 시점은 확인할 수 없다. 6개 장(1. 일본제국주의와 조선 2. 세계일차대전 후 국제 정세와 조선 3. 삼일운동의 경과 4. 삼일운동의 성격·동력 급(及) 영도(領導) 문제 5. 삼일운동의 실패와 그 교훈 6. 결론)과 부록(1. 독립선언서 2. 동경유학생선언서 3. 청원서―가. 총독에게 나. 파리강화회의에 4. 시위운동 참가 인원 급 기타)으로 구성되어 있다. 부록은 조선과학자동맹의 《조선해방과 삼일운동》에 실려 있는 부록의 내용을 대부분 전재한 것이다.

18) 김현식·정선태 편,《'삐라'로 듣는 해방 직후의 목소리》, 소명출판, 2011, 345쪽.

19) 발행일은 1947년 3월 1일이고, '삼일운동기념 특집호'로 발행되었다. 여덟 편의 글로 구성되어 있다.

20) 을유문고 제9권으로 발행되었는데, 발행일은 1948년 5월 15일이다. 3·1운동과 관련된 부분은 '제4장 삼일운동(1. 일차 세계대전 후의 국제·국내 정세 2. 삼일운동의 경과 3. 삼일운동의 교훈)'이다.

21) 경제학 전집 제3권으로 발행되었는데, 발행일은 1949년 2월 15일이다. 전석담은 동국대학교 동료 교수인 최호진(崔虎鎭)과 함께 박문출판사에서 펴낸 경제학 전집의 책임편집을 담당했다. 3·1운동과 관련된 부분은 '제3편 삼일운동(1장 삼일운동의 역사적 전제―1절 제일차 세계대전 후의 국제 정세, 2절 제일차 세계대전 후의 국내 정세/2장 삼일운동의 경과와 그 성격―1절 삼일운동의 경과, 2절 삼일운동의 성격/3장 삼일운동의 실패와 그 교훈)'이다.

3년이라는 기간에 비해 9건의 자료는 매우 소략하다고 생각할 수 있다. 더구나 대부분의 자료는 발행 시점이 1947년 3월까지 집중되어 있다. 그러나 이는 오히려 당대의 현실을 반영하고 있기도 하다. 즉, 1947년 중반 이후는 좌익의 활동 자체가 제약을 받았기 때문이다. 더구나 출판물의 발행은 정치적 상황과 관련해 더욱 자유롭지 못했다. 일례로《평화혁명론》은 맑스주의 원전 번역서 가운데 좌익 출판사가 가장 늦게 출판한 책인데, 출판된 시점인 1947년 7월이 제2차 미소공동위원회가 휴회되기 전이라는 점은 시사하는 바가 크다. 이후 한반도에서 단독정부 수립 정책을 전개하던 미국이 한반도 문제를 유엔(UN)으로 이관시키는 한편, 미군정을 통해 남조선노동당을 불법화하고 '반공'을 강조하던 흐름과 관련되어 있었기 때문이다.[22]

위의 목록에서 몇 가지 특징을 확인할 수 있다. 첫째, 작성의 주체가 조선공산당(남조선노동당)과 그 외곽 단체(조선노동조합전국평의회, 민주주의민족전선, 조선과학자동맹)이거나 관련자라는 점이다. 둘째, 이와 관련해 단행본이 아닌 경우 주로 작성 주체 단체의 기관지를 발표 매체로 이용한 점이다. 이는 개인적인 의견이라기보다는 단체의 공식적인 견해라는 점을 강조하기 위한 것이다. 셋째, 기관지를 발표 매체로 이용한 경우 발표 시점이 3·1운동과 관련해 3월 1일 전후라는 점이다.

위의 목록들 가운데 사회주의자들의 3·1운동 인식을 고찰하는 데 특히 주목되는 것이 조선과학자동맹이 3·1운동 기념논집으로 발행한《조선해방과 삼일운동》과 박헌영의《삼일운동의 의의와 그 교훈》이다.

---

22) 박종린, 〈해방 후 맑스주의 원전 번역과 조선좌익서적출판협의회〉,《역사문화연구》61, 2017, 220쪽.

해방 후 처음 맞는 3·1운동 기념일과 관련해 좌익과 우익은 기념
식뿐 아니라 3·1운동 관련 서적 출간에도 경쟁적이었다. 우익은 1946
년 1월부터 3월 사이에 대체로 3·1운동과 대한민국임시정부를 연결
짓는 내용의 책을 다수 출간했는데, 대표적인 책들은 다음과 같다.

— 계림학인(鷄林學人) 편, 《삼일운동과 대한민국임시정부》, 국민출판
  사, 1946.
— 소석학인(素石學人), 《기미년 학생운동의 전모》, 근역출판사, 1946.
— 김하경(金河璟) 편, 《대한독립운동과 대한민국임시정부 투쟁사》,
  계림사, 1946.

이런 상황에서 3·1운동에 대한 사회주의자들의 인식을 정리한 최
초의 저작이 바로 《조선해방과 삼일운동》이다. 조선과학자동맹은
조선공산당의 외곽 학술운동단체이다.[23] 〈표 1〉과 〈표 2〉는 조선과학
자동맹에서 발행한 《조선해방과 삼일운동》과 1947년 3월 발간한 기
관지 《주보 민주주의》 '3·1운동 기념호'의 필자와 목차를 정리한 것
이다.

《조선해방과 삼일운동》과 《주보 민주주의》 '3·1운동 기념호'의 필
진 대부분은 조선과학자동맹의 본부와 서울지부 간부로 민주주의민
족전선의 각 연구위원회에서 활동했다. 조선과학자동맹 사회과학부

---

23) 박극채(朴克采)가 위원장이었는데, 강령은 다음과 같다. "1. 본 동맹은 진보적 과학이론의 확
    립과 그 보급화를 기(期)함. 1. 본 동맹은 진정한 민주주의 국가 건설을 위하여 인민대중에
    대한 정치적, 문화적 계몽 활동을 전개함. 1. 본 동맹은 사회과학, 자연과학 급(及) 기술과학
    에 있어서 조사·연구 활동을 통하여 진정한 민주주의 국가 건설에 적극적으로 기여함. 1. 본
    동맹은 진보적 과학자의 양성을 기함"(민주주의민족전선 편, 《조선해방연보》, 문우인서관,
    1946, 205·206쪽).

필자	목차
	권두언
김한주(金漢周)	삼일운동 전후의 국제관계
한관영(韓寬泳)	삼일운동 당시의 국내 경제 상태
안병렬(安秉烈)	삼일운동과 농민
전석담(全錫淡)	천도교의 정체와 삼일운동
강성호(姜聲鎬)	삼일운동과 대중운동
이성실(李成實)	삼일 이후의 해방운동

※ 출전: 조선과학자동맹, 《조선해방과 삼일운동》, 청년사, 1946.

표 1. 《조선해방과 삼일운동》의 필자와 목차

필자	목차
이기수(李基洙)	권두언: 삼일운동과 민주독립
정진석(鄭鎭石)	삼일운동의 역사적 의의
한영복(韓永福)	삼일운동 당시의 국제 정세
김일준(金一濬)	삼일운동 당시의 국내 정세
전석담(全錫淡)	삼일운동과 민족문제
강성호(姜聲鎬)	삼일운동과 인민항쟁
임항국(林恒國)	삼일운동과 학생
김종억(金鍾億)	삼일운동의 교훈
고기양(高其陽)	독립선언서의 해설

※ 출전: 조선과학자동맹, 《주보 민주주의》 13, 1947.

표 2. 《주보 민주주의》 '3·1운동 기념호'의 필자와 목차

책임자인 김한주는 민주주의민족전선의 경제대책분과 책임위원 겸 교육 및 문화대책위원회 전문위원이었고, 또 다른 사회과학부 책임자인 이기수는 민주주의민족전선의 경제대책위원회 전문위원이었다. 조선과학자동맹 서울지부 위원장인 정진석은 민주주의민족전선 중앙위원으로 교육 및 문화대책위원회 전문위원을 겸하고 있었고, 조선과학자동맹 서울지부 부위원장인 김종억도 민주주의민족전선의 경제대책위원회 전문위원이었다. 안병렬도 민주주의민족전선의 토지문제연구위원회 전문위원이었고, 김일준·임항국·한영복 등은 조선과학자동맹 서울지부의 간부였다.[24] 이들 가운데 김한주, 전석담, 강성호, 김종억 등은《사회과학대사전》집필에도 참여했다.[25]

《삼일운동의 의의와 그 교훈》은 집필자가 3·1운동을 실제 경험했던 조선공산당 지도자인 박헌영이라는 점뿐 아니라,[26] 한국근현대사에서 3·1운동의 역사적 위상을 정리하고 있다는 점에서도 해방 직후 사회주의자들의 3·1운동 인식을 살펴보는 데 중요한 자료이다.

박헌영은《삼일운동의 의의와 그 교훈》에서 3·1운동의 역사적 위상을 한국근현대사의 흐름 속에서 다음과 같이 서술하고 있다.

---

24) 〈정치 문화를 계몽, 조선과학자동맹 결성〉,《중앙신문》, 1945년 11월 13일자; 〈위원 진용 정비, 민전(民戰) 7대 전문분과 외〉,《해방일보》, 1946년 3월 7일자;《해방일보》, 1946년 3월 10일자; 〈민전 기구 구체화, 추가 3전문위원회 구성〉,《독립신보》, 1947년 1월 5일자; 〈민전 선거 대책 위원 명위(名位)〉,《독립신보》, 1947년 2월 14일자 등 참조. 정진석과 안병렬에 대해서는 다음의 글을 참조. 김도형, 〈정진석의 학술운동과 실학 연구〉,《한국사연구》176, 2017; 임경석, 〈산에서 쓴 편지―남도부 부대 정치위원 안병렬이 남긴 생애 마지막 기록〉,《역사비평》76, 2006.

25) 이석태 편,《사회과학대사전》, 문우인서관, 1948, 6쪽.

26) 박헌영은 해방 직후에 한 대담에서 3·1운동의 경험이 자신이 민족해방운동에 참여하게 된 계기였다며 다음과 같이 말했다. "1919년의 사건은 나를 공산주의자 진영으로 이끌어들였습니다. 나는 그들의 이념이 독립과 정의, 민주주의와 진보를 호소하고 있다는 것을 이해하기 시작했지요. 아니 더 정확히 말해서 초음으로 느끼기 시작했다고 해야겠지요."(F. 샤브시나 꿀리꼬바, 〈소련의 여류 역사학자가 만난 박헌영〉,《역사비평》여름호, 1994, 174쪽).

삼일운동은 동학난과 십월 인민항쟁과 더부러 근대 조선민족해방운동사에 있어 가장 광채 나는 부분으로 높이 평가되고 있는 것이 사실이다. …… 19세기의 동학난이나 1919년의 삼일운동, 1946년의 남조선 십월 인민항쟁이나 모두 민주주의 조선을 위한 투쟁이지마는 그 어느 것이고 하나도 성공은 보지 못했다. 그러나 8·15 이후 북조선에서 쏘련군의 진주와 그 원조하에 실시된 민주주의 개혁은 평화적으로 역사적 승리를 거두었다. 즉, 우리 조선 인민이 반세기 동안 두고 싸우던 민주주의는 우리 국토의 절반에서 성공적 승리를 보이고 있으며 모쓰크바 삼상결정의 정확한 실시는 곧 남북통일이 성립되고 조선의 민주독립의 완성을 의미한다.[27]

즉, 3·1운동은 '갑오농민전쟁', '10월 인민항쟁'과 함께 한국근현대 민족해방운동사에서 민주주의 실현을 위한 투쟁으로서의 위상을 갖는다는 것이다. '갑오농민전쟁→3·1운동→10월 인민항쟁'으로 이어지는 민주주의 조선을 위한 이러한 투쟁은 비록 실패했지만, '이북'의 민주주의 개혁을 통해 한반도에서 절반의 승리를 거두었다는 것이다. 그리고 완전한 승리로 가는 길은 바로 모스크바 삼상회의 결정을 실현함으로써 남북통일을 이룩하는 것이다. 바로 이것이 민주건설과 자주독립이라는 '민주독립', 즉 진정한 '민주주의 조선'[28]의 건설이라는 것이 박헌영의 주장이다.

---

27) 이노미, 앞의 책, 1쪽.
28) 박헌영은 "인민을 위한 진정한 민주주의는 금일 북조선에서 완전 성공으로 개화하고 있다. 서구식 형식적 사이비 민주주의는 남조선에서 인민의 배격을 받고 시들어지고 있다. 조선 인민은 금일에 인민적 민주주의 기초 우에 인민공화국을 건설하는 방향으로 맹진하고 있는 것이다"(위의 책, 26쪽)라고 서술하고 있다. 이를 통해 그가 지향한 '민주주의 조선'은 '인민적 민주주의'에 입각한 '인민공화국'임을 알 수 있다.

해방 직후 3·1운동의 역사적 위상을 갑오농민전쟁과 함께 민족해방운동의 두 기점으로 파악하거나,[29] 민족해방운동사에서 10월 인민항쟁과 함께 강조하는 경우는 더러 있었다.[30] 그러나 3·1운동의 역사적 위상을 박헌영과 같이 '갑오농민전쟁→3·1운동→10월 인민항쟁'으로 이어지는 한국근현대사의 흐름 속에서 파악하고 정리하는 것은 매우 독특한 경우라 할 것이다.

박헌영은 실제 일어난 순서와는 반대로 《십월인민항쟁》,[31] 《삼일운동의 의의와 그 교훈》,《동학농민난과 그 교훈》[32]을 집필해 1947년에 출간했다.[33] 이른바 박헌영의 한국근현대사 '3부작'이다. '3부작'은 1948년 1월 10일 《민주조선독립을 위한 삼대 투쟁사》라는 책으로 묶여 다시 출판되었다.[34] 이처럼 박헌영이 갑오농민전쟁, 3·1운동, 10월 인민항쟁에 대한 저술과 출판에 힘을 쏟은 것은 한국근현대 민주주의의 역사를 정리하는 작업이야말로 민주주의 조선을 만들어가는 과정의 기초라고 생각했기 때문이다.

---

29) 전석담, 〈천도교(天道敎)의 정체(正體)와 삼일운동〉,《조선해방과 삼일운동》, 청년사, 1946, 64쪽: 전석담, 〈삼일운동과 민족문제〉,《주보 민주주의》13, 1947, 10·11쪽.

30) 강성호, 〈삼일운동과 인민항쟁〉,《주보 민주주의》13, 1947, 13쪽.

31) 《십월인민항쟁》은 1946년 11월 13일 '서울'에서 집필되었다고 기술하고 있지만(《십월인민항쟁》, 해방사, 1947, 22쪽;《남조선인민항쟁》, 1947, 81쪽), 박헌영은 그 시점에 이미 월북한 상태였다.《십월인민항쟁》은 1947년 1월 25일 인쇄되어 서울의 해방사에서 출판되었고, 〈인민항쟁의 총결〉(노미)·〈인민항쟁의 의의와 교훈〉(나정)·〈인민항쟁 현지 보고 좌담회〉·〈부록: 투쟁일지-인민항쟁의 피어린 기록〉으로 구성되어 있다. 이 가운데 〈인민항쟁의 총결〉이 바로 박헌영의 한국근현대사 3부작으로 언급되는 《십월인민항쟁》이다. 〈인민항쟁의 총결〉은 이후 《남조선인민항쟁》이란 제목의 81쪽 분량의 팸플릿으로 단독으로도 출간되었다. 출간 당시 '내지'의 제목은 〈탄압학살과 인민항쟁-노동자파업투쟁의 새 형태〉였다.

32) 《동학농민란과 그 교훈》은 1947년 4월 22일 집필되었는데(박헌영,《동학농민란과 그 교훈》, 해방사, 1947, 19쪽), 같은 해 7월 10일 본문 19쪽 분량의 팸플릿으로 출판되었다.

3. 인민대중 주도와 '실패한 운동'

해방 직후 사회주의자들은 3·1운동을 어떻게 평가하고 규정했을
까?

---

33) 3부작 가운데《삼일운동의 의의와 그 교훈》과《동학농민란과 그 교훈》은 당의 지시를 받은 전
    석담이 자신의 기존 연구에 기초해 집필한 후 박헌영의 이름으로 발표한 것이며, 이후 이를
    보완해《조선경제사》에 실었다 '추론'이 있다(임영태, 〈북으로 간 맑스주의 역사학자와 사
    회경제학자들－김광진, 김석형, 김한주, 박문규, 박시형, 백남운, 이청원, 인정식, 전석담〉,《역
    사비평》 가을호, 1989, 334쪽). 그리고 그러한 '추론'의 근거로 전석담의《삼일운동의 의의와
    그 교훈》·《동학농민란과 그 교훈》과 박헌영의《삼일운동의 의의와 그 교훈》·《동학농민란과
    그 교훈》이 내용은 물론 문장 서술까지도 거의 일치하는 것을 들고 있다.
    실제로《삼일운동의 의의와 그 교훈》과 전석담의《조선경제사》뿐 아니라《조선사교정(朝鮮
    史敎程)》은 다음의 ①·②·③에서 보는 바와 같이 문장의 서술까지 거의 일치한다. ① "외식
    (外飾)과 형식에 불과한 윌손 씨의 민족자결론의 기만(欺瞞)과 환상론(幻想論)으로부터 신
    속히 해방되면서 당시 우수한 민족해방운동자들은 제국주의 열강의 파리강화회의의 약탈적
    본질을 명백히 인식함과 동시에 쏘베트 로씨야만이 세계 피압박 식민지 급 약소민족의 진정
    한 원조자이며 친우이며 맑스·레닌주의만이 사회 발전의 혁명적·과학적·진보적 리론이라는
    진리를 깨닫기 시작하였다"(이노미, 앞의 책, 19쪽). ② "외식과 형식에 불과한 민족자결론의
    기만과 환상으로부터 신속히 벗어나면서 당시 우수한 민족해방운동자들은 제국주의 열강의
    파리강화회의의 약탈적 본질을 명백히 인식함과 동시에 피압박 약소민족의 참다운 벗이 누
    구라는 것을 깨닫기 시작하였다"(전석담,《조선사교정》, 을유문화사, 1948, 124쪽). ③ "외식
    과 형식에 불과한 윌손 씨의 민족자결론의 기만과 환상으로부터 신속히 해방되면서 당시 우
    수한 민족해방운동자들은 제국주의 열국의 파리강화회의의 약탈적 본질을 명백히 인식함과
    동시에 피압박 약소민족의 진정한 우인(友人)이 누구라는 것을 깨닫기 시작하였다"(전석담,
    《조선경제사》, 박문출판사, 1949, 316쪽).
    그러나《삼일운동의 의의와 그 교훈》을 보완해《조선경제사》를 서술했다는 '추론'과는 달리
    분량은 오히려《삼일운동의 의의와 그 교훈》〉《조선경제사》〉《조선사교정》 순이다. 또한 '갑
    오농민전쟁→3·1운동→10월 인민항쟁'의 흐름 속에서 3·1운동의 역사적 위상을 파악하는
    서술은《삼일운동의 의의와 그 교훈》에서만 보이는 독자성이다.
    그리고 "1948년 그(박헌영-인용자)는《3·1운동의 의의와 그 교훈》(서울, 1947)과《독립된 민
    주조선을 위한 3개의 위대한 운동》(1947, 1948년의 오기-인용자)이란 제목의 책을 두 권 보
    내주었다"(F. 샤브시나 꿀리꼬바, 앞의 논문, 169쪽)라는 샤브시나의 증언에 따르면,《삼일운
    동의 의의와 그 교훈》의 저자가 박헌영임을 유추할 수 있다. 따라서 전석담이 집필한《삼일운
    동의 의의와 그 교훈》이 박헌영의 이름으로 발표되었을 것이라는 임영태의 '추론'은 논리적
    으로 성립할 수 없다.

34) 해방사 편,《민주조선독립을 위한 삼대 투쟁사》, 해방사, 1948. 기존 연구에서 '3부작'이 묶여
    해방사에서《동학농민란과 그 교훈》으로 출판되었다는 서술(김남식·심지연 편저,《박헌영 노
    선 비판》, 세계, 1986, 62쪽; 이정박헌영전집편집위원회 편,《이정박헌영전집》2, 역사비평사,
    2004, 467·548·596쪽; 임경석,《이정 박헌영 일대기》, 역사비평사, 2004, 387·395·397쪽)은 수
    정되어야 한다.

'자연발생적 대중운동', [35] 3·1운동에 대한 사회주의자들의 평가는 여기서 출발한다. 그런데 '자연발생적 대중운동'이라는 규정은 다의적인 뜻을 내포하고 있다. 즉, '자연발생적'이라는 규정은 3·1운동 지도부에 대한 평가와 관련된 것이고, '대중운동'이었다는 평가는 3·1운동의 동력에 대한 견해를 표출한 것이기 때문이다.

사회주의자들은 3·1운동이 조직화되지 않은 투쟁이었다는 점과 "33인이란 민족 대표자들이 무저항주의와 평화적 수단과 방법, 청원과 진정, 호소함으로써 독립을 달성하려 결심한 오류"[36]에 빠져 투쟁을 올바르게 지도하지 못했다는 점을 비판한다.

민족 대표 등 지도부에 대해서는 비판적인 관점을 견지하는 데 비해, 투쟁 과정에서 활약한 인민대중의 역할에는 주목하고 있다. 이와 관련해 3·1운동의 동력에 대한 다음의 서술들은 눈여겨볼 만하다.

> 혁명력(革命力)으로서 삼일운동에 참가한 것은 노동자, 농민, 학생, 인테리, 도시 소시민이 삼일투쟁의 동력으로 진출했고, 민족불조아지 심지어 양심적 지주까지도 참가한 것으로 보아 반역자, 봉건적 왕=귀족 급 대지주 등 친일분자만을 제외한 거족적 총동원의 인민투쟁이었다. 이 동원의 절대다수를 점한 것은 농민대중이니 이것이 5할 이상을 차지하였고, 다음에는 학생 급 인테리가 2할이오, 도시 중소상공인이 1할 반이오, 노동자는 1할강의 순서이다.
>
> 이로 보아 노동자, 농민이 근 7할을 점하고 있는 것은 삼일운동의 동원 중심 세력이 노동자, 농민계급이란 것이 숫자적으로 명시되어 있다.[37]

---

35) 이기수, 〈권두언: 삼일운동과 민주독립〉,《주보 민주주의》13, 1947, 2쪽; 이노미, 앞의 책, 17쪽.
36) 위의 책, 20쪽.
37) 위의 책, 15쪽.

이 운동의 피의 기록은 결코 구봉건귀족, 양반, 지주 급 이들 계급 출신인 종교가 등 일련의 소위 지도자들에 의하야 된 것은 아니었다. ……
삼일운동의 피의 기록은 그들 지도층과는 이미 대차적(對遮的) 위치에 있던 농민, 노동자 급 진보적 소시민, 학생의 자주적 투쟁으로 된 것이다.[38]

즉, 3·1운동은 친일파를 제외한 조선인이 거족적으로 참여한 인민투쟁으로 전개되었는데, 그 가운데서도 일본제국주의와 간단없는 투쟁을 한 이들이 바로 노동자와 농민을 중심으로 한 학생, 급진적 소시민 등 인민대중이라는 것이다. 인민대중 주도의 3·1운동이라는 규정은 해방 직후 사회주의자들이 3·1운동의 동력에 대해 갖고 있던 일반적인 평가라고 할 수 있다.

3·1운동에 대한 이러한 평가는 3·1운동을 지도했던 민족부르주아와 토착대지주 등에 대한 비판과 짝을 이루고 있다. 그리고 그들에 대한 비판은 3·1운동 전개에만 한정된 것이 아니라 그 이후부터 해방 직후까지 계속된다. 3·1운동을 계기로 일제와 타협하고 더 나아가 친일파로 전락했으며, 해방공간에서 일제 잔재 청산에 비판적이고 모스크바 삼상회의 결정에도 적극적으로 반대하는 반동 진영의 실체가 바로 그들이기 때문이라는 것이다.

또한 민족주의자들 가운데 특히 우익진영이 3·1운동을 '일대(一大) 혁명'으로 평가하면서, 그 연장선에서 대한민국임시정부를 '3·1혁명의 권화(權化)'로 지칭하고 그 '법통'을 주장하고 있음을 비판한다.[39]

해방 직후 사회주의자들은 3·1운동을 '실패한 운동'으로 규정한다.

---

38) 조선과학자동맹, 〈권두언〉, 《조선해방과 삼일운동》, 청년사, 1946, 1·2쪽.
39) 〈삼일운동의 의의와 교훈〉, 《전국노동자신문》, 1946년 3월 1일자; 이노미, 앞의 책, 23쪽.

그래서 우익진영에서 주장하던 '3·1혁명'은 과대평가된 것이며, '3·1
운동'으로 불러야 한다고 주장한다. 박헌영의 다음 주장은 사회주의
자들의 '3·1혁명' 비판론의 기저를 이해하는 데 도움을 준다.

> 혁명은 완강(頑强)하고도 꾸준한 투쟁으로써 성공되는 것이니 지도
> 하는 전위가 미리부터 존재하여 이 전위는 진보적 이론과 전술로써 무
> 장되고 단련되며 평시부터 일상투쟁을 통하여 인민대중과 연결되고 있
> 어 장래할 높은 정도의 투쟁에 대하여 미리 준비하여야 하며 객관 정세
> 가 성숙하여 혁명이 폭발되면 전위는 혁명을 승리에로 인도하기 위하여
> 모든 진보적 세력을 동원하여 결정적 투쟁에로 조직 지도하되 적과 싸
> 움에 있어 무장투쟁의 단계에 들어가는 시에는 가장 용감히 결정적으로
> 모든 희생을 불고(不顧)하고 싸워야 하는 것이 원칙이다.[40]

혁명을 전위조직과의 관계에서 접근한 박헌영은 전위조직이 올바
른 이론과 전술로 대중을 지도해 혁명을 성공적으로 이끌어야 한다는
원칙을 강조하고 있다. 그런데 3·1운동은 투쟁을 지도할 전위조직이
부재한 가운데 투쟁이 자연발생적으로 진행되었기 때문에 '혁명'이라
고 규정할 수 없고 '운동'이라는 것이다. 그리고 이는 마치 전위조직
의 부재 속에서 전개되었던 '파리코뮌'[41]과도 유사하다고 평가했다.

사회주의자들은 3·1운동을 실패한 운동으로 규정하기 때문에 3·1
운동의 실패 원인과 그러한 실패로부터 얻어야 할 교훈을 중심으로
서술했다. 물론 3·1운동은 실패한 운동임에도 불구하고 한국근현대

---

40) 위의 책, 21쪽.
41) 위의 책, 17쪽.

사에서 역사적 의의가 있는 사건이라는 점도 함께 강조했다.[42] 그렇다면 사회주의자들이 생각하는 3·1운동의 실패 원인은 무엇인가?

이와 관련해 사회주의자들은 일제의 무력 탄압과 소련 등의 지원 부족이라는 객관적 요인과 함께 노동계급의 미성숙, 투쟁을 지도할 전위조직의 부재, 민족해방과 토지문제의 결합에 대한 인식 부재, 무장봉기 전술의 배제, 그리고 토착자본가의 타협적 태도와 민족주의자의 외세 의존적 태도 등을 3·1운동의 실패 원인으로 거론하고 있다.[43]

이 가운데서도 전위조직의 부재와 토지개혁 문제를 제기하지 않았던 점을 3·1운동이 실패한 가장 중요한 원인으로 강조한다. 후자의 경우 식민지 조선의 절대다수를 차지하고 있던 농민의 전폭적인 지지를 이끌어내기 위해서는 토지문제의 해결이 무엇보다 중요했기 때문이다. 즉, 3·1운동에서 반제투쟁 외에도 토지개혁이라는 반봉건투쟁이 병행되었어야 한다는 것이다.[44]

3·1운동이 실패한 원인에 대한 이와 같은 정리는 그러한 실패를 통해 얻을 수 있는 '교훈'은 무엇인가라는 서술로 이어진다. 이와 관련해서는 노동계급의 영도 필요, 혁명적 전위당의 필요성, 토지문제의 올바른 해결, 자력에 의한 자주독립, 인민대중의 조직적·계획적·목적의식적 동원, 비타협적 투쟁 등이 거론된다.[45]

---

42) 3·1운동의 역사적 의의로는 대체로 일제의 식민 지배에 굴종하지 않았다는 점과 전 민족 투쟁이라는 점, 그리고 이를 계기로 민족해방운동이 정당한 길로 접어들었다는 점 등이 언급된다(〈삼일운동의 의의와 교훈〉, 《전국노동자신문》, 1946년 3월 1일자).

43) 〈삼일기념일에 동포에게 고함〉, 《해방일보》, 1946년 3월 1일자; 이노미, 앞의 책, 19~21쪽.

44) 박헌영은 3·1운동의 성격을 "조선 민족의 해방, 토지문제의 평민적 해결 급 정치적 자유의 전취 등의 중심적 과업을 가진 반제국주의적, 반봉건적, 민주주의적 해방운동"(위의 책, 12쪽)으로 규정한다.

45) 〈삼일기념일에 동포에게 고함〉, 《해방일보》, 1946년 3월 1일자; 김종억, 〈삼일운동의 교훈〉, 《주보 민주주의》 13, 1947, 17쪽; 남조선노동당 중앙위원회, 〈조선 인민에게 호소함!-삼일운동 29주년 기념에 제(際)하야〉, 《노력인민》, 1948년 3월 8일자.

그 가운데 3·1운동의 가장 중요한 교훈은 전위당의 필요와 토지문제의 농민적 해결이다. 이는 3·1운동의 가장 중요한 실패 원인과 상응하는 것이다. 토지문제의 평민적 해결은 친일 잔재의 청산, 자주적 해방 등과 함께 해방 직후 조선의 현실에서 최우선으로 해결해야 할 가장 중요한 역사적 과제 가운데 하나였다. 따라서 전위당의 지도 아래 전개되는 토지개혁, 그것을 현실적으로 조선공산당의 지도 아래 민주주의 조선을 건설하기 위해 해결해야 할 역사적 과제로 판단한 것이다.

3·1운동, 민주독립의 길에서

이상에서 조선공산당(남조선노동당)을 중심으로 한 사회주의자들이 3·1운동에 주목했던 이유와 민족해방운동사에서 3·1운동의 역사적 위상을 어떻게 자리매김했는가라는 문제에 주목하면서, 해방 직후 사회주의자들의 저작에 보이는 3·1운동 서술의 특징을 검토해 이들의 3·1운동에 대한 인식을 고찰했다. 이를 정리하면 다음과 같다.

3·1운동은 당대부터 식민지 조선의 사회주의자들에게 주목의 대상이었다. 해방 직후 사회주의자들 역시 3·1운동과 그 역사적 의의에 주목했다. 그것은 3·1운동에서 제기되었던 문제점들이 해방 직후 조선에서도 미해결 과제로 중첩되어 존재했기 때문이다. 즉, 3·1운동은 해방 직후에도 여전히 현재성을 가지고 있었던 것이다.

《삼일운동의 의의와 그 교훈》은 집필자가 조선공산당 지도자인 박헌영이라는 점뿐 아니라, 한국근현대사에서 차지하는 3·1운동의 역사적 위상을 정리했다는 점에서도 해방 직후 사회주의자들의 3·1운동에 대한 인식을 살펴볼 수 있는 가장 중요한 문헌이다.

박헌영은 3·1운동을 '갑오농민전쟁→3·1운동→10월 인민항쟁'으로 이어지는 한국근현대 민족해방운동사에서 민주주의 실현을 위한 투쟁으로 정리했다. 민주주의 조선을 건설하기 위한 이러한 투쟁은 '이북'의 민주주의 개혁을 통해 절반의 승리를 거두었고, 남북통일을 통해 완전한 승리로 나아간다고 주장했다.

해방 직후 사회주의자들은 3·1운동을 '자연발생적 대중운동'으로 규정했다. 그리고 민족 대표 등 지도부의 한계를 비판하고, 인민대중의 역할에 주목했다. 3·1운동은 노동자와 농민을 중심으로 한 학생, 급진적 소시민 등 인민대중이 주도했다는 점을 강조했다.

또한 해방 직후 사회주의자들은 3·1운동을 '실패한 운동'으로 규정했다. 특히 전위조직의 부재와 토지개혁 문제를 제기하지 않았던 점을 3·1운동이 실패한 가장 중요한 원인으로 강조했다. 3·1운동은 반제투쟁 외에도 토지개혁이라는 반봉건투쟁이 병행되었어야 한다는 것이다. 따라서 3·1운동의 가장 중요한 교훈은 전위당의 필요와 토지문제의 농민적 해결이었다. 전위당의 지도 아래 전개되는 토지개혁은 현실적으로 해방 직후 사회주의자들이 최우선으로 해결해야 할 역사적 과제였기 때문이다.

3장

3·1운동과 임시정부 법통성 인식의
정치성과 학문성

김정인

법통성을 보는 두 개의 눈

　제헌헌법과 1987년 개헌에 따른 현행 헌법의 전문에는 3·1운동으로 대한민국임시정부(이하 '임시정부')가 건립되었다는 내용의 임시정부 법통성(이하 '임정 법통성')이 명문화되어 있다. 이는 임정 법통성에 대한 부정은 곧 헌법적 가치를 부정하는 것을 뜻한다. 정치적 시각에서는 3·1운동과 임시정부의 관계에 대한 정답이 이미 존재하는 셈이다. 학문 안으로 들어오면 정치처럼 지형이 간단하지 않다. '임시정부가 수립되었기에 3·1운동은 결과적으로 성공'이라며 임정 법통성을 이데올로기화하는 경향부터 '임시정부가 3·1운동의 결과로 수립된 것은 인정하나, 일개 독립운동단체에 불과했다'며 임정 법통성을 부정하는 흐름까지 여러 스펙트럼이 존재해왔다.

　최근 역사학계에서는 뉴라이트와 건국절 논쟁을 벌이면서 임시정부의 탄생에 적극적인 의미를 부여하는 흐름이 대세가 되어가고 있다. 임정 법통성을 강하게 부정했던 민중사학자들이 여기에 가담하는 것에 대해서는 학문적 '전향'이라는 평가도 있다.[1] 학문적 공론장에서 정치적 논리가 힘을 발휘하면서 대응논리 마련에 몰두한 결과가 아닐까 돌아보게 된다. 다만, 역사학·정치학·법학 등에서 민주주의 혹은 민주공화국의 관점에서 임시정부를 재해석하는 흐름이 또렷해지면서 임시정부를 보는 눈이 달라진 점이 이러한 변화에 영향을 미쳤을 것으로 보인다.[2] 이처럼 임정 법통성은 역사학에서 정치성이 강한 주제다.

본고에서는 그간 임정 법통성의 골간인 3·1운동과 임시정부의 관계를 둘러싼 인식이 정치와 학문 영역에서 어떻게 변화해왔는지를 살펴 오늘의 임정 법통성 문제가 갖는 정치적·학문적 위상을 되짚어 보고자 한다. 먼저 임시정부가 출범할 때부터 '3·1운동의 계승자로서의 임시정부'라는 인식이 존재했음을 밝히고, 임시정부 해체론이 제기될 때마다 임정 법통성이 제기되었으며 그것이 해방 직후 우파의 임정 법통성 주장으로 이어지는 과정을 살펴보고자 한다. 또한 제헌헌법과 1987년 개헌 헌법에서 3·1운동과 함께 임정 법통성이 명문화되는 과정과 그 정치적 의미를 분석하고자 한다. 마지막으로, 1980년대 이후 역사학계의 지형 변화와 함께 '3·1운동으로 건립된 임시정부'라는 하나의 역사상을 구축하며 임정 법통성을 강조하는 흐름과, 3·1운동과 임시정부의 역사를 별개의 역사로 인식하며 임정 법통성

---

1) 전영욱, 〈80, 90년대 '진보적' 한국사학계의 '올바른 역사인식'이라는 자기규정〉,《역사문제연구》 37, 2017, 84~86쪽.

2) 서희경,《대한민국 헌법의 탄생》, 창비, 2012; 박찬승,《대한민국은 민주공화국이다》, 돌베개, 2013; 이승택, 〈한국 헌법과 민주공화국-민주공화국의 형성과 전개를 중심으로〉, 고려대학교 법학과 박사학위논문, 2013; 김정인,《민주주의를 향한 역사》, 책과함께, 2015; 김정인,《독립을 꿈꾸는 민주주의》, 책과함께, 2017.

을 부정하는 흐름이 형성되었음을 짚어보고자 한다.

1. 우파의 노선, 3·1운동과 임시정부 법통성 인식

1) 3·1운동에 근거한 임시정부의 법통성 인식

3·1운동은 임시정부가 출범할 때부터 임시정부 존립의 정당성을 상징하는 기억으로 자리 잡았다. 상하이 임시정부가 1919년 4월 11일에 공포한 〈대한민국 임시헌장〉의 전문은 다음과 같다.

> 신인일치(神人一致)로 중외협응(中外協應)하여 한성에서 기의한 지 30여 일에 평화적 독립을 300여 주에 광복하고 국민의 신임으로 완전히 다시 조직한 임시정부는 항구 완전한 자주독립의 복리로 우리 자손 여민에 대대로 전하기 위해 임시의정원의 결의로 임시헌장을 선포하노라.[3]

이에 따르면, 상하이 임시정부는 출발부터 3·1운동을 임시정부 수립의 역사적 근거로 내세웠다. 같은 날 발표한 〈선서문〉에서도 임시정부가 3·1운동을 이끈 전 국민의 위임을 받아 수립되었음을 천명했다.

> 민국(民國) 원년 3월 1일 대한민국이 독립을 선언함으로부터 남과 여와 노와 소의 모든 계급과 모든 종파를 물론하고 일치단결하여 동양의 독일인 일본의 비인도적 폭행 아래에 극히 공명하게 극히 인욕(忍辱)하게 우리 민족의 독립과 자유를 갈망하는 실사와 정의와 인도로 애호하

---

3) 〈대한민국 임시헌장〉, 《대한민국임시정부자료집》 1, 국사편찬위원회, 2005, 3쪽.

는 국민성을 표현한지라. 세계의 동정이 흡연히 우리 국민에게 집중하였도다. 이때를 당하여 본 정부는 전 국민의 위임을 받아 조직되었으니 본 정부는 전 국민과 더불어 전심(專心)하고 육력(戮力)하여 임시헌법과 국제도덕의 명하는 바를 준수하여 국토 광복과 방기확고(邦基確固)의 대사명을 다하기를 이에 선서하노라.[4]

1919년 9월 11일에 공포한 통합임시정부의 〈대한민국 임시헌법〉 전문은 1919년 3월 1일에 발표된 '3·1독립선언서'의 첫 마디를 원용해 다음과 같이 시작된다.

우리 대한 인민은 우리나라가 독립국임과 우리 민족이 자유민임을 선언하였도다. 이로써 세계만방에 고하여 인류평등의 대의를 극명(克明)하였으며 이로써 자손만대에 고하여 민족자존의 정권을 영유하게 하였도다.[5]

이어 "반만년 역사의 권위를 기대어 이천만 민중의 성충(誠忠)을 합하여 민족의 장구여일(長久如一)한 자유 발전을 위하여 조직된 대한민국"이라 하면서 다시 '3·1독립선언서'의 구절을 원용하며 임시정부가 3·1운동을 통해 보여준 민중의 독립의지를 계승해 수립되었음을 분명히 했다.

또한 임시정부는 3월 1일을 독립을 선언한 날로 영구히 기념하고자 국경일로 제정했다. 3월 1일이면 오전에는 정부 요인 중심으로 기

---

4) 위의 책, 4쪽.
5) 위의 책, 6쪽.

넘식이 열렸고 오후에는 교민단이 주최하는 축하식이 열렸다. 축하
식이 끝나면 축하 공연이 이어졌다. 이후에는 자동차에 태극기를 꽂
고 만세를 외치며 상하이 시가지를 돌았다.[6]

이처럼 임시정부 탄생부터 등장한 3·1운동에 근거한 임정 법통성
인식은 임시정부가 안팎의 도전을 받으며 해체론이 제기될 때마다
등장했다. 1923년에 열린 국민대표회의에서는 임시정부를 해체하자
는 창조파에 맞서 개조파가 '3·1운동으로 탄생하여 5년이나 이어온
임시정부를 개조하여 대한제국 멸망 이후의 법통을 잇자'는 주장을
펼쳤다.[7]

임시정부 해체론은 1935년 7월 5일 조선민족혁명당이 창당할 때도
등장했다. 조선민족혁명당은 임시정부의 여당인 한국독립당을 비롯
해 의열단, 조선혁명당, 신한혁명당, 미국에 있는 대한독립당 등이 통
합해 창당한 민족연합체였다. 조선민족혁명당은 〈창립 대표대회 선
언〉에서 3·1운동을 다음과 같이 평가했다.

일찍이 기미년에 폭발한 3·1운동은 우리 민족이 총동원된 대운동이
었고 여기에 우리의 위대한 혁명 역량이 충실히 표현되었다. 3·1혁명은
그 위대한 혁명 역량에도 불구하고 소기의 목적을 달성하지 못했다. 그
원인은 어디에 있는가? 당시 일본제국주의의 야만적인 힘이 우리 혁명
역량을 능히 저지할 수 있었다고 함은 객관적인 원인이 될 뿐이다. 우리
혁명전선은 지도적 중심이 없고, 통합된 투쟁 계획이 없었으므로 조직
이 능력을 전혀 발휘하지 못하여, 혁명 행동이 대부분 의분과 열정에 의

6)   윤대원, 〈대한민국임시정부의 3·1절 기념과 3·1운동 인식〉, 《한국독립운동사연구》 57, 2017,
      56~58쪽.

7)   윤대원, 〈임시정부 법통론의 역사적 연원과 의미〉, 《역사교육》 110, 2009, 122·123쪽.

한 분산적 행동이었던 점이 그 주관적 실패의 원인이 될 것이다.[8]

3·1운동이 지도적 중심 조직의 부재로 실패했다는 평가는 곧 민족 유일당으로서 조선민족혁명당 창립의 당위성을 주장하면서 3·1운동으로부터 법통의 근거를 찾는 임시정부를 지도적 중심 조직으로 인정하지 않는다는 것을 의미했다. 실제로 조선민족혁명당은 임시정부 해체를 주장했다.

임시정부는 3·1운동이 임시정부 수립의 근간이라 주장하며 해체론에 맞섰다. "우리는 독립국임과 자주민임을 세계만방에 선포하고 인하여 임시정부를 성립"했다는 것이다. 나아가 임정 법통성을 제기했다. "현 임시정부를 옹호하고 지지하여 우리가 국토를 완전히 광복하고 국내에 들어가 정식 정부를 이루는 날까지 나아가 국통을 계승시키는 것"이 유일한 천직이라는 것이다.[9] 그러므로 임시정부를 중심으로 독립운동기관들이 뭉쳐야 한다는 것이다.[10]

이후 임시정부는 3·1운동에 근거한 임정 법통성을 적극적으로 설파했다. 임시정부 해체론에 대응해 3·1운동의 역사적 의의를 더욱 강조했다. 1936년 임시정부는 〈3·1절에 즈음하여 동포에게 고함〉이라는 포고문에서 1919년 3월 1일을 "만강(滿腔)의 열혈로써 우리의 정체와 양심을 밝히고 적과 정면으로 전투를 개시하여 3천만의 일치된 진의(眞意)와 진성(眞誠)을 발휘한 그날"로 명명하고, "종전의 모든 다른 사상과 잘못된 견해를 확실하게 청산하고 일치집합하여 그 전후

---

8) 〈조선민족혁명당 창립 대표대회 선언〉, 《대한민국임시정부자료집》 37, 국사편찬위원회, 2005, 28쪽.

9) 〈대한민국임시정부공보〉 제59호, 《대한민국임시정부자료집》 1, 국사편찬위원회, 2005, 187·188쪽.

10) 윤대원, 앞의 논문(2017), 67·68쪽.

30년간 쌓아온 신성한 결정인 보기(寶器)를 애호하고 진전시켜서 조국의 광복을 하루라도 빨리 이룰 것"을 주장했다.[11] 1937년 3·1절 기념사에서는 '만일 삼일정신을 진실로 존중하거든 독립국 자유민이 되기를 진정으로 갈망하거든 곁길에 한눈을 팔지 말고 본 정부 기치 앞에 한데 뭉칠 것'[12]을 주장했다.

중일전쟁이 발발하자 임시정부 고수파인 한국국민당, 재건한국독립당, 조선혁명당은 우파 연합체인 한국광복운동단체연합회(이하 '광복진선')를 결성했고, 반임시정부 세력이자 좌파인 조선민족혁명당, 조선혁명자연맹, 조선민족해방동맹은 조선민족전선연맹(이하 '민족전선')을 결성했다.[13] 중국 국민정부의 주선으로 두 연합체는 1939년에 한국혁명운동통일7단체회의를 열어 통합을 논의했다. 이 자리에서 민족전선 측은 임시정부가 제대로 통치권을 행사하지 못했고 각국이 임시정부를 승인하거나 원조하지 않았으며 합법적인 선거를 통해 조직되지 않은 점을 들어 '새로운 기상(氣像)의 기구 설립'을 주장했다. 이에 광복진선에서는 '임시정부의 역사가 오래되고 3·1운동 정신을 계승한 한국 독립운동의 총영도기관이므로, 임시정부를 파괴하려는 자는 그 목적이 한국 독립운동의 대업을 파괴하는 데 있다'고 주장하며 맞섰다.[14] 광복진선은 출범할 때부터 임시정부를 옹호하고 지지한다는 입장을 분명히 밝힌 바 있었다.

임시정부는 3천만 민중의 심혈이 결집된 것이며 3·1운동의 정맥이

11) 백범김구선생전집편찬위원회, 〈3·1절에 즈음하여 동포에게 고함〉, 《백범김구전집》 4, 대한매일신보사, 1999, 420·421쪽.

12) 윤대원, 앞의 논문(2017), 68쪽.

13) 한상도, 《대한민국임시정부 II》, 한국독립운동사연구소, 2008, 240·241쪽.

14) 위의 책, 292쪽.

며 또한 지사, 선열의 유업이며 민족의 공기이다. 그것을 지지 옹호한다는 것은 당연히 민족운동의 위대한 임무이며 혁명 과정 중 반드시 그 존엄을 인식해야 한다. 그 이유의 첫째는 적국과 대립하는 최고기관이며, 둘째는 민족국가의 독립정신을 대표하는 곳이며, 셋째는 정치와 법률의 중대한 사명을 실행하는 곳이다.[15]

결국 중국 국민당이 주선한 좌우합작은 임시정부 문제 등으로 발생한 입장 차이로 결렬되었다.

한편, 임시정부가 충칭에 자리하면서 1941년 11월에 발표한 〈대한민국 건국강령〉에서는 임정 법통성 인식의 골간인 3·1운동과 임시정부 수립에 민주주의적인 해석을 덧붙였다. 3·1운동과 임시정부 수립은 "우리 민족의 자력으로써 이족전제를 전복하고 오천 년 군주정치의 구각을 파괴하고 새로운 민주제도를 건립하며 사회의 계급을 소멸하는 제일보의 착수"[16]라는 의의를 갖는다는 것이다. 이와 같은 3·1운동에 기반한 민주공화국의 탄생이라는 임정 법통성 강화 논리는 임시의정원이 1944년 4월에 개정한 〈대한민국 임시헌장〉 전문에도 들어가 있다.

3·1대혁명에 이르러 전 민족적 요구와 시대의 추향에 순응하여 정치, 경제, 문화 기타 일체 제도에 자유, 평등 및 진보를 기본 정신으로 한 새로운 대한민국과 임시의정원과 임시정부가 건립되었고 아울러 임시헌장이 제정되었다.[17]

---

15) 강만길 편, 《조소앙》, 한길사, 1982, 91쪽.
16) 〈대한민국임시정부공보〉 제72호, 《대한민국임시정부자료집》 1, 국사편찬위원회, 2005, 251쪽.
17) 〈대한민국 임시헌장〉, 앞의 책, 28쪽.

당시 임시의정원에는 1930년대에 임시정부 해체론을 주장했던 좌파세력이 함께 참여하고 있었다. 좌우연합적 노선에서 임정 법통성을 수용한 사례라 할 수 있다.

이처럼 임시정부는 출범 이래 해체론이 제기될 때마다 3·1운동에 근거한 임정 법통성을 내세웠다. 또한 임시정부의 법통성은 한국국민당, 한국독립당을 비롯한 우파 정치세력을 묶는 구심점 역할을 했다. 임시정부는 3·1운동을 민주주의적으로 해석하고 대혁명이라 명명하는 등 3·1운동에 대한 적극적 평가를 통해 임정 법통성을 강화해갔다.

2) 해방 직후 우파의 3·1운동과 임시정부 법통성 인식

해방 직후 임시정부는 국무위원회를 열어 '27년간 대행했던 임시정부의 정권을 금일 해방된 국내 인민에게 봉환'하기 위해 현 임시정부를 그대로 유지시켜 입국한다는 방침을 결정했다. 하지만 임시의정원 내 조선민족혁명당, 신한민주당, 조선민족해방연맹 등 좌파세력은 이에 반대하며 내각 총사퇴를 요구했다. 또한, 임시정부가 민족적 대표성에 한계가 있어 건국 과정을 주도할 수 없으므로 정권 수립에는 하나의 정파로서 참여해야 한다고 주장했다. 반면, 한국독립당 중심의 우파세력은 '현 체제 입국'을 추진했다. 이때도 이들은 임정 법통성을 내세웠다. '3·1운동으로 표출된 전 민족적인 독립주권 열망에 기반하여 수립된 대한민국임시정부가 민족주권의 정통성을 계승한 민족대표기관, 즉 법통정부'라는 것이다.[18] 하지만 미군정 치하에서 임시정부 요인들은 정부가 아니라 개인 자격으로 입국해야 했다.

---

18) 이용기, 〈1945~1948년 임정세력의 정부 수립 구성과 임정 법통론〉, 《한국사론》 38, 1997, 175·176쪽.

한편, 해방을 맞아 국내에서는 미군의 남한 진주가 알려지자 우파 세력이 임시정부 봉대를 천명하고 나섰다. '3·1혁명의 결정체인 임정의 법통을 계승'한 정부를 수립해야 한다는 것이다.[19] 그런데 한민당과 이승만이 임시정부를 '무조건·절대 지지'한 데는 정략적 목적이 있었다. 반소반공노선에 입각해 여운형이 이끄는 조선인민공화국에 대항하기 위해서였다.[20]

중도우파인 국민당은 처음부터 임시정부가 국제사회의 승인을 받은 과도정부의 자격으로 집권하되, 국내외 혁명 역량으로 이를 보강하고 확충해 신국가 건설을 추진하는 건국정부로 발전시켜야 한다는 '임시정부 영립보강론(迎立補强論)'을 주장했다. 국민당을 이끌었던 안재홍은 임시정부 수립을 3·1운동의 가장 중요한 결과로 이해했다. "기미의 삼일운동이 폭발되고 민족해방의 혁명세력이 해외정권",[21] 즉 임시정부로 집결했으며 임시정부가 곧 독립운동의 총본영이었다고 주장했다.[22] 그러므로 3·1정신을 계승한 임시정부의 법통성이 신생 대한민국으로 이어져야 한다는 것이다.[23]

그런데 미군정이 임시정부를 과도정부로 인정하지 않는다는 방침이 알려지자, 한민당은 임시정부 봉대론을 폐기했다. 반면, 국민당은 한국독립당과 합당을 결행했다. 하지만 제1차 미소공동위원회가 결렬된 후에 안재홍이 좌우합작운동에 참여하면서부터는 임시정부 봉대론을 포기했다.[24] 이렇게 우파세력이 임정 법통성을 포기하는 가운

---

19) 허정, 《내일을 위한 증언》, 샘터사, 1979, 96쪽.

20) 이용기, 앞의 논문, 181·182쪽.

21) 안재홍, 〈석오 이선생 추도사〉, 《민세안재홍선집》 7, 지식산업사, 2008, 48쪽.

22) 〈삼일정신과 민족대의〉, 《한성일보》, 1949년 3월 1일자.

23) 김인식, 〈안재홍의 '기미운동'과 임정 법통성의 역사의식〉, 《한국인물사연구》 18, 2012, 460·461쪽.

데 한국독립당을 중심으로 하는 임시정부 세력은 임시정부를 근간으로 정부를 수립해야 한다는 임정 법통성을 고수했다. 김구는 대한민국 정부가 들어섰을 때도 임정 법통성을 포기하지 않았고 단독정부인 대한민국 정부를 인정하지 않았다.

이처럼 해방 정국에서 임정 법통성은 우파의 전유물이었다. 좌파는 임정 법통성을 비판했다. 박헌영은 3·1운동과 임정 법통성을 동시에 비판했다. 3·1운동을 완전한 일대 혁명으로 보거나 이를 근거로 조선 민족의 우수성을 강조하는 것은 물론, 인민과 단절된 망명가 클럽에 불과한 임시정부를 지상명령의 주권체로 보고 그 법통을 주장하는 것은 과대평가라는 것이다.[25] 또한 "3월에 인민운동이 전국적으로 전개됨을 보고, 4월에는 벌써 망명가들이 모여서 …… 주권을 잡는 벼슬로 관료가 되기 위한 임시정부를 조직"했다고 신랄하게 비판했다.[26] 허헌은 1946년 2월 15일에 열린 민주주의민족전선 결성대회 개회사에서 김구의 임정 법통성 주장은 부당하다며 "김구 일파는 망국 후 10년이나 있다가 한 사람 한 사람 국외로 망명하여 그들 몇 사람이 모여 상해 임시정부를 만들었는데 그것도 계속적으로 투쟁하지 않았다"[27]고 비판했다. 여운형 역시 파벌 싸움과 무능함을 들어 임정 법통성을 부정했다.

나도 상해에 있어 보았지만 임시정부에 도대체 인물이 있다고 할 수 있소? 누구누구 하고 지도자를 꼽지만 모두 노인들뿐이요. 밤낮 앉아

---

24)   김인식, 〈8·15해방 후 우익 계열의 '중경 임시정부 추대론'〉, 《한국사학보》 20, 2005, 285·286쪽.

25)   이정박헌영전집편찬위원회 편, 《이정박헌영전집》 2, 역사비평사, 2004, 575쪽.

26)   위의 책, 568쪽.

27)   박갑동, 《통곡의 언덕에서》, 서당, 1991, 206쪽.

파벌 싸움이나 하는 무능무위한 사람들뿐이오. 임시정부 요인들 중에서 몇 사람은 새 정당이 수립하는 정부에 개별적으로 추대할 수 있을지 모르지만, 임시정부의 법통을 인정할 수는 없오.[28]

해방 정국에서 '3·1운동으로 건립된 임시정부'의 법통성은 좌파로부터 완전히 부정당했다. 우파에게는 필요에 따라 수용하거나 혹은 폐기할 수 있는 전략적 도구였다. 남북에 각각의 정부가 들어서면서 임정 법통성은 우파의 정통성을 입증하는 정치적 논리로 기능했다. 임정 법통성을 고수하던 김구가 대한민국 정부 수립에 반대하고 또한 참여하지 않았음에도 대한민국 정부가 제헌헌법 전문에 임정 법통성을 넣는 모순적 상황은 우파의 임정 법통성에 대한 태도를 잘 보여주었다.

2. 정통성의 명문화, 헌법 전문의 3·1운동과 임시정부 법통성

1) 제헌국회의 3·1운동과 임시정부 법통성 논의

1948년 5·10선거를 거쳐 탄생한 제헌국회는 7월 1일부터 헌법 전문을 논의했다. 유진오가 전문 초안을 제출했는데, '기미혁명'이라 하여 3·1운동만을 언급했다.

유구한 역사와 전통에 빛나는 우리들 조선 인민은 우리들과 우리들의 자손을 위하여 기미혁명의 정신을 계승하여 정의와 인도와 자유의

---

28) 허정, 앞의 책, 97쪽.

깃발 밑에 민족의 단결을 견고히 하고…….[29]

이에 따르면, 민주주의 국가의 탄생은 '기미혁명의 정신'을 계승한 결과이다. 이는 앞서 살펴본 1944년 〈대한민국 임시헌장〉의 전문과 내용이 비슷하다. 유진오는 다시 행정연구회 회원들과 전문에 대해 논의해 공동안을 마련했다. 공동안에서는 '기미혁명'이 '삼일혁명'으로 수정되었다.

　　유구한 역사와 전통에 빛나는 우리 한국 인민은 삼일혁명의 위대한 발자취와 거룩한 희생을 추억하며 불굴의 독립정신을 계승하여 지금 자주독립의 조국을 재건함에 있어서 우리들과 우리들의 자손을 위하여 정의와 인도의 깃발 밑에 민족의 단결을 공고히 하며…….[30]

삼일혁명이 직접 민주주의 국가 수립으로 연결되는 것이 아니라, 일단은 '불굴의 독립정신'으로 수렴된다는 점에서도 유진오 초안과는 차이를 보였다. 이 공동안을 심의한 헌법기초위원회는 다시 "유구한 역사와 전통에 빛나는 우리들 대한국민은 삼일혁명의 위대한 독립정신을 계승하여 지금 자주독립의 조국을 재건함에 있어서"라고 수정했다.[31] 이처럼 헌법기초위원회 안이 제헌국회 본회의의 심의에 넘겨질 때까지 임정 법통성은 헌법 전문에 담기지 않았다.

　　제헌국회 본회의에서 헌법기초위원회 안의 전문에 수정을 제기한 인물은 임시의장인 이승만이었다. 그는 "3·1혁명의 사실을 발포하여

---

29)　유진오, 《헌법기초회고록》, 일조각, 1980, 109쪽.

30)　위의 책, 208쪽.

31)　이영록, 〈헌법에서 본 3·1운동과 임시정부 법통〉, 《법학논총》 24-1(조선대), 2017, 7~9쪽.

역사상에 남기도록 하면 민주주의라는 오늘에 있어서 우리가 자발적으로 일본에 대하여 싸워 가지고 여태 진력해오던 것이라 하는 것을 우리와 이후의 우리 동포들이 알도록 잊어버리지 않도록 했으면 좋겠다"는 취지로 "우리들 대한국민은 유구한 역사와 전통에 빛나는 민족으로서 기미년 3·1혁명에 궐기하여 처음으로 대한민국 정부를 세계에 선포하였으므로 그 위대한 독립정신을 계승하여 자주독립의 조국 재건을 하기로 함"[32]과 같이 수정할 것을 제안했다.

이승만은 이미 1948년 5월 31일에 열린 제헌국회 개회식에서 임정 법통성을 주장한 바 있었다. 그것은 한성정부 법통성에 근거한 것이었다.

> 이 민국은 기미 3월 1일에 우리 13도 대표들이 서울에 모여서 국민대회를 열고 대한독립민주국임을 세계에 공포하고 임시정부를 건설하여 민주주의의 기초를 세운 것입니다.[33]

1919년에 이승만은 한성정부 내각 명단이 실린 전단을 건네받고 대외적으로 대통령을 자임하는 외교문서를 발송하는 등의 준비를 마친 후 자신이 한성정부의 대통령임을 재미 한인에게 공개했다. 이승만은 한성정부라는 실체가 없다는 걸 알고 있었지만, 대한민국 정부 수립 무렵까지 일관되게 한성정부 법통성을 주장해왔다.[34] 그는 임시정부의 법통이 한성정부에서 1919년 9월에 탄생한 통합임시정부로

---

32) 대한민국국회,《제헌국회속기록》1, 1987, 348쪽.

33) 〈최후일인 최후일각까지 삼일정신으로 조국광복〉,《경향신문》, 1948년 6월 1일자.

34) 정병준,〈1919년 이승만의 임정 대통령 자임과 '한성정부' 법통론〉,《한국독립운동사연구》16, 2001, 231쪽.

이어졌으며 자신이 그러한 법통 위에 서 있다고 인식했던 것으로 보인다.[35]

이승만이 헌법 전문에 임정 법통성을 넣을 것을 제안한 후 본회의는 논의 끝에 전문에 '대한민국을 건립해 세계에 선포한'이란 문구를 넣었다. '자주독립의 조국'은 '임시정부를 세워 민주공화제를 선포한 3·1운동의 정신을 계승한다'는 취지를 담아 '민주독립국가'로 수정했다.

문제는 삼일혁명이라는 용어였다. 조국현 의원은 혁명은 국내적 일에 사용되는 용어이니 일제에 대한 독립투쟁에 혁명이라는 명칭을 사용하는 것은 무식을 폭로하는 것이라 주장하며 항쟁을 제안했다.[36] 그러자 그때까지 3·1혁명이라 호명하던 이승만이 찬성했다. 이에 조헌영 의원이 "혁명이라는 것은 말이 되지 않고 항쟁이라는 것은 좀 우리 위신상 관계가 있고 또 광복된 것이 아니니까 광복이라는 것이 적당치 아니해서 제 생각에는 그냥 3·1운동이라고"[37] 하자고 주장했다. 최종적으로는 '기미 3·1운동'으로 확정되었다.[38]

이처럼 이승만의 제안에 따라 제헌국회는 헌법 전문에 대한민국이 3·1운동 직후 수립된 임시정부를 계승한 국가임을 명문화했다.[39] 임시정부 주류 인사들이 대한민국 정부 수립에 참여하지 않았음에도 별다른 논란 없이 제헌헌법 전문에 임정 법통성이 들어간 것은 남북에 각각 정부가 들어서는 현실에서 제헌의회 의원들이 정통성 확보

35)   박찬승, 〈대한민국 헌법의 임시정부 계승성〉, 《한국독립운동사연구》 43, 2012, 404쪽.

36)   대한민국국회, 앞의 책, 503쪽.

37)   위의 책, 504쪽.

38)   〈국회방청석〉, 《경향신문》, 1948년 7월 8일자.

39)   서희경, 앞의 책, 253쪽.

의 필요성에 공감하고 있었기 때문으로 보인다.[40]

이와 같은 과정을 거쳐 1948년 7월 17일에 선포된 제헌헌법 전문은 다음과 같이 시작한다.

> 유구한 역사와 전통에 빛나는 우리들 대한국민은 기미 삼일운동으로 대한민국을 건립하여 세계에 선포한 위대한 독립정신을 계승하여 이제 민주독립국가를 재건함에 있어서……

이 전문 내용은 1952년 개헌, 1954년 개헌을 거쳐 4·19혁명 직후 1960년 개헌에 이르기까지 그대로 유지되었다.

2) 1987년 개헌과 3·1운동 및 임시정부의 법통성 논의

5·16군사쿠데타 이후 1963년 개헌에 따라 공포된 헌법 전문에는 임정 법통성이 삭제되는 대신 '4·19의거'와 '5·16혁명'이 들어갔다. "3·1운동의 숭고한 독립정신을 계승하고 4·19의거와 5·16혁명의 이념에 입각하여 새로운 민주공화국을 건설함에 있어서"라는 문구로 수정되었다. 쿠데타로 집권한 세력이 이끄는 박정희 정부부터 민주공화국임을 천명한 것이다. 1972년에 공포된 유신헌법에서도 유지된 이 표현은 1980년 개헌으로 공포된 전두환 정부의 헌법에서 달라졌다. "3·1운동의 숭고한 독립정신을 계승하고 조국의 평화적 통일과 민족중흥의 역사적 사명에 입각한 제5민주공화국의 출발에 즈음하여"라고 하여 '4·19의거'와 '5·16혁명'이 모두 사라지고 3·1운동만이 남았다.

---

40)   박찬승, 앞의 책(2013), 332·333쪽.

1986년 4월 30일에 열린 청와대 3당 대표 회담에서 전두환 대통령
이 '여야가 합의한다면 임기 내 개헌에 반대하지 않겠다'는 입장을
내놓은 이래 여야는 각각 의원내각제 개헌안과 대통령직선제 개헌
안을 내놓고 공방을 벌이며 개헌 논의를 이어갔다.[41] 그러자 독립운
동 관련 인사와 단체를 중심으로 5·16군사쿠데타 이후 헌법 전문에
서 사라진 임정 법통성을 되살리려는 움직임이 일어났다. 해를 넘겨
1987년 2월 26일과 27일에는 한국독립유공자협회 등이 개최하는 임
시정부 법통에 관한 학술대회가 열렸다.[42] 이 자리에서는 한국광복군
출신으로 고려대 총장을 역임한 김준엽이 기조연설을 했다.

　　대한민국임시정부는 그 임시헌장의 전문에 나타난 바와 같이 1919년
　　3·1독립운동과 그 독립선언에 의해 탄생된 3·1독립정신의 정통적 계승
　　자요, 그 소산이라는 점이다. …… 새로 개정되는 헌법의 전문에는 3·1
　　독립정신의 계승과 더불어 첫째로 대한민국임시정부가 우리 민족이 세
　　운 민주공화국의 효시로서 제1공화국이라는 사실과, 둘째로 1919년 상
　　해 '임정'의 '임시헌장'이 우리 헌정사의 시점으로서 그 헌법 제정의 유
　　래로서 명시되어야 하고, 셋째로 광복운동이 헌법 전문 속에 표현된 건
　　국정신의 원천으로서 제자리를 잡아 일제의 의한 피침사 35년만을 알리
　　는 데 그치지 말고 그 역사를 민족 저항의 독립운동사로 재해석하여 오
　　늘의 모든 국민뿐만 아니라 대대로 후손들에게 국난 극복의 보람진 민
　　족사를 길이 전해야 할 것이다.[43]

---

41)　〈1986년 10대 뉴스〉, 《동아일보》, 1986년 12월 27일자.

42)　〈한국임정법통 주제로 세종회관서 학술대회〉, 《경향신문》, 1987년 2월 21일자.

43)　〈대한민국임시정부 법통에 관한 학술대회 기조연설〉, 《동아일보》, 1987년 2월 23일자.

대한민국임시정부법통계승기념회도 결성되어 개헌 논의 과정에서 활동을 펼쳤다. 1987년에 전두환 대통령이 호헌조치를 발표했으나 6월항쟁에 굴복하면서 대통령직선제로의 개헌이 본격화되었다. 개헌 작업이 막바지에 이른 1987년 10월 2일 대한민국임시정부법통계승 기념회는 모임을 열었다. 이 자리에서 임시정부 국무위원 출신으로 임시정부기념사업회장으로 있던 조경한은 "임정은 2천만 한민족의 자발적 동참의식 속에 출범한 정통정부로서 새로 개정될 헌법의 전문에 뒤늦게나마 그 법통성이 명시되는 것은 당연한 일"이라고 주장했다.[44]

여야는 임정 법통성을 다시 헌법 전문에 넣는 데 쉽게 합의했다. 헌법 개정 과정에서 제1야당인 통일민주당은 '유구한 역사와 전통에 빛나는 우리 대한국민은 3·1운동의 숭고한 독립정신 위에 건립된 대한민국임시정부의 법통을 이어받아 제1공화국을 재건하였으며'라는 문구를 제안했다. 민주정의당은 '기미 삼일운동으로 대한민국을 건립하여'라는 제헌헌법 전문의 문안을 그대로 담은 안을 내놓았다.

통일민주당은 1987년 신한민주당에서 분당되기 이전부터 임정 법통성을 헌법 전문에 넣는 일에 적극적이었다. 1986년 개헌 논의가 한창이던 때 신한민주당 총재인 이민우는 국회 대표연설에서 "헌법에 상해 임정이 법통임을 명시하여 광복이 미소에 의해 부여됐다는 잘못된 역사인식을 고쳐야 한다"고 주장했다.[45] 또한 신한민주당은 "대한민국의 법통이 상해 임정부터 비롯된다는 정신을 헌법 전문에 명시, 통일의지를 분명히 한다는 점"을 강조했다.[46] 나아가 민주공화제

---

44) 〈임정법통계승기념회 어제 두 김씨 등 참석〉,《동아일보》, 1987년 10월 3일자.
45) 〈개헌 청사진 3당의 입장, 국회연설〉,《동아일보》, 1986년 6월 9일자.
46) 〈개헌 청사진 논리의 대결〉,《동아일보》, 1986년 6월 7일자.

전통을 강조하고자 했다. 통일민주당이 초안에 "3·1운동으로 건립된 대한민국임시정부의 법통을 이어받아 제1공화국을 재건하였으며"라고 한 것에서도 임시정부 법통과 민주공화제를 연결시키고자 하는 의도를 엿볼 수 있다.

여당인 민주정의당이 임정 법통성을 헌법 전문에 다시 명기하는데 나선 것은, 유신정권이 내놓은 국정 교과서의 반민중적·반민주적·반통일적 역사인식을 비판하며 "민중사적 관점에서 현대사를 해석"[47]하고자 하는 역사학계의 새로운 흐름에 대한 정치적·이념적 대응이었다. 소장 역사학자들이 《한국민중사》 등의 대중서를 출간하며 국정 교과서식 역사인식에 정면으로 도전하자, 전두환 정부와 민주정의당은 한국현대사와 이념교육의 강화를 천명하고 '대한민국임시정부에 뿌리를 둔 대한민국의 정통성'을 강조하기 시작했다. 1987년 들어와 문교부가 정부 주도의 《대한민국사》 편찬에 나섰고, 검찰은 《한국민중사》에 국가보안법의 잣대를 들이대며 탄압했다. 그해 6월에는 문교부가 국사 교과서 개정을 목적으로 〈국사 교과서 내용 준거안〉을 내놓았다. 여기서도 "대한민국이 대한민국임시정부의 정통성을 계승하였음을 강조"[48]하는 국사 교과서 개정을 예고했다. 당시까지 국사 교과서에는 임정 법통성에 대한 언급이 없었다. 국사편찬위원회가 1982년 내놓은 《한국현대사》에서도 임시정부 법통론에 대한 언급이 아예 없었다. 하지만 1988년에 마침내 출간된 《대한민국사》에서는 대한민국임시정부가 "민주공화제의 정통"[49]을 지켰다고 서술했다.[50]

47) 〈바른 현대사 정리는 새 문화 발전 디딤돌〉, 《경향신문》, 1985년 12월 9일자.

48) 윤종영, 〈국사교과서편찬준거안〉, 《역사와실학》 10·11, 1999, 756쪽.

49) 대한민국사편찬위원회, 《대한민국사》, 탐구당, 1988, 36쪽.

1987년 개헌 당시 개헌안의 주요 쟁점은 민주정의당과 통일민주당의 8인 정치회담을 통해 결정되었다. 이 회담의 합의에 기초해 헌법개정특별위원회의 헌법개정안기초소위원회가 조문화하는 작업을 담당했다. 헌법개정특별위원회 간사인 현경대 의원은 해당 위원회에 "민족자주정신과 민주주의 이념의 결정체이자 우리나라 근대적 정부 건립의 정신적 초석이라 할 수 있는 '3·1운동으로 건립된 대한민국임시정부의 법통'의 계승을 명시함으로써 일제 지배로 인한 민족사의 단절을 연결시켜 국가의 정통성을 회복하도록 하였다"[51]고 보고했다. 마침내 여야 합의로 마련한 헌법 전문에는 "3·1운동으로 건립된 대한민국임시정부의 법통"이 명문화되어 들어갔다.

이처럼 여야가 쉽게 법통이라는 개념의 명문화에 합의할 수 있었던 배경에는 당시 정통성을 둘러싸고 일어난 남북 간 체제 경쟁과 반공주의가 자리하고 있었다.

북한 공산분자들의 크고 작은 역사책 어느 부분에도 임정사의 전후 사실은 전혀 찾아볼 수 없다. 대한민국에서 임정을 법통성의 맥락으로 삼고 있기 때문인 것이다. …… 개헌이 어떻게 이루어지든 간에 3·1혁명정신의 계승과 함께 상해 임정 초창기에 제정 공포한 헌법의 정신을 전문에 넣어야 마땅하다. 그래야 국제 경쟁력의 제고와 민주 의회정치의 70년 역사가 부각되고 북한의 정통성 주장에 우리가 항상 여유 있게 압도하고 객관성을 계속 유지할 것임을 분명히 해둔다.[52]

---

50) 윤대원, 〈대한민국임시정부 수립일과 기념식 다시 보기〉, 《역사비평》 122, 2018, 395~400쪽.

51) 〈헌법개정특별위원회 회의록〉 제136회(8차), 15쪽.

52) 이현희, 《삼일독립운동과 임시정부의 법통성》, 신광문화사, 1987, 392·393쪽.

1987년 개헌을 통해 헌법 전문에 임정 법통성이 명문화된 이래 정권 차원에서 이를 재확인하고자 하는 여러 시도가 이루어졌다. 김영삼 정부는 임시정부가 대한민국의 뿌리임을 확인하기 위한 사업을 전개했다. 임시정부 요인의 유해를 봉환하고, 11월 17일을 '순국선열의 날'로 제정했다.[53] 김대중 대통령은 취임 첫해 3·1절 기념사에서 '국민의 정부'를 "3·1선열들이 수립한 대한민국임시정부의 정통성을 받드는 유일한 합법적 정부"라고 선언했다.[54]

3. 역사학의 모색, 수용 혹은 분리

1) 하나의 역사: 3·1운동에 기반한 임시정부 법통성

역사학계에서는 3·1운동과 임시정부 수립 50주년을 맞은 1969년에 치러진 학술행사들을 계기로 3·1운동사와 임시정부사 연구가 본격화되었다. 1969년 동아일보사가 내놓은 기념논문집에서 3·1운동의 민족사적 의의를 발표한 학자는 이병도였다. 그는 3·1운동의 의의로서 임시정부에 대해 "삼일운동이 준 선물 중에 가장 특기할 만한 것은 1920년 상해 불조계에 근거를 둔 대한민국임시정부의 수립이었다"[55]고 서술했다. 홍순옥은 '3·1대운동이 정치적으로 혁명적 건국의 이니셔티브'라고 주장했다. 3·1운동에 근거해 헌법을 만들고 대한민국임시정부를 수립했기 때문이라는 것이다. 나아가 "정부의 수립이야말로 3·1대운동의 결실적 정화이다. 만일 정부를 수립하지 않

---

53) 국가보훈처, 《대한민국임시정부의 법통과 역사적 재조명》, 1997, 3·4쪽.

54) 〈김대중 대통령 3·1절 기념사〉, 《동아일보》, 1998년 3월 2일자.

55) 이병도, 〈3·1운동의 민족사적 의의〉, 《3·1운동 50주년 기념논집》, 동아일보사, 1969, 603쪽.

왔다면 3·1대운동은 그 면목이 어찌 되었을까 상상해볼 만하다"면서 임시정부 수립으로 인해 3·1운동이 '대운동'이 되었음을 주장했다.[56] 이현희는 1982년 발간한 《대한민국임시정부사》에서 3·1운동을 임시정부를 수립하도록 만든 배경이자 저력이었다고 주장했다. 또한 민주공화정인 임시정부가 수립되어 3·1운동이 승리한 역사가 되었으며 민주혁명으로 자리할 수 있었다고 주장했다.[57] 임시정부에 대해서는 위대한 민주정부라고 찬양했다.[58] 이현희는 1987년 6월항쟁이 한창이던 때에 《삼일독립운동과 임시정부의 법통성》이라는 제목으로 《대한민국임시정부사》를 개고한 저서를 출간했다. 1986년부터 개헌 논의가 일어나면서 임정 법통성을 헌법 전문에 명문화하자는 운동이 일어나자, 이에 적극 동참하기 위해 그 뜻을 분명히 드러내는 제목으로 책을 낸 것이다.[59] 또한 이현희는 김준엽과 마찬가지로 임시정부 27년간을 대한민국의 제1공화국으로 보아야 한다고 주장했다.[60]

그런데 3·1운동과 임정 법통성이 헌법 전문에 들어갈 무렵, 역사학계에서는 민중사관에 입각해 독립운동을 연구하는 흐름이 등장했다. 이에 대해 기존 독립운동사 연구자들은 경계심을 가졌다. 북한과의 정통성 경쟁 속에서 내부의 학문적 경쟁자를 다시 만난 셈이었기 때문이다.

독립운동사를 계승하여 자기 정통화하는 데는 우리가 오히려 북한보

56) 홍순옥, 〈대한민국임시정부의 성립 과정〉, 《한국근대사론 II》, 지식산업사, 1977, 254·255쪽.
57) 이현희, 《대한민국임시정부사》, 집문당, 1982, 359쪽.
58) 위의 책, 362쪽.
59) 이현희, 《삼일독립운동과 임시정부의 법통성》, 신광문화사, 1987 참조.
60) 이현희, 〈대한민국임시정부의 민족사적 정통성과 문민정부〉, 《대한민국임시정부의 법통과 역사적 재조명》, 국가보훈처, 1997, 74쪽.

다 뒤진 감이 없지 않다. …… 국민교육 속에 독립운동사의 교양을 도입
하는 데 게을렀고 때로는 기피하기까지 한 흔적을 도처에서 발견한다.
그런 자세로 인해 거대한 민족주의 전통의 독립운동에서 작은 부분을
차지하는 좌익적 운동을 그 전체인 양 착각한다든가 독립운동의 좌경적
해석만이 유행하게 만든 책임은 어디에 있는가. 남북 간의 경쟁적 공존
시대에 접어들면서 독립운동사의 정통성을 둘러싼 경쟁에서도 우리가
우위를 확보하기 위해 한국독립운동사 연구의 학문적 수준을 높이고 그
역사적 인식을 널리 국민 속에 계몽해야 한다.[61]

1989년 3·1운동 70주년을 맞아 기존의 독립운동 연구자들은 3·1
운동과 임정 법통성에 대해 한층 더 적극적으로 평가했다. 신용하는
"상해 임시정부는 직접적으로 3·1운동의 결과 그 아들로서 탄생한
것이다"라고 선언했다.[62]
1990년대 이후 사회 전반에 민주화가 진전됨과 동시에 독립운동
연구에서 반공을 내세우는 우파적 시각도 옅어졌지만, '3·1운동에 기
반한 임시정부의 법통성'에 대한 인식은 확대되어갔다. 임시정부 수
립 80주년을 맞아 한국근현대사학회와 국가보훈처가 함께 펴낸《대
한민국임시정부 수립 80주년 기념논문집》은 발간사에서 "대한민국
임시정부는 3·1운동으로 표출된 우리 민족의 독립과 근대국가 건설
의지가 집약되어 성립된 것입니다"[63]라며 3·1운동과 임정 법통성을
부각했다. 2000년대 들어와서는 민족적 관점과 민주적 관점을 동시

61) 한국일보사,《한국독립운동사 I》, 한국일보사, 1987, 27·28쪽.
62) 신용하, 〈3·1운동의 민족사적 의의와 세계사적 의의〉,《3·1운동과 민족통일》, 동아일보사,
     1989, 76~78쪽.
63) 한국근현대사학회 편, 〈발간사〉,《대한민국임시정부 수립 80주년 기념논문집(상)》, 국가보훈
     처, 1999.

에 제기하는 경우가 보편화되어갔다. 김희곤은 이를 하나로 묶어 3·1 운동과 임정 법통성을 근대 국민국가 수립운동에서 찾았다.

　　3·1운동은 근대 국민국가 수립운동이라는 의미에서 기왕의 민족운 동을 총체적으로 묶어낸 것이며, 나아가 임시정부 수립으로 귀결되었다 고 평가한다. 임시정부의 국호가 대한제국이 아닌 대한민국이었다. 이 는 임시정부가 한민족사에서 최초로 수립된 민주공화정부라는 말이다. 3·1정신으로 제시된 역사적 과제가 독립된 근대 민족국가 수립이었고, 그 뜻을 수렴한 조직체가 임시정부였다. 따라서 임시정부는 수립 사실 자체만으로도 존립 가치를 안고 있다.[64]

　　2009년 3·1운동 90주년을 맞은 가운데 3·1운동과 임정 법통성에 대해 김희곤은 역사적 주체로서의 민중의 등장, 민주공화정의 탄생, 근대화 달성이라는 의의를 지적하고 27년간 '국가를 세우고 정부조 직을 구심점으로 삼아' 투쟁한 사례가 전 세계 어디에도 없다고 주장 했다.[65] 유준기는 임정 법통성이 3·1정신을 바탕으로 대한민국으로 이어져 건국정신으로 확립되었다고 주장했다.[66] 장석흥은 독립운동 의 근대적 정치이념은 1919년 3·1운동과 함께 임시정부를 수립하면 서 체계적으로 정리되어갔다고 평가했다. 3·1운동을 계기로 국민주 권주의가 보편화되었다는 것이다. 이런 점에서 3·1운동은 민주공화 정 수립을 가능하게 한 '혁명'이라고 평가했다.[67] 한시준은 건국절 논

---

64)　김희곤, 〈대한민국임시정부와 대한민국의 정통성〉, 《한국사학보》 13, 2006, 158쪽.

65)　김희곤, 〈3·1운동과 대한민국임시정부의 세계사적 의의〉, 《3·1운동과 1919년의 세계사적 의 의》, 동북아역사재단, 2010, 31·32쪽.

66)　유준기, 〈대한민국임시정부의 역사적 정통성과 그 의의〉, 《한국민족운동사연구》 61, 2009, 8쪽.

쟁이 일어난 2008년에 제헌헌법 전문을 근거로 1919년에는 임시로 대한민국 정부를 수립했고, 1948년에는 정식으로 대한민국 정부를 수립했다고 주장했다.[68] 김희곤은 2015년에 임정 법통성을 제목에 담은 《임시정부 시기의 대한민국 연구》를 출간했다.[69]

2) 두 개의 역사: 3·1운동의 길, 임시정부의 길

1987년 개헌을 하면서 헌법 전문에 "3·1운동으로 건립된 대한민국 임시정부의 법통"이라는 문구가 명시될 무렵, 역사학계에는 새로운 변화의 바람이 불었다. 망원한국사연구실, 역사문제연구소, 한국근대사연구회, 한국역사연구회, 구로역사연구소 등 학회와 연구소가 잇달아 생겨났고 여기서 활동하는 소장 역사학자들이 민중사학을 제창했다. 민중사학이란 "역사 발전의 주체는 민중이라는 선언적 명제에 기초하여 역사를 민중의 주체성이 확대되어가는 과정으로 해석하고, 이를 토대로 민중이 주인 되는 사회를 건설하기 위한 변혁의 전망을 모색하는 실천적인 학문"[70]을 뜻했다. 이러한 변화 속에서 독립운동을 민족해방운동사로 이해하는 흐름이 생겨났다. 일제 시기 노농운동, 코민테른과 조선공산당, 박헌영 등 국내의 좌파·사회주의 계열에 주목한 연구가 붐을 이뤘다.

민중사학의 관점에서는 3·1운동과 임정 법통성을 어떻게 이해했을까? 한마디로 임정 법통성을 인정하지 않았다. 임시정부가 우리 역

---

67) 장석흥, 앞의 논문, 240·214쪽.

68) 한시준, 〈대한민국 '건국 60년', 그 역사적 모순과 왜곡〉, 《한국근현대사연구》 46, 2008, 251·252쪽.

69) 김희곤, 《임시정부 시기의 대한민국 연구》, 지식산업사, 2015.

70) 김성보, 〈'민중사학' 아직도 유효한가〉, 《역사비평》 16, 1991, 49쪽.

사상 최초의 민주공화제 위에 수립된 역사적 진보성은 인정하나, 전체 민족해방운동을 지도한 영도기관으로는 볼 수 없다는 것이다. 임시정부가 "일개 독립운동단체로 전락"했다는 평가는 임시정부사 연구가 본격화되던 시절부터 존재했다.[71] 이것이 민중사학의 관점에 의해 다시 한 번 부상한 셈이었다. 3·1운동도 재해석의 대상이었다. 이른바 민족 대표 33인에 대한 긍정적인 평가에 이의를 제기했고, 3·1운동을 민중 주체적 투쟁에 의한 합법칙적 발전 과정의 발현으로 규정했다.[72]

임정 법통성에 대한 입장 차이가 분명해지면서, 역사학계에서는 이른바 '관변학계와 과학적·실천적 역사학계' 간에 논쟁이 일어났다.[73] 노경채는 임정 법통성 논쟁이 제기된 배경에 대해 다음과 같이 주장했다.

1970년대 이후 북한이 주체사상을 주장하며 체제의 정통성을 내세우자 남한에서는 이에 대응하기 위해 체제 경쟁 차원에서 임정 연구가 활발히 진행되었다. 그 결과 남한에서는 임정의 역할과 위치가 더욱 강조되었고 임정의 민족사적 정통성은 한층 부각되기에 이르렀다. 1970년대 후반부터 임정에 대한 정통론적 인식과는 달리 임정을 객관적으로 보려는 시각도 나타났다. 임정의 상징성·대표성을 일정하게 인정하더라도 임정을 유력한 독립운동단체의 하나로 파악함으로써 임정에 대한 종래의 편향된 인식을 극복하고자 했다.[74]

---

71) 강만길, 〈독립운동과정의 민족국가건설론〉, 《한국민족주의론》, 창작과비평사, 1982, 114쪽.

72) 김정인, 〈민족해방투쟁을 가늠하는 두 잣대-독립운동사와 민족해방운동사〉, 《역사와 현실》 62, 2006, 262쪽.

73) 한국역사연구회편집부, 〈80년대 한국사 연구의 반성과 90년대의 과제〉, 《역사와 현실》 3, 1990, 13쪽.

임시정부라는 역사적 실체를 체제 간 정통성 경쟁 프레임으로 접근하는 정치적 움직임을 경계하며 임시정부를 '객관적'으로 보려는 학문적 움직임이 일어났다는 것이다. 그리고 임시정부에 대해서는 독립운동단체라 단언했다.

> 임정은 최초의 공화제 정부였다는 점에서 역사적 의미를 갖긴 하지만 정부란 명칭에 걸맞게 전체 민족해방운동을 지도하지 못하고 단위 독립운동단체로 전락하고 말았다. …… 임정의 외교노선은 독립청원적인 성격을 갖는 것으로서 민족해방운동 노선으로서는 한계가 있는 것이었으며, 오히려 임정이 독립운동의 지도기관으로서의 역할을 수행하지 못한 요인으로 작용했다. …… 중국 각지를 전전하던 임정은 각료 및 몇 사람에 의해서 간판만 유지되는 실정이었고 이름뿐인 임정이었다.[75]

개헌을 통해 헌법 전문에 임정 법통성이 명기되었을 때는 "민족해방운동사에 대한 학문적 평가도 이루어지지 않은 채 '임정 법통성'이 헌법에 규정됨에 따라 식민지시대 민족해방운동은 물론 임정에 대한 객관적 평가마저 정치적 판단에 의해 제약을 받게 되었다"[76]고 비판했다.

신춘식은 "국내에서의 3·1운동으로 표출된 민중의 독립 열망은 국외에까지 파급되어 합병 이후 운동기지 건설을 위해 노력하고 있던 해외 독립운동자들을 크게 고무시켰다. 그들은 이러한 민중의 의지를 받들어 새로운 운동기관 건설을 추구하였는데 그것이 1919년 4월

74) 노경채, 〈'임시정부'의 이념과 노선〉, 《바로잡아야 할 우리 역사 37장면》, 역사비평사, 1993, 86쪽.
75) 위의 글, 88~93쪽.
76) 위의 글, 85쪽.

에 수립된 임시정부였다"[77]고 의의를 부여한 후, '임시정부 활동만을 강조할 경우 다른 세력·단체의 활동을 제대로 보지 못하게 하며, 임시정부 활동이 부진했던 경우에는 대중이 그 시기 독립운동이 없거나 극히 미약했다고 인식하여 풍부한 민족해방운동사를 축소·왜곡시키는 잘못을 범할 수 있으며, 민족해방운동 선상에서 임시정부만의 배타적 정통성을 강조하고 또 그러한 정통성을 대한민국만이 계승하였다는 식의 주장은 분단 극복을 위한 노력이 아니다'라며 임정 법통성을 비판했다.[78]

임정 법통성 논쟁이 한창이던 1980년대 말, 1990년대 초에는 민족해방운동사를 다룬 학술서와 대중서가 활발히 출간되었다. 역사문제연구소에서 1989년에 출간한《한국근현대사입문》에서 강만길은 임시정부가 3·1운동 이후 민족독립운동의 총지휘부를 꿈꾸었으나 결국 일개 독립운동단체가 되고 말았다고 서술했다.[79] 망원한국사연구실이 1989년에 펴낸《한국근대민중운동사》는 3·1운동의 역사적 의의를 다루면서 임시정부를 아예 언급하지 않았다. 민중사학의 관점에서 "3·1운동은 전반적으로 투쟁을 억압받는 민중 속으로 확산시키면서 운동의 대중적 기반을 넓혀나가는 계기가 되었고 이들 사이에서 민족해방운동의 방향감각을 수립하게 되었다"[80]고 서술했다. 임시정부는 중국 관내의 민족해방운동에 포함해 다루면서 "임시정부는 이후 민족해방운동을 주도하지 못하고 하나의 독립운동단체로 전락하

77) 신춘식,〈상해 임시정부 인식에 문제 있다〉,《역사비평》 2, 1988, 397쪽.

78) 위의 논문, 393·394쪽.

79) 강만길,〈한국민족해방투쟁사 연구 현황과 과제〉,《한국근현대연구입문》, 역사비평사, 1988, 71쪽.

80) 망원한국사연구실 한국근대민중운동사서술분과,《한국근대민중운동사》, 돌베개, 1989, 275쪽.

여 큰 영향력을 갖지 못하였다"[81]고 평가했다.

1989년 3·1운동 70주년을 맞아 한국역사연구회와 역사문제연구소가 공동으로 펴낸《3·1민족해방운동사》에서도 3·1운동을 계기로 수립된 임시정부가 민족해방운동의 통일적 지도부로서 역할을 하지 못했다고 평가했다.

> 3·1운동을 계기로 임시정부가 수립되었다는 점도 이 운동이 가지는 중요한 역사적 의의 가운데 하나이다. '지속적인 독립운동', '전체운동의 통일적 영도', '외교 활동의 원활한 수행' 등을 목표로 하여 수립된 임시정부는 최초의 공화제 정부였다는 점, 그리고 이를 통해 분열·침체 상태에 빠져 있던 여러 갈래의 정치세력들이 일정하게 규합되었다는 점에서 어느 정도 역사적 의의가 인정된다. 그러나 이 운동의 주체들은 3·1운동에서 나타난 민중 역량의 성장을 올바르게 반영한 운동론을 갖지 못하였을 뿐만 아니라 만주 지역에 무장투쟁 집단을 실질적으로 포섭하는 데도 실패했다. 따라서 임시정부는 민족해방운동의 통일적 지도부로서의 역할을 수행할 수 없었다.[82]

역사문제연구소 민족해방운동사 연구반이 1990년에 펴낸《쟁점과 과제: 민족해방운동사》에서는 당시 민중이 원한 건 명분상의 정부 수립이 아니라 독립운동 지도기관을 건설하는 것이었다고 서술했다. 또한 "이 점을 도외시하고 바로 임시정부─이는 국민과 영토를 갖지 못한 상태에서 임시로 정부의 간판을 만들었다는 의미이며, 따라서

---

81) 위의 책, 381쪽.

82) 지수걸, 〈3·1운동의 역사적 의의와 오늘날의 교훈〉, 《3·1민족해방운동》, 청년사, 1989, 33쪽.

104   3·1운동 100년 1. 메타역사

망명정부와는 다른 것이다—라는 이름의 단체를 조직한 것은 형식
상으로도 정당성을 확보하기 어려운 일이었을 것"[83]이라고 보았다.

한편, 민중사관에 의거해 발간된 대중서들도 임정 법통성에 대해
서는 부정적으로 서술했다. 1989년에 한국역사연구회에서 펴낸《한
국역사》는 임시정부를 별도의 항목으로 다루지 않고 다만, "3·1운동
에서 선언했던 '독립'의지를 구체적인 정부 형태로 결실을 맺은 상해
임시정부"[84]라고 서술하는 데 그쳤다. 1990년 구로역사연구소가 내놓
은《바로 보는 우리역사》의 3·1운동 부분에서는 임시정부를 언급하
지 않았다. "3·1운동은 전국 민중의 민족해방의식을 온 세상에 드높
였지만, 민족 자신의 힘에 의하지 않고 운동을 끝까지 책임질 지도조
직이 없이는 궁극적으로 민족해방을 이룰 수 없다는 귀중한 역사의
교훈을 남겼다"[85]고 3·1운동의 의의를 서술하고 있다. 별도로 임시정
부를 다루면서는 "상해 임시정부는 3·1운동에서 타오른 조선 민족의
절실한 독립의지에 힘입어 만들어졌지만, 미국과 영국 등 제국주의
국가의 본질을 파악하지 못하고 그들의 도움만으로 독립을 이루려는
사대주의적 한계를 드러내었다"[86]고 평가했다. 역사문제연구소에서
1993년에 펴낸《사진과 그림으로 보는 한국의 역사》는 "3·1운동을
계기로 해외에서는 각종 독립운동단체가 결성되어 활발하게 활동하
였다"[87]고 서술하면서도 3·1운동 부분에서 임시정부 탄생을 다루지
않았다. 별도 항목으로 서술한 임시정부에 대해서도 "헌법의 적용 범

---

83) 역사문제연구소 민족해방운동사 연구반,《쟁점과 과제: 민족해방운동사》, 역사비평사, 1990,
    241쪽.
84) 한국역사연구회,《한국사강의》, 한울아카데미, 1989, 290쪽.
85) 역사학연구소,《바로 보는 우리 역사》, 서해문집, 2004, 311쪽.
86) 위의 책, 321쪽.
87) 역사문제연구소,《사진과 그림으로 보는 한국의 역사》, 웅진출판, 1993, 183쪽.

위를 인민에서 광복 운동자로 한정한 데서도 단적으로 드러나듯이 정부에서 하나의 독립운동단체로 전락하고 만다. 그리고 1930년대 중반까지 대한민국임시정부의 간판만을 유지하는 침체 상태에 빠졌다"[88]고 서술했다. 역사학연구소에서 1995년에 펴낸 《강좌 한국근현대사》에서도 3·1운동의 역사적 의의를 "민중의 진출과 이를 통한 민족해방운동의 저변 확대"에 두고 임시정부 수립에 대해서는 서술하지 않았다.[89]

이처럼 민중사학의 시각을 가진 연구자들은 연구서와 대중서 발간을 통해 임정 법통성을 부인하는 역사인식을 확산시켰다. 그들은 3·1운동의 의의로서 임시정부 수립보다는 민중이라는 역사적 주체의 부상에 주목했고, 임시정부에 대해서는 하나의 독립운동단체에 불과했다고 비판했다.

하지만 2000년대 들어와서는 민중사학적 시각에서 임정 법통성을 부정하는 입장에 변화를 보이기 시작했다. 대중서를 중심으로 살펴보면, 2000년에 강만길 등이 출간한 《통일지향 우리 민족해방운동사》에서는 최초의 공화제 정부인 상하이 임시정부 수립을 3·1운동의 주요한 결실로 꼽았다. 임시정부에 대해서는 "총지휘부로서의 역할을 다하지 못했으나 초기 임시정부가 통일전선 정부의 성격을 띠었다는 점에서 중요한 역사적 의미를 지닌다"고 보았다.[90] 2010년에 박찬승 등이 펴낸 《한국근현대사를 읽는다》에서는 "(3·1)운동 과정에서 공화주의가 확고하게 대세가 되었고, 그러한 기반 위에서 대한민국임시정부가 탄생할 수 있었다"[91]고 평가했다. 2013년에 한국근현대사학

<hr />

88) 위의 책, 198쪽.
89) 역사학연구소, 《강좌 한국근현대사》, 풀빛, 1995, 136쪽.
90) 강만길 외, 《통일지향 우리 민족해방운동사》, 역사비평사, 2000, 115쪽.

회에서 펴낸 《한국근현대사 강의》에서는 "3·1운동이 공화주의에 입
각한 임시정부를 수립시켰다"는 점을 서술하고 임시정부에 대해서는
"국민대표회의가 결렬한 후 좌우세력이 모두 민족적 대단결의 당위
성에 공감하며 해방이 될 때까지 통일전선을 이루려는 활동이 전개
되었다"고 평가했다.[92]

　3·1운동의 결과로서 민주공화정인 임시정부 수립의 의의를 강조
하고 임시정부에 대해서는 민족통일전선적 흐름의 시각에서 보고자
하는 변화가 일어나고 있음을 알 수 있다. 이러한 변화는 1987년 6월
항쟁 이후 민주화가 진전되는 가운데 한국근현대사 연구가 활발해지
면서 3·1운동과 임시정부에 대한 학문적 성과가 축적되었기에 가능
한 것이었다. 3·1운동에서 민주주의와 공화주의의 전통을 찾고자 한
연구가 활발해졌고, 민족통일전선에 대한 연구가 깊어지면서 임시정
부의 역할이 재조명되었던 것이다.

　이러한 가운데 3·1운동과 임시정부를 하나로 묶어 민주주의적 관
점에서 재해석하면서 '민주공화정으로서의 임시정부' 탄생에 주목
하는 흐름이 부상했고, 바로 이 접점을 기반으로 임정 법통성에 대해
입장을 달리하는 학자들이 건국절 논쟁에서 같은 편에 설 수 있었던
것이다. 하지만 여전히 역사학계에서는 다수가 '3·1운동의 결과 임시
정부가 수립되었으므로 3·1운동은 성공이었다'는 임정 법통성을 수
용하지 않는다. 임정 법통성이 갖는 정치적 함의를 경계하며 부정하
는 풍토가 지배적이다. 3·1운동과 임시정부의 역사는 하나가 아니라
두 개의 역사라는 것이다. 이러한 인식은 2019년 3·1운동과 임시정

---

91)　박찬승 편, 《한국근현대사를 읽는다》, 경인문화사, 2010, 218쪽.
92)　한국근현대사학회, 《한국근현대사 강의》, 한울, 2013, 214~241쪽.

부 수립 100주년을 맞아 한국역사연구회가 3·1운동 100주년만을 기념하는 기획을 마련한 것에서도 여실히 드러난다.

정치와 학문 사이에 선 3·1운동과 임시정부 법통성 인식

'3·1운동에 의해 건립된 임시정부'라는 인식을 기반으로 하는 임정 법통성은 임시정부 시절부터 우파의 논리로 작동했다. 좌파가 임시정부 해체를 주장할 때마다 우파는 임정 법통성을 방어논리로 구사했다. 해방 정국에서도 3·1운동과 임정 법통성은 우파의 전유물이었다. 그리고 1919년 4월 서울에서 탄생한 한성정부의 법통성을 주장하는 이승만의 주도로 대한민국 정부의 제헌헌법 전문에 명문화되었다. 이후 군사정부에 의해 삭제되었던 임정 법통성은 1987년 개헌을 통해 다시 헌법 전문에 들어갔다. 북한과 체제 경쟁을 벌이는 가운데 정부 수립의 정통성을 임정 법통성에서 찾고자 했던 정치세력은 별다른 갈등 없이 '3·1운동으로 건립된 대한민국임시정부의 법통'을 헌법 전문에 부활시켰다. 이처럼 임정 법통성이 출발점부터 우파와 반공주의의 합작이라는 점은 해방 정국부터 일관된 것이었다. 그 법통성의 근거로는 언제나 3·1운동을 전유하고자 했다.

이러한 3·1운동과 임정 법통성이 갖는 정치성은 학문적 공론장에도 힘을 발휘했다. '3·1정신을 계승한 임시정부의 법통'에 대한 연구는 일제 시기 독립운동사를 임시정부사를 중심으로 구성하는 데까지 나아갔다. 3·1운동조차 임시정부 역사의 종속변수가 되어갔다. 하지만 1980년대부터 3·1운동과 임시정부의 역사를 각각의 독립변수로 다루고 임시정부를 일개 독립운동단체로 보며 임정 법통성을 부정하는 흐름이 등장했다. 이는 민중사학의 관점에서 3·1운동과 임시정부를 바라보는 것이었으므로 임정 법통성 논쟁은 이념적 논쟁의 성격을 띠기도 했다. 1990년대 이후 임정 법통성을 주장하는 독립운동 연구에서는 우파적 색채가 옅어졌고, 2000년대에 들어 임정 법통성을 부정하던 민중사학 계열의 연구자들은 3·1운동과 임시정부를 민주주의적으로 해석하고 임시정부를 민족통일전선이라는 관점에서 평가하는 변화를 보였다. 그리고 건국절 논쟁이 일어나자, 양자는 같은 편에 서서 민주주의적 관점에서 3·1운동과 임시정부의 역사적 의의를 주장했다.

이상에서 살펴본 것처럼, 3·1운동과 임정 법통성 인식을 따라가다 보면 역사학계의 이념적 지형을 마주하게 된다. 그럼에도 역사학계의 3·1운동과 임정 법통성에 대한 인식 변화는 학문적 진전의 결과였다. 그 성과가 곧바로 건국절 논쟁이라는 정쟁의 도마 위에 오르는 것을 보면서 3·1운동과 임정 법통성처럼 정치와 학문의 날카로운 경계선상에 있는 주제가 또 있을까 돌아보게 된다.

4장

3·1절 기념사를 통해 본
3·1운동의 표상과 전유

이지원

3·1운동의 정신적 표상과 기억의 정치

과거의 사건이 세대를 이어 전승·기념되는 것은 그 사건에 의미를 부여하는 서사를 통해서다. 1919년에 있었던 3·1운동이라는 역사적 사건은 과거와 현재를 이어주는 의미화의 서사를 통해 기억되고 기념되어왔다. 거기에는 행동만이 아니라 정신에 대한 것도 있었다. 20세기 한국사의 정신사·사상사 연구를 개척한 홍이섭은[1] "1919년 3월에 있었던 조선 민족의 독립투쟁을 작위(作爲)의 면에서 볼 것은 물론이지만, 같이 다루어야 할 그 행동에 대한 정신으로 사유(思惟)의 면을 추구하는 작업"[2]을 강조했다. 3·1운동 연구에서 정신적·

---

1) 홍이섭, 〈한국 정신사 서설(1906~1945)〉(1970), 〈한국 현대 정신사의 과제〉(1970), 《홍이섭전집》 4, 연세대학교출판부, 1994, 229~255쪽. 홍이섭의 사상사·정신사 연구에 대해서는 이지원, 〈홍이섭의 근현대 사상사·정신사 연구―문제의식과 방법론을 중심으로〉, 《학림(學林)》 36, 2015 참조.

2) 홍이섭, 〈3·1운동의 사상사적 위치〉(1969), 《홍이섭전집》 6, 1994, 454쪽.

사상적 측면이 강조된 것은 이러한 문제의식의 반영이었다.[3] 실제로 3·1운동에 대한 기억과 기념에는 '3·1운동의 정신'을 계승하자는 표현이 자주 사용되었다. 일제 시기 독립운동을 다짐하며 "삼일정신을 계승해 조국 광복을 완성하자"라고 하거나,[4] 해방 후 3·1운동 기념식에서 '3·1운동의 정신을 기리자'[5]는 식으로, 3·1운동의 기억과 기념에는 '정신'이 표상되었다. 표상은 심적으로든 물리적으로든 '재현한 것=representation'을 의미한다. 재현한 것으로서의 표상은 그것을 표상하는 주체, 표상이 이루어지는 사회 공간, 정치적 맥락에 따라 사후적으로 재구성되기도 한다.[6] 3·1운동에 대한 표상도 표상하는 주체와 표상이 이루어지는 사회 공간, 정치적 맥락에 따라 다를 수 있다.[7]

이 글에서는 한국현대사에서 한국정부가 3·1운동을 어떻게 인식하고 표상했는지를 살펴보고자 한다. 1948년 대한민국 정부 수립 이

3) 주로 민족주의 정치사상 측면에서 중요하게 다루어져왔다. 홍이섭, 위의 글; 강재언, 〈사상사에서 본 3·1운동〉, 《근대한국사상사연구》, 한울, 1983; 박찬승, 〈3·1운동의 사상적 기반〉, 한국역사연구회·역사문제연구소 편, 《3·1민족해방운동연구》, 청년사, 1989; 조동걸, 〈3·1운동의 이념과 사상〉, 《3·1운동과 민족통일》, 동아일보사, 1989; 김용직, 〈3·1운동의 정치사상〉, 《동양정치사상가》 4-1, 2005.

4) 한국광복군총사령부, 〈3·1절 제22주 기념선언〉(독립기념관 web자료). 이러한 3·1정신 계승의 표상은 1920년대 대한민국임시정부와 해외 독립운동에서부터 시작되었다. 〈3·1의 정신을 발휘하자〉, 《독립신문》, 1924년 3월 1일자; 〈삼일정신이 무엇이뇨〉, 《단산시보(檀山時報)》, 1925년 6월 13일자.

5) 이승만, 〈기미독립운동 정신〉(1949년 3·1절 기념 연설문 제목), 김광섭 편, 《이대통령 훈화록》, 중앙문화협회, 1950.

6) Morris-Suzuki, T. The past within us, 2005(테사 모리스 스즈키 지음, 김경원 옮김, 《우리 안의 과거: media, memory, history》, 휴머니스트, 2006).

7) 사실 해방 직후 3·1운동의 표상을 둘러싸고 새로운 국민국가의 주체가 누가 되는가 하는 국가 건설의 문제와 관련해 좌우 정치세력이 대립했다. '기억의 정치(politics of memory)'가 충돌했던 것이다. 이에 대해서는 김민환, 〈한국의 국가기념일 성립에 관한 연구〉, 《한국학보》 99, 2001; 임종명, 〈탈(脫)식민 시기(1945~1948. 7) 남한에서의 3·1의 소환과 표상〉, 《대동문화연구》 66, 2009; 박명수, 〈1946년 3·1절-해방 후 최초의 역사논쟁〉, 《한국정치외교사논총》 38(1), 2016; 박명수, 〈1947년 3·1절에 나타난 임정 법통론과 인민혁명에 대한 미군정의 대응〉, 《한국정치외교사논총》 39(1), 2017 등 참조.

후 정부는 3·1절을 국경일로 제정하고 부정할 수 없는 공적 역사로서 3·1운동을 표상·전유하는 한 주체가 되었다. 3·1절 기념식은 수도 서울에서 대통령이 참석하는 대표적인 국가기념일 행사가 되었다.[8] 근대 국민국가(nation state)들이 국가기념일을 통해 국민의 집합기억(collective memory)을 기획하고 국민의 정체성과 공동체 의식을 강조하는 국민 만들기(nation-building)에 주력했듯이,[9] 한국 정부도 국가기념일 3·1절을 통해 국민 만들기의 정치적 기획을 했다. 그것은 정부가 주도한 3·1운동에 대한 기억과 기념의 서사를 표상했다.[10] 3·1절 기념사는 그러한 표상이 담긴 대표적인 텍스트라고 할 수 있다.

정부 수립 이후 매해 3·1절 기념식에서는 대통령 이름으로 3·1절 기념사가 발표되었다. 본 연구에서는 대한민국 정부 수립 이후 1949년부터 2017년까지의 3·1절 기념사를 분석하여 역대 정부의 3·1운동 인식과 표상을 검토했다. 3·1절 기념사는 주로 대통령기록관의 디지털 자료[11]를 활용했다. 현재 대통령기록관 대통령기록연구실에는 1953, 1960, 1961, 1962, 1963, 1987, 2013~2018년을 제외한 매해의 3·1절 기념사가 보관·게시되어 있다. 대통령기록관에 게시되지 않은

8) 예외적으로 한국전쟁 중인 1951년 3·1절 기념사는 부산에서 발표되었는데, "금년 삼월을 서울 가서 지내게 될는지는 아직 의문이나……"라는 말로 그 상황을 직접 표현하기도 했다.

9) Ernest Renan, Qu'est-ce qu'une nation? et autres ecrits politiques, 1882(에르네스트 르낭 지음, 신선행 옮김, 《민족주의란 무엇인가》, 책세상, 2002); 최호근, 〈집단기억과 역사〉, 《역사교육》 85, 2003.

10) 이러한 점 때문에 최근 한국 정부에 의한 3·1운동 기념과 표상은 한국현대사에서 정치·사회적 의의를 갖는 것으로 주목되었다. 이에 대한 연구로는 정종현, 〈3·1운동 표상의 문화정치학 -해방기~대한민국 건국기의 3·1운동 표상을 중심으로〉, 《한민족문화연구》 23, 2007; 임종명, 〈설립 초기 대한민국의 3·1 전용(轉用)·전유(專有)〉, 《역사문제연구》 22, 2009; 임종명, 〈설립 초기 대한민국의 3·1절과 국민 생산〉, 《역사학연구》 제38집, 2010; 최은진, 〈대한민국 정부의 3·1절 기념의례와 3·1운동 표상화(1949~1987)〉, 《사학연구》 128, 2017; 강정인·한유동, 〈이승만 대통령의 국가기념일 활용에 관한 연구〉, 《현대정치연구》 7-1, 2014 등이 있다.

11) http://www.pa.go.kr/online_contents/president/president01.jsp

기념사는 관보, 신문 등을 통해 전문이 확인되는 것을 사용했다.[12]

기념사에 대한 텍스트 분석은 일차적으로 역대 대통령 기념사에서 사용한 특정 단어의 빈도수를 추출하고, 문장이나 문단별로 나눈 뒤 문단에서 동시에 출현하는 단어들을 네트워크화하는 방법을 택했다.[13] 형태적인 기표(signifiant) 분석으로 의미를 완벽하게 해석할 수는 없지만, 기념사의 서사와 표상의 의미를 파악하는 기초 작업으로서 유용성이 있다고 판단했다. 이에 먼저 역대 대통령의 기념사에서 가장 많이 사용한 단어의 빈도수를 추출했다. 그리고 3·1운동에 대한 표상에서 '3·1정신'이라는 용어가 독자적으로 사용되었고, 빈도수도

---

12) 대통령기록관에 없어서 따로 확보한 자료의 출처는 아래와 같다. 또한 1951년은 〈해외 동포에게 보내는 삼일절 기념사〉가, 1952년은 〈삼일절 이북 동포에게 보내는 메시지〉가 추가로 발표되어 포함시켰다. 1962년은 윤보선 대통령과 박정희 국가재건최고회의 의장의 기념사가 함께 기념식에서 발표되었기에 둘 다 포함시켰고, 1963년에는 박정희 국가재건최고회의 의장 명의로만 기념사가 발표되어 이것을 포함시켰다.

1953	〈반공이념하에 조국 재건〉, 《동아일보》, 1953년 3월 2일자.
1960	《동아일보》, 1960년 3월 1일자.
1961	〈3·1정신 되살려 혁명 과업 완수〉, 《동아일보》, 1961년 3월 2일자.
1962	《경향신문》, 1962년 3월 1일자.
1963	《박정희 대통령 연설문집》 1, 대통령비서실, 1965, 387~389쪽.
1987	관보 제10574호, 1987년 3월 2일(월요일)자, 국가기록원.
2013 ~ 2017	http://www.newdaily.co.kr/news/article.html?no=144786 http://www.newdaily.co.kr/news/article.html?no=194153; http://news.zum.com/articles/20111212 http://news.inews24.com/php/news_view.php?g_menu=029999&g_serial=945181 http://news.chosun.com/site/data/html_dir/2017/03/01/2017030100629.html

13) 컴퓨터를 활용해 많은 데이터를 읽고, 언어적 형태 분석을 통해 텍스트 자료를 분석하는 방법 중 여기서는 파이썬(Python) 언어를 이용해 nltk(natural language tool kit)와 konlpy라는 툴(tool)을 이용한 네트워크 분석 기법을 사용했다. 최근 데이터베이스를 활용한 네트워크 분석 기법의 연구가 개척되고 있는데, 대표적으로 허수, 《식민지 조선, 오래된 미래》, 푸른역사, 2011; 허수, 〈네트워크 분석을 통해 본 1980년대 '민중'〉, 《개념과 소통》 18, 2016; 이재연, 〈키워드와 네트워크: 토픽 모델링으로 본 《개벽》의 주제 지도 분석〉, 《상허학보》 46, 2016 등을 참조할 수 있다.

많았던 점에 주목해 '3·1정신'을 정신적 표상의 중심어로 정했다. 그리고 '3·1정신'이 등장하는 빈도수와 함께 '3·1정신'이 사용될 때 이 단어와 일정한 범위 내에서 함께 사용된 단어들, 즉 공기어(共起語)들을 검토했다. 이 공기어들은 '3·1정신'이 어떤 문맥에서 사용되었는지를 보여주는 것들이다. 이때 '3·1정신'에 대한 다양한 표현들, 예컨대 '3·1운동의 정신', '3·1운동의 숭고한 정신', '3·1독립정신' 등 의미상 동일하다고 판단되는 어휘들은 모두 '3·1정신'으로 말뭉치[14]의 기준을 삼고 형태 분석을 했다. 표상에 사용된 언어의 형태 분석을 토대로 기념사의 전체 내용과 문맥, 각 정권의 시대 상황과 정책 등을 비교해 각 정부의 3·1운동 표상·전유의 전략과 내용에 대한 정성적 분석을 병행했다. 이를 통해 각 시기 정부의 3·1운동 표상에 반영된 사상적 지형을 파악하고,[15] 기억의 정치와 관련한 3·1운동 표상의 메타역사적 면모를 살펴보고자 한다.[16]

---

14) '코퍼스(corpus)'라고도 하는데, 자연언어 연구를 위해 특정한 목적을 가지고 언어의 표본을 추출한 집합이다. 컴퓨터의 발달로 말뭉치 분석이 용이해졌으며, 분석의 정확성을 위해 해당 자연언어를 형태소 단위로 분석하는 경우가 많다(https://ko.wikipedia.org/wiki/%EB%A7%90%EB%AD%89%EC%B9%98 위키백과 검색. 2018. 4. 30).

15) 이것은 19세기 말 이래 한국근현대 사상사를 배경으로 한다. 이와 관련해 다음의 연구를 참고할 수 있다. 홍이섭, 앞의 책들; 방기중,《한국근현대사상사연구》, 역사비평사, 1992; 김도형,《대한제국기의 정치사상연구》, 지식산업사, 1994; 박찬승,《민족주의의 시대》, 경인문화사, 2007; 이지원,《한국 근대 문화사상사 연구》, 혜안, 2007; 허은,《미국의 헤게모니와 한국 민족주의》, 고려대 민족문화연구원, 2008; 이태훈, 〈일제하 친일정치운동 연구〉, 연세대학교 사학과 박사학위논문, 2010; 윤덕영, 〈일제하 해방 직후 동아일보 계열의 민족운동과 국가 건설 노선〉, 연세대학교 사학과 박사학위논문, 2010; 후지이 다케시,《파시즘과 제3세계주의 사이에서》, 역사비평사, 2012; 이태훈, 〈해방 전후 김두헌의 '민족관'과 전체주의 국가론〉,《역사문화연구》56, 2015; 김정인,《독립을 꿈꾸는 민주주의》, 책과함께, 2017; 홍정완, 〈전후 한국의 사회과학 연구와 근대화 담론의 형성〉, 연세대학교 사학과 박사학위논문, 2017.

1. 기념사의 언어들

이 절에서는 대한민국 정부 수립 이후 국가가 공적으로 3·1운동을 기념하면서 어떠한 공동의 의지, 공동의 정신을 표상하고자 했는지 기념사에 사용된 언어들을 통해 살펴보고자 한다. 기념사들에 대한 언어의 형태 분석 결과 총 어절 종류는 19,569개로, 이 가운데 중복해서 빈도수가 많은 어절은 7,828개였다. 이 가운데 '것', '바' 등 개념이 없는 형태들을 제외하고 빈도수가 많은 어휘를 보면 〈표 1〉과 같다.

근 70년에 가까운 기간에 정권과 상관없이 기념사에서 공통적으로 가장 많이 사용된 어휘는 '우리', '나라', '민족', '국민' 등과 같이 공

우리	민족 (우리 민족)	나라	국민	세계	3·1운동	3·1정신	역사	평화	자유
1,154	333	312	211	210	184	154	138	126	114
선열	하나	통일	독립	북한	시대	정신	번영	극복	조국
106	106	97	94	92	91	84	84	83	75
겨레	정부	발전	대한민국	미래	일본	희생	전쟁	공산당	미국
75	72	69	69	66	66	63	54	52	47

표 1. 3·1절 기념사에 많이 사용된 어휘 빈도수

---

16) 3·1운동에 대한 사건의 실체를 따지는 역사는 '과거에 대한 사실(the fact about the past)'을 탐구하는 것이라면, 3·1절 기념사 분석은 '기억의 정치'와 관련해 '과거에 대한 사실의 사실 (fact about the fact about the past)'을 다루는 '메타역사 연구'라고 하겠다. 헤이든 화이트는 역사 연대기의 사건을 이야기의 요소를 지닌 사건으로 전환시키고, '의미화의 체계(hierarchy of significance)' 속으로 사건들을 재배치함으로써 과거와 현재를 연계시키는 것은, 역사 연구의 문제의식과 역사 서술의 전략과 형식에 의해 선험적으로 결정된다고 했다. 이러한 요소들을 메타역사적 요소라고 했다. *Hayden White, Metahistory: The Historical Imagination in Nineteenth-Century Europe*, 1973(헤이든 화이트 지음, 천형균 옮김, 《메타역사 Ⅰ·Ⅱ》, 지식을 만드는 지식, 2011); 김기봉, 〈메타역사로서의 비평-필요성과 과제〉, 《역사와 현실》 40, 2001.

동체로서의 집합성을 강조하는 것들이었다. 또한 '하나', '겨레', '조국' 등도 많이 등장하는데, 이는 국민적 통합을 위한 집단적 정체성과 공동의 의지를 강조하는 것들이었다. 그리고 '북한', '공산당', '미국', '자유', '통일' 등 냉전체제하에서 남북분단 상황과 관련한 용어가 많았는데, 분단국가라는 인식 또한 강조되었음을 알 수 있다. 특히 '통일', '북한'이 '일본'이라는 단어보다 많이 사용된 것을 보면, 한국 정부가 3·1절을 통해 3·1운동을 호명한 것은 일본에 대한 저항을 기억하고 기념하는 것보다, 남북분단의 현재 상황을 더 많이 표상하고자 했음을 보여준다. 그리고 '극복', '희생', '정신' 등 정신적 각오나 다짐과 관련된 단어도 많이 사용되었다.

그런데 집단적 정체성과 정신적 측면을 강조하는 단어들과 함께 '3·1정신'이라는 표현이 독자적으로, 또 많이 사용되었던 것이 눈길을 끈다. 3·1운동을 호명하면서 강조한 공동의 의지, 계승해야 할 정신이 구체적으로 '3·1정신'으로 명명되었던 것이다. 이는 3·1운동에 대한 기념과 의미화에서 정신의 문제가 중요하게 설정되었음을 반영하는 것으로 보인다.

그러면 3·1운동의 정신적 표상이 각 정권의 기념사마다 얼마나, 또 어떻게 사용되었는지 살펴보자. 우선 양적으로 그 실태를 보기 위해 각 정부의 기념사에서 사용한 '3·1정신' 사용 빈도수와 공기어를 추출해보았다. 이때 '3·1운동의 정신', '3·1운동의 숭고한 정신', '3·1독립정신' 등 의미상 동일하다고 판단되는 어휘들은 모두 '3·1정신'으로 말뭉치의 기준을 삼고 분석했다. 재임 기간을 계산하지 않고 역대 대통령의 3·1절 기념사에 표현된 '3·1정신'의 빈도수를 살펴보면 〈표 2〉와 같다.

재임 기간을 고려하지 않고 볼 때 '3·1정신'이라는 단어의 사용 빈

이승만	9	김영삼	13
윤보선	4	김대중	14
박정희	50	노무현	8
최규하	1	이명박	13
전두환	23	박근혜	9
노태우	6	황교안(대행)	4

표 2. 역대 대통령별 3·1절 기념사의 '3·1정신' 사용 빈도수

도수가 가장 많았던 시기는 박정희, 전두환 대통령 때이고, 그다음 이 김대중, 김영삼, 이명박 대통령 때로 비슷한 수치를 보인다. 매해 기념사(황교안 대행 제외)에서 '3·1정신'을 거론한 평균 횟수는 전두환 3.3회, 박정희 2.8회, 김대중 2.8회, 김영삼 2.6회, 이명박 2.6회, 윤보선 2, 노무현 1.6회, 노태우 1.2회, 이승만 0.75회가 된다. 그것을 연도별로 보면 〈표 3〉과 같은데, 특히 독재정권으로 평가되는 1970, 80년대의 대통령 기념사에서 '3·1정신'이 많이 사용되었다. 1972년에는 14회나 사용되었는데, 이때의 '3·1정신'은 어떠한 맥락에서 표상된 것인지 주목된다.

한편, 총 154회 사용된 '3·1정신'이 어떠한 어휘들과 함께 사용되었는지를 보여주는 '3·1정신'의 공기어는 745개였다.[17] 그 가운데 '것', '바', '때문' 등과 같이 의미가 없는 단어들을 제외하고 의미를 담고 있는 명사(대명사) 가운데 빈도수가 많은 공기어를 정리하면 〈표 4〉와 같다.

---

17) 중복 없이 사용된 공기어 수이다.

1949	1	1959	2	1969	2	1979	2	1989	2	1999	5	2009	3
1950	0	1960	1	1970	1	1980	1	1990	2	2000	4	2010	3
1951	3	1961	3	1971	3	1981	0	1991	0	2001	1	2011	1
1952	0	1962	1	1972	14	1982	1	1992	1	2002	3	2012	3
1953	0	1963	2	1973	0	1983	7	1993	1	2003	2	2013	0
1954	0	1964	1	1974	6	1984	4	1994	3	2004	2	2014	2
1955	0	1965	3	1975	6	1985	3	1995	4	2005	3	2015	1
1956	2	1966	1	1976	4	1986	4	1996	2	2006	1	2016	6
1957	0	1967	0	1977	0	1987	4	1997	3	2007	0	2017	4
1958	0	1968	3	1978	2	1988	1	1998	1	2008	3	총	154

표 3. 연도별 3·1절 기념사의 '3·1정신' 사용 빈도수

주요 공기어	빈도수	주요 공기어	빈도수
우리	47	결의, 역사	7
3·1운동	26	겨레, 의지, 조국, 정신, 영광, 자랑	6
민족(우리 민족)	24	세계, 극복, 평화	5
나라	15	창조, 법통, 대한민국, 전진, 자주, 단결, 통일	4
계승, 하나	12	정의, 국민, 조상, 민족 대단결, 행동지표, 민족자결, 대한민국임시정부, 국력 배양, 정신적 지주, 애국선열, 한반도, 민족중흥	3
희생	11		
독립, 발전	9		
자유, 번영	9		
건설, 실천, 선열	8		

표 4. 3·1절 기념사의 '3·1정신' 주요 공기어와 빈도수

또한 '3·1정신'의 주요 공기어 가운데 역대 대통령별로 2회 이상 사용된 공기어와 빈도수를 살펴보면 〈표 5〉와 같다.

'3·1정신'의 주요 공기어 가운데 '우리'라는 집합을 표시하는 대명사가 가장 많이 사용되었다. 대명사를 주요 공기어에 포함시킨 것은 '우리'라는 단어가 한국인 특유의 공동체 의식을 보여주는 용어로, 3·1정신의 주체로서 우리=민족=국민을 강조하려는 의도가 반영된 것이

대통령	2회 이상 사용된 '3·1정신' 주요 공기어
이승만	우리(7), 발휘(4), 선열(2), 평화(2), 기미년(2), 희생(2), 자유(2)
윤보선	자유(3)
박정희	우리(14), 민족(8), 실천(7), 건설(6), 결의(4), 창조(4), 조국(4), 독립(4), 계승(4), 국력 배양(3), 민족중흥(3), 정신(3), 단결(3), 총화단결(2), 자주(2), 유신이념(2), 민족 총화(2), 우리 조상(2), 역사(2), 정신적 지주(2), 국난 극복(2), 희생(2), 전진(2), 자각(2), 항쟁(2), 10월 유신(2)
최규하	없음
전두환	우리(11), 나라(5), 겨레(3), 도약(3), 발전(3), 단합(3), 행동지표(3), 민족(3), 3·1운동(3), 민족혼(2), 국민(2), 안전(2), 전진(2), 민족자결(2)
노태우	나라(3), 하나(3), 겨레(2), 희생(2)
김영삼	우리(3), 민족(2), 북한(2), 희생(2), 3·1운동(2)
김대중	우리(3), 민족(2), 구현(2), 정신(2), 계승(2), 선열(2)
노무현	3·1운동(5), 우리(2), 자랑(2)
이명박	3·1운동(5), 하나(2), 우리 국민(2)
박근혜	3·1운동(6), 번영(4), 민족 대단결(3), 평화(3), 한반도(3), 독립(2), 대한민국(2)
황교안(대행)	계승(2), 우리(2), 3·1운동(2)

※ ( ) 안은 빈도수

표 5. 역대 대통령별 3·1절 기념사의 '3·1정신' 주요 공기어와 빈도수

라고 보기 때문이다. '우리' 다음으로 많이 사용된 공기어는 '3·1운동'이다. 그것은 '3·1정신'이 3·1운동을 거론하는 문맥에서 가장 많이 사용되었다는 점에서 유의미하다고 하겠다. 세 번째로 많은 공기어는 '민족'이다. 즉, 3·1정신은 민족을 설명하고 민족의 정신으로서 연계되어 사용되었다는 것을 알 수 있다. 이것은 앞의 〈표 1〉에서 '민족'이 333회 사용되어 기념사 전체에서 '우리' 다음으로 가장 많이 등장하고 있는 점을 감안할 때에도, '3·1정신'은 '민족'과 연관되어 표상되는 상관관계를 보여준다고 하겠다.

대통령별로 보면, '3·1정신'의 공기어로서 '우리'와 '민족'은 박정희, 전두환 대통령 때 가장 많이 사용되었고, '3·1운동'은 박근혜, 이명박, 노무현 대통령 때 많이 사용되었다. 그리고 박정희 대통령은 집권 기간이 길어서 '3·1정신' 공기어의 종류와 수가 가장 많았는데, '실천', '건설', '결의', '창조', '조국', '국력 배양', '민족중흥' 등이 주요 공기어로 사용되었다.

2. 3·1운동의 정신적 표상과 전유

이 절에서는 앞에서 검토한 3·1절 기념사의 언어 분석과 연계해 각 정권의 3·1운동의 정신적 표상과 전유의 특징에 대해 살펴보고자 한다. 제1공화국 이래 각 정부는 정권이 의도하는 통치의 전략, 정치적·사상적 지형에 따라 '3·1정신'을 호명하고 전유하고자 했는데, 그 특징과 내용은 정권마다 달랐다. 여기서는 1948년 정부 수립 이래 각 정권의 '3·1정신' 표상과 정치적 전유의 특징을 몇 시기로 나누어 서술하고자 한다. 단 이명박, 박근혜 정부는 제3, 4, 5공화국 시기의 정신적 표상과 전유의 전략이 유사해 별도로 서술하지 않았다.

1) 제1공화국: 반공 민족정신

이승만 정부는 정부 수립 후 1949년 첫 3·1절 기념사에서 3·1운동으로 발휘된 독립의 정신이 임시정부로 계승되어 마침내 '대한민국주국(大韓民國主國)'이 탄생했다고 했다.[18] 정부 수립의 정통성과 임시정부 계승의 법통성을 표방한 것이다. 3·1운동의 정신에서 독립운동과 임시정부 계승의 정신을 표방한 것은 그 후 역대 정부에서도 공통적으로 이어졌다. 그러나 이승만 정부의 기념사에는 독립운동이나 임시정부 계승의 정신보다 분단국가, 반공국가의 민족정신을 강조하는 내용들이 더 많이 표상되는 특징을 보인다. 이승만 정부 시기의 기념사에는 〈표 6〉과 같이 '우리', '세계', '공산당', '자유', '미국', '평화', '전쟁', '자유국가', '정신', '침략' 등의 단어가 많이 사용되었다.

이는 3·1운동의 정신이 분단국가의 민족정신, 반공 민족정신을 표상하는 맥락에서 사용되었음을 반영하고 있다. 이승만은 집권 후 첫번째 기념사에서 3·1운동의 정신이 '반공의 3·1정신'으로 부활할 것을 주장했다.

우리	세계	공산당	자유	미국	평화	전쟁· 자유국가	정신	침략
385	69	52	43	41	37	29	25	24

표 6. 제1공화국 시기 3·1절 기념사에서 많이 사용된 어휘

---

18) http://www.pa.go.kr/research/contents/speech/index04_result.jsp

내가 이왕에도 수차 말한 바와 같이 공산반란은 정부의 힘으로만 지지키 어려운 것이니 민간 각 단체의 민족운동과 아울러 청년과 부녀 들이 열렬한 애국심을 발휘해서 3·1정신을 부활함으로써 능히 우리 단체도 보존하고 개인 생명도 보전하며 국권도 공고할 것입니다.[19]

이는 식민지로부터 해방되어 독립정부를 수립한 첫해의 기념사로서 일제에 대한 저항의 민족정신을 기억하고 표상하는 것과는 거리가 먼 표현이었다. 반공체제를 수립하는 것이 급했던 제1공화국 정부의 정치적 상황을 반영한 것이다.[20] 또한 냉전체제가 시작되는 상황에서 미국의 영향력에 의존했던 이승만 정부는 3·1운동을 호명하는데에도 다분히 미국을 의식했다. 예컨대 3·1운동의 정신을 미국의 독립정신에 비유했다.

30년 전 오늘에 13도 대표인 33인이 비밀히 모여서 독립을 선언하고 대한민주국의 조직을 세계에 공포했던 것입니다. 우리 선열들이 용감스럽게 이 일을 행한 환경이 그때부터 140여 년 전에 미국 독립선언을 서명하던 그때의 형편만 못지않게 어려웠던 것입니다.[21]
이 사생(死生)을 다투는 전쟁에 우리는 모든 자유국가들에게 기대하는 바가 많으나 가장 큰 것은 미국에 대한 기대입니다. …… 이 미국의 세력은 다만 군사나 공업상으로 된 것뿐이 아니고 1776년에 미국 혁명의 시조들을 감동시켜서 독립선언을 발표케 한 자유정신입니다. 그리

19) http://www.pa.go.kr/research/contents/speech/index04_result.jsp
20) 이 시기 정치·사회·문화적 상황에 대해서는 이하나,《대한민국 재건의 시대》, 푸른역사, 2013; 임종명, 〈설립 초기 대한민국의 3·1절과 국민 생산〉,《역사학연구》제38집, 2010; 허은, 앞의 책 참조.
21) 1949년 3·1절 기념사.

고 이 능력이 1919년에 우리 애국선현들을 감동시켜서 독립선언을 발
포한 것입니다.[22]

또한 이승만의 기념사에는 '자유'라는 단어가 많이 나오는데, 이는
당시 냉전체제하에서 미국의 자유정신, 공산주의에 반대하는 자유,
자유주의라는 의미가 사용되었던 것과 같은 맥락이었다.[23] 그리하여
3·1운동의 정신은 자유주의를 지키는 정신으로 표상되었다. 예컨대
1955년 기념사에서 "오늘 우리가 여기 모인 것은 1919년에 우리 애
국선현들이 세계 모든 나라에서 거반 잊어버린 것같이 된 자유주의
를 부활시키기로 착수한 공헌을 축하하자는 것입니다", "세계 모든
자유국가들이 공산당의 침략에 저항해 자유수호를 하듯이, 3·1운동
의 정신은 공산주의에 저항하는 자유정신"이라고 했다. 이러한 반공
자유수호의 정신에 입각할 때 이승만에게 한국전쟁의 휴전은 불만이
었다. 이승만은 휴전에 불만적인 언사를 3·1절 기념사에 여러 차례
표현하고 있었다. 그 예로 1956년 3·1절 기념사를 보자.

한국전쟁은 의로운 십자군전쟁인 것이니 이것은 자유국가들이 자발
적으로 단결해서 집단행위를 실행하며 세계평화를 옹호하고 희생주의
로 나가야만 성공할 터인데 그것을 그만두고 공산군과 평화조약을 만드
는 데 다 끌려들어가서 공산군이 침략을 계속하고 있는 동안 이들에게

22) 1955년 3·1절 기념사.
23) 이승만 정권의 자유주의는 공산주의에 맞서는 대척적 개념으로 사용되었다. 이에 대해서는
     박명림, 〈1950년대 한국의 민주주의와 권위주의〉, 역사문제연구소 편, 《1950년대 남북한의 선
     택과 굴절》, 역사비평사, 1998; 김진기, 〈반공에 전유된 자유, 혹은 자유주의〉, 《상허학보》 15,
     2005; 조경란, 〈1950년대 동아시아의 반공 자유주의 이데올로기에 대한 재검토〉, 한국철학사
     상연구회, 《시대와 철학》 22, 2011 등 참조.

양보한 것은 실로 놀랄 만한 일입니다.

즉, 이승만 정부의 3·1절 기념사는 반공 민족주의, 반공 민주주의, 반공 자유주의의 민족정신을 3·1운동의 정신으로 표상하고 있었다. 그러다 보니 분단 극복의 통일도 북진통일론으로 강조되었고, 3·1운동의 정신은 북진통일을 위한 민족정신으로 홍보되기도 했다.[24]

2) 제3, 4공화국: 파시즘적 민족정신

박정희 정부의 기념사에서 3·1운동의 정신은 정신개조, 전체주의, 반공주의, 국수주의, 대중 동원 등 파시즘적 사상지형을 보이는 민족정신으로 표상되었다. 박정희는 5·16군사쿠데타로 정권을 잡은 후 민정 이양 이전부터 3·1절 기념식에 참석하고, 기념사를 발표했다. 그는 국가재건최고회의 의장으로서 발표한 3·1절 기념사에서 5·16군사쿠데타를 정당화하는 역사적·정신적 근거로 '3·1정신'을 표상했다.

5·16혁명은 위대한 3·1정신을 구체화하는 국가적 노력의 실천 강령을 제시한 것이었습니다. …… 조상이 남기신 숭고한 3·1정신을 받들어 소아를 버리고 대아에 나아가며, 소이를 떠나 대동으로 단결하여 안으로는 조국의 번영과 민족의 광명을 위하여 민족중흥을 기약하는 혁명 과업에 매진할 것이며……[25]

쿠데타를 정당화하는 명분으로 표상되었던 '3·1정신'은 이후 경제

---

24) 《삼일정신과 북진통일: 제34회 삼일절기념행사 참고자료》, 대한민국공보처, 1952.
25) 1963년 3·1절 기념사.

개발과 독재정권을 위해 국민 동원을 합리화하는 정신으로까지 표상되었다. 이것은 박정희 집권기 기념사에서 많이 사용한 어휘를 통해서도 알 수 있다. 박정희 정부의 3·1절 기념사에서 많이 사용된 어휘는 〈표 7〉과 같다.

박정희 정부는 제3공화국 수립 직후 3·1절 기념사에서 3·1운동의 근대적 자각을 새로운 공화국 건설을 위한 민족적 각성으로 표상했다.

기미독립선언과 민족의 근대적 자각이 비롯된 지 어언 반세기가 지나기까지에 우리들은 민족의 정기와 위대한 독립정신을 이어받아 밖으로는 침략자를 물리쳐 독립을 쟁취, 강토를 보위하고 안으로는 갖은 불우한 조건과 고난을 극복하면서 새 공화국을 건설하기에 이르렀습니다. 이제 제3공화국을 수립하고 처음 맞이하는 오늘의 3·1절은 새로운 민족적 각성의 계기가 되며 혁신과 비약에의 기점이 될 것을 확신해 마지 않습니다.[26]

'민족적 각성'은 박정희 정부가 추진하는 '조국 근대화'를 위한 정신개조였다. 즉, 살기 위해서는 '실력을 배양'하고 '일하는 국민'이

우리	민족	국민	3·1정신	조국	3·1운동	민족중흥	자주	결의	건설
211	108	56	44	39	30	21	20	18	16

※ 수치는 빈도수

표 7. 제3, 4공화국 시기 3·1절 기념사에서 많이 사용된 어휘

---

26) 1964년 3·1절 기념사.

되어야 하는데 그러기 위해서는 근대적 자각을 해야 한다는 것이었다.[27] 식민지 시기 근대 계몽을 위해 강조되었던 실력양성의 논리가 박정희 집권 초기에 다시 소환되었던 것이다. 박정희 정권은 집권 초기부터 민족적 각성을 통해 일하는 국민, 스스로 창조할 수 있는 국민이 되는 것을 강조했는데,[28] 3·1절 기념사에서는 일하는 국민, 창조하는 국민이 되는 자주와 독립의 '3·1정신'을 강조했다. 즉, 이제 3·1운동의 정신은 저항의 정신에서 건설의 정신으로, 국가 발전을 위해 헌신하는 정신으로 계승되어야 한다는 것이었다.

나라를 찾고자 선양했던 3·1정신을 저항의 차원이 아니라, 오늘의 국가 발전에 적극적으로 참여하고 기여하는 건설과 창조의 의지로 전환해야 하는 것입니다.[29]

〈표 7〉의 박정희 정부 시기 3·1절 기념사에서 많이 사용된 어휘와 〈표 5〉의 박정희 정부 시기 기념사에 나오는 '3·1정신' 공기어를 비교해보면, '건설'과 '국난 극복'의 3·1정신 표상이 두드러졌음을 알 수 있다. 박정희 정부 시기 기념사에서 '3·1정신'의 공기어는 우리 (14), 민족(8), 실천(7), 건설(6), 결의(4), 창조(4), 조국(4), 독립(4), 계승(4), 국력 배양(3), 민족중흥(3), 정신(3), 단결(3), 총화단결(2), 자주(2), 유신이념(2), 민족총화(2), 우리 조상(2), 역사(2), 정신적 지주(2), 국난 극복(2), 희생(2), 전진(2), 자각(2), 항쟁(2), 10월 유신(2) 등이었다. 사

---

27) 1965년 3·1절 기념사.

28) 이행선, 〈대중과 민족 개조: 박정희, 《우리 민족의 나갈 길》을 중심으로〉, 《한국문화연구》 21, 이화여자대학교 한국문화연구원, 2011.

29) 1973년 3·1절 기념사.

용된 단어들의 면면을 보면 '민족의 이름으로 건설하며 국력을 배양하고 민족중흥의 민족정신'이 강조되었음을 알 수 있다. 이러한 분위기에서 박정희 정권 때에는 민족중흥과 조국 근대화라는 이름으로 '3·1 정신'을 선양하는 단체들이 만들어지기도 했다.[30] '건설'과 '국난 극복'의 3·1정신 표상은 이후 거의 모든 대통령의 3·1절 기념사에 공통적인 유형이 되었다.

한편, 박정희 정부의 기념사에서는 전통과 고유성을 민족정신의 요소로 강조했다. "3·1운동은 한민족의 전통적인 자유애호의 정신",[31] "민족 고유의 단결과 협동의 정신을 오늘에 되살리자",[32] "5천년 역사에 깊이 뿌리를 내린 민족문화의 전통을 이어받아 오늘날 자주·자립·자위에 매진하고 있는 우리"[33]라는 식으로 전통과 고유성에 근거한 단일민족 의식을 강조했다. 전통, 단일민족 의식, 대중 동원 등은 파시즘의 특징이다.[34] 박정희 정부는 1968년 국민교육헌장을 통해 전통적인 단일민족으로서 국민, 민족을 강조하고[35] 계급 협조의 민족전통이나 국수주의적 민족의식을 강조하며 대중 동원을 추진했다.[36] 3·1절 기념사에서도 이러한 정치사상적 지형에서 전통을 강조하고 단일민족의식을 고양시키며 대중 동원을 의도했던 것이다. 그

---

30) 1971년 3월에 3·1정신을 이어받자는 '3·1국민회의'가 사회 각계 저명인사와 종교 대표 81명으로 구성되었다. 의장은 이희승이었다(《경향신문》, 1971년 3월 10일자).

31) 1964년 3·1절 기념사.

32) 1967년 3·1절 기념사.

33) 1978년 3·1절 기념사.

34) Kevin Passmore, *Fascism*, 2002(케빈 패스모어 지음, 강유원 옮김, 《파시즘》, 뿌리와이파리, 2007).

35) 황병주, 〈국민교육헌장과 박정희 체제의 지배 담론〉, 《역사문제연구》 15, 2005.

36) 황병주, 〈유신체제의 대중 인식과 동원 담론〉, 《상허학보》 32, 2011; 정진아, 〈유신체제 국가주의, 반공주의 교육의 내면〉, 《통일인문학》 73, 2018.

리고 전통과 고유성을 강조하는 국수주의적 민족정신은 반공의 논리로 활용되었다. 즉, 북한은 공산주의라는 외래 사상을 신봉하기 때문에 반민족적이며, '민족의 뿌리를 거역하는 북한 공산주의자들의 존재'에 대항해 민족의 고유성과 전통을 지키는 것이 '민족사의 정통성'을 확보하는 것이라고 했다.[37]

이러한 파시즘적 민족정신의 강조는 '민족사', '민족사관'의 정립으로 이어졌다. 1970년대 초 박정희 정부의 3·1절 기념사에 '민족사', '민족사관'이라는 말이 처음 등장했는데, 이것은 1972년 10월 유신과 국사 교과서 국정화가 시행되는 상황과 맞물려 있었다. 민족사, 민족사관의 이름으로 역사 교과서를 국정화하고, 정권 유지를 위한 사상 통제를 정당화하면서 '3·1정신'을 표상한 것이다. 당시 3·1절 기념사의 한 예를 보자.

나는 오늘 우리 국민들이 3·1정신을 기본으로 하는 올바른 민족사관에 입각해서 우리의 주변 정세를 파악한다면, 우리 조국이 지금 처해 있는 오늘의 역사적 현실이 과거 그 어느 때에 못지않은 일대 국난임을 쉽게 느낄 수 있을 것이라고 믿습니다. …… 우리 5천만 동포가 3·1정신에 표상된 그 용기와 단결을 기본으로 하는 올바른 민족사관을 굳건히 정립하고 이를 바탕으로 삼아 유신 과업 완수에 더욱 힘찬 전진을 계속하도록 강력히 촉구하는 바입니다.[38]

---

37) 이러한 전통 옹호=반공의 논리는 일제 시기 사회주의에 대해 '민족 고유전통'을 부정하는 외래 사상이라고 배척했던 논리와 유사하다. 이지원, 앞의 책(2007), 3, 4장; 이지원, 《삼천리》를 통해 본 친일의 논리와 정서〉, 《역사와 현실》 69, 2008 참조. 유신체제하 반공 민족주의의 내면적 요소에 대해서는 이하나, 〈유신체제 성립기 '반공' 논리의 변화와 냉전의 감각〉, 《역사문제연구》 32, 2014; 구경남, 〈1970년대 국정 〈국사〉 교과서에 나타난 애국심 교육과 국가주의〉, 《역사교육연구》 19, 2014; 정진아, 앞의 논문 참조.

38) 1973년 3·1절 기념사.

3·1정신을 바탕으로 올바른 민족사관을 정립하는 것은 10월 유신의 완수를 위해 필요하다는 것이었다. 그래서 3·1정신은 10월 유신의 정신으로까지 표상되었다. 박정희 정부의 3·1절 기념사에서 '3·1정신'의 공기어로 '10월 유신'이 사용되었던 것은 '3·1정신'이 '10월 유신'을 언급하는 맥락에서 사용되었다는 것을 의미한다. 그 문장들을 보자.

10월 유신은 3·1정신을 계승한 또 하나의 위대한 구국운동입니다.[39]

10월 유신은 바로 이와 같은 건설과 창조의 의지를 하나로 결집하여 위대한 3·1정신을 오늘에 구현하고, 민족중흥을 촉진하기 위한 자랑스러운 국민적 결단인 것입니다. …… 국력 배양을 위해서는 정신적 지주가 필요하며, 그 지주가 바로 3·1정신이어야 합니다. 우리 모두 위대한 3·1정신으로 굳게 뭉쳐 유신 과업을 더욱 알차게 추진해나갑시다.[40]

이처럼 10월 유신의 정신은 3·1정신과 그 근본이념을 같이하고 있습니다.[41]

유신이념이야말로 3·1정신을 오늘에 되살리는 국난 극복의 활력이며, 새 역사 창조를 위한 민족정기의 도약대입니다.[42]

---

39) 1973년 3·1절 기념사.
40) 1974년 3·1절 기념사.
41) 1976년 3·1절 기념사.
42) 1977년 3·1절 기념사.

유신이념이야말로 민족자주와 대동단결, 그리고 평화의지로 집약되는 3·1정신을 오늘의 현실 속에서 구체적으로 실천해나가는 국민적 의지의 표상입니다.[43]

유신이념과 새마을정신은 3·1정신에 뿌리를 둔 민족사 추진의 원동력이며, 민족의지의 창조적 표현입니다.[44]

이와 같이 1972년 10월 유신 이후 3·1절 기념사에는 '10월 유신은 3·1정신의 계승'이라는 표현이 일관되게 사용되었다. 이를 〈표 3〉에서 10월 유신 단행 즈음인 1972년 기념사에 '3·1정신'이 14번이나 나온 것과 연계해보면, '3·1정신'은 유신 국민 만들기의 민족정신으로 표상되었던 것이라고 할 수 있다. 요컨대 박정희 정부 시기의 3·1절 기념사에서는 3·1운동의 정신이 독재정권의 국민 동원을 위한 파시즘적인 '구국의 정신', '민족정신'으로 표상되었다. 이것은 장기 독재 정권을 체제화하고 민주주의를 억압하는 정치 기획과 연관되었다.

3) 제5공화국～문민정부: 반공, 파시즘적 민족정신에서 남북화해, 민주화, 세계화의 정신으로

제5공화국부터는 3·1절 기념사에 특이하게 이전 기념사와 달리 제목이 붙었는데, 그 내용은 〈표 8〉과 같다.[45]

우선 제목의 경우 박정희 정부 시기의 기념사에서 3·1정신을 고양해 난국을 타개하고 국가 발전에 헌신하자는 것과 같은 유형을 보인

---

43) 1978년 3·1절 기념사.

44) 1979년 3·1절 기념사.

	1981	민족의 에너지를 새 조국 건설에
제5공화국	1982	조국 통일은 민족의 권리이자 의무
	1983	독립정신을 선진 창조의 슬기로
	1984	3·1정신으로 안정·도약에 박차
	1985	3·1정신은 민족전진의 지표
	1986	국난 극복 위한 동참의 자세 본받아야
노태우 정부	1988	민족자존의 시대, 통일을 여는 시대
	1989	민주통일국가의 실현으로 3·1정신 완성
	1990	민족웅비를 실현할 때
	1991	신뢰와 화합의 민주공동체 건설하자
	1992	소이(小異)를 버리고 대동단결(大同團結)을
문민정부	1993	한국병 치유로 신한국 창조
	1994	3·1정신으로 신한국 창조에 매진
	1995	3·1운동은 민족사의 찬란한 금자탑
	1996	3·1정신으로 세계중심국가 건설
	1997	3·1정신을 민족의 동력으로 승화

표 8. 제5공화국~문민정부 시기 3·1절 기념사 제목

다. 박정희 시대를 거치면서 3·1절 기념사에서 국난 극복의 민족정신
고양은 정권의 성격 여부를 떠나 지속되었다는 것을 확인할 수 있다.
물론 시대적 과제와 상황이 변해 발휘해야 할 민족정신의 대상이나
내용은 달라졌지만, 국난 극복의 민족정신, 정권의 정당성과 지향점을

---

45)   3·1절 기념사에 제목이 붙은 것은 제5공화국부터 국민의 정부(김대중 정부)까지지만, 여기에
      서는 제5공화국부터 문민정부(김영삼 정부)까지의 제목만 소개한다.

설명하는 기제로서 '3·1정신' 표상의 유형은 정착되었다고 할 수 있다.

제5공화국 시기의 기념사는 3·1정신의 민족정신을 고양해 난국을 타개하고 국가 발전에 헌신하자는 제3, 4공화국 시기의 내용과 유형을 가장 잘 이어가고 있었다. 예컨대 '나라를 찾기 위한 3·1정신'을 이제 '나라를 지키기 위한 3·1정신', 그리고 '나라를 발전시키기 위한 3·1정신'으로 승화시켜 그 뜨거웠던 민족혼을 영원한 우리의 정신적 자산으로 이어나갈 책무를 안고 있습니다"[46]라든지, "외래 이단사상의 신봉과 세습왕조의 구축, 그리고 동족 간 대화의 거부와 폭력만행의 자행은 3·1정신에 대한 모독임과 동시에 민족에 대한 파괴행위라고 하지 않을 수 없습니다",[47] "민족의 정통성을 드높이고 국민적 단결을 공고히 하는 가운데, 세계평화를 구현하는 튼튼한 정치기지로 나아가고 있는 오늘의 모습은 3·1정신을 계승하고 발전시키는 보람이라고 하겠습니다"[48] 등의 표현이 그것이다.

제5공화국 시기의 기념사에는 앞의 〈표 2〉에서 보듯이 재임 기간 대비 가장 많은 '3·1정신'이 호명되었다. 5·18민주화운동을 압살하고 정권을 장악한 제5공화국에서 '3·1정신'이 많이 호명된 것은 박정희 정부 시기 10월 유신 즈음해서 한 해 3·1절 기념사에 '3·1정신'이 14번이나 호명되었던 것과 유사한 양상을 보인다. 즉, 정권의 비민주성이 심할수록 '3·1정신'의 호명과 전유가 적극적으로 나타나고 있었던 것이다.

노태우 정부는 1987년 6월 민주항쟁 이후 6·29선언을 통해 수립된 정부였기에, 시대적 배경을 반영해 민족자결 정신, 자주독립 정신, 임

---

46) 1983년 3·1절 기념사.
47) 1983년 3·1절 기념사.
48) 1984년 3·1절 기념사.

제5공화국	우리(114) 민족(42)	삼일운동(37) 나라(29)	겨레(24) 통일(24)	삼일정신(23)	국민(19) 본인(18)	평화(13) 독립(12)	민족사(10) 헌신(10)
노태우 정부	우리(95) 나라(65)	세계(34) 시대(34)	겨레(22) 번영(20)	통일(16) 국민(15)	역사(13) 삼일운동(12)	민주주의(10) 북한(8)	분단(7) 삼일정신(6)
문민정부	우리(79) 민족(40)	나라(39) 세계(25)	북한(16) 선열(16)	역사(14) 삼일정신(13)	번영(12) 삼일운동(11)	21세기(8) 분단(8)	통일(8) 건설(7)

※ ( ) 안은 빈도수

표 9. 제5공화국~문민정부 시기 3·1절 기념사에서 많이 사용된 어휘

시정부 법통 정신과 함께 민주주의 정신을 '3·1정신'의 요소로 추가
했다. 즉, 시대의 변화를 반영해 '민주번영의 새 시대'에 자주, 자존의
민족의지로 국민이 단합할 것을 제시했다.[49] 그리고 이전의 권위주의
독재정권 때와는 달리 '일치보다 화합'이라는 표현이 사용되었다.[50]
그러나 '자유사회의 기틀을 흔드는 독선과 폭력행동, 그리고 민주주
의 전복세력에 대해 분명한 태도를 밝혀야 한다'[51]는 거리두기를 했
다. 또한 3·1정신을 계승해 대한민국 정부를 수립한 것은 '자유민주
주의의 나라'를 세우기 위한 것이었다는 점도 강조했다.[52] 그러나 이
전 정부의 기념사처럼 북한의 공산주의를 비난하며 한국 정부가 '민
족사의 정통성을 갖자'는 식의 표현은 사용되지 않았다. 대신에 '화
해'라는 표현이 등장했다.

---

49) 1988년 3·1절 기념사. "이제 민주번영의 새 시대에 들어선 우리는 민족의 통합을 향하여 힘차
게 달려가야 합니다. 겨레가 하나로 뭉치는 것은 자주, 자존의 민족의지가 집약된 3·1정신을
완성하는 길입니다."
50) 1988년 3·1절 기념사. "민주주의의 합창은 일치가 아니라 조화입니다."
51) 1989년 3·1절 기념사.
52) 1991년 3·1절 기념사.

새 공화국은 같은 역사, 같은 문화전통을 나눈 동포형제로서 북한에 대해 대결, 적대하는 관계를 지양하여 화해와 통일의 새 역사를 열어가고 있습니다. 우리의 새로운 민족화해·평화통일정책은 남북한 관계를 전환하여 교류와 교역의 길을 터가고 있습니다.[53]

화해와 협력의 새로운 물결 속에 한반도의 분단이 무너질 날이 다가오고 있습니다.[54]

이는 88서울올림픽에 공산주의 국가들이 참가하고, 세계적으로 냉전체제가 해체되는 상황에서 남북한 유엔(UN) 동시 가입이 이루어지는 시대 분위기를 반영한 것이라고 본다. 이러한 탈냉전의 분위기에서 이전 정부에서는 불가능했던 조소앙, 김규식, 안재홍 등 중도파에 대한 독립유공 국가 서훈도 이루어졌는데, 1990년 기념사는 이에 대해서도 언급하고 있다.[55] 냉전 해체의 시대 분위기가 '3·1정신' 표상에도 영향을 미쳤다고 할 수 있다.

김영삼 정권의 문민정부는 30여 년 만에 군인 출신이 아닌 민간 정치인이 대통령이 되었다는 점을 정권의 정당성으로 부각시키며, 세계화 전략, 국민통합의 정신으로 '3·1정신'을 표상했다. 특히 문민정부는 3·1운동과 임시정부의 법통을 잇는 역사적 정통성에 입각한 문민정부임을 강조했다.[56] 그리고 1994, 1996, 1997년의 3·1절 기념사 제목처럼, '3·1정신으로 신한국 창조에 매진', '3·1정신으로 세계중

---

53) 1988년 3·1절 기념사.

54) 1991년 3·1절 기념사.

55) 1989년 3·1절 기념사.

56) 1993년 3·1절 기념사.

심국가 건설', '3·1정신을 민족의 동력으로 승화' 등을 통해 탈냉전의 새로운 시대, 세계화의 시대인 21세기를 준비하는 '민족자존'과 '민족단합'의 3·1정신 발휘를 강조했다.[57] 그러나 '3·1정신'을 계승해 변화와 개혁의 나라를 만들었다고 자임하며,[58] '대동단결의 3·1정신'으로 '21세기 세계일류국가를 만들자'[59]고 한 기념사의 언설은 1997년 IMF 사태라는 초유의 경제위기 앞에서 무색해졌다.

요컨대 1980년대~1990년대 3·1절 기념사에는 냉전·반공·파시즘적 민족정신을 표상하던 것에서 남북화해·민주화·세계화의 정신을 표상하는 변화의 내용들을 담고 있었다. 시대의 변화가 정부의 '3·1정신' 표상·전유를 통한 기억의 정치에도 반영되었던 것이다.

4) 국민의 정부~참여정부: 민주주의, 인권, 친일청산, 남북평화협력의 정신

국민의 정부와 참여정부 시기의 3·1절 기념사에는 민주주의 민국(民國), 인권, 남북관계의 평화적 해결, 동아시아시대의 평화, 한일 양국의 역사 갈등 해결, 과거사 청산 등 지난 정부들과는 다른 새로운 어휘들로 3·1운동의 정신이 표상되었다.

국민의 정부는 IMF 외환위기 상황에서 취임 후 첫 국경일이 3·1절 기념식이었기에 새 정부의 국정기조 발표처럼 3·1절 기념사가 발표되었다.[60] 이후 국민의 정부 시기에도 3·1절 기념사에 제목이 붙었는데, 그 내용은 〈표 11〉과 같다.

---

57) 1995년 3·1절 기념사.
58) 1995년 3·1절 기념사. "지난 2년, 문민정부는 기미독립운동의 정신과 선열들의 이상에 충실한 나라를 만들고자 개혁에 매진했습니다. '변화와 개혁'은 나라의 모습을 크게 바꾸어 우리 사회에는 새로운 활력과 희망이 넘치고 있습니다."
59) 1997년 3·1절 기념사.
60) 제6공화국 시기의 3·1절 기념식은 2월에 취임한 대통령이 참석하는 첫 국경일 행사였다.

IMF 외환위기 직후 1998년 3·1절 기념사의 제목은 '3·1운동의 대
화합 정신으로 국난 극복'이라 되어 있는데, 이는 박정희 정부 이래
기념사에서 썼던 '국난 극복의 정신'과 같은 유형이다. 그러나 '대화
합'의 내용에서는 〈표 10〉에서 보듯이 민주주의, 서민, 평화, 민주인
권 등 새로운 지향점들을 보여주었다. 특히 국민의 정부는 3·1운동
의 의의에서 을사조약 이래 해방의 날까지 국내, 시베리아, 만주, 중
국 본토에서의 무장투쟁과 대한제국 멸망 후 9년 만에 일어난 3·1운
동의 결과 대한민국임시정부가 수립되었다고 하면서, 대한민국임시
정부는 민주주의를 지향한 민주공화국, '민국'이었다는 점을 특히 강

국민의 정부	우리(87) 국민(70)	민족(36) 삼일운동(30)	선열(17) 북한(15)	삼일정신(14) 대한민국임시 정부(11)	민주주의(10) 햇볕정책(10) 독립(9)	통일(9) 서민(8) 평화(8)	무장투쟁(3) 민주인권(3) 냉전종식(2)
참여 정부	우리(62) 국민(35)	역사(30) 동북아시아 (24)	평화(20) 일본(18)	삼일운동(13) 애국선열·독 립투사·독립 유공자(12)	한반도(11) 변영(10) 마음·진실(8)	과거사(10) 자랑(9) 삼일정신(8)	민주주의(6) 북핵문제(5) 민주인권· 인권(4)

※ ( ) 안은 빈도수

표 10. 국민의 정부, 참여정부 시기 3·1절 기념사에서 많이 사용된 어휘

국민의 정부	1998	3·1운동의 대화합 정신으로 국난 극복
	1999	감사와 존경을 받아 마땅한 선열들의 애국심
	2000	3·1정신 계승으로 5과업 완수
	2001	선열들의 희생에 보답하는 길
	2002	3·1정신을 계승하는 길

표 11. 국민의 정부 시기 3·1절 기념사 제목

조했다.[61] 그리고 국민의 정부 출범은 대한민국임시정부의 국시(國是)가 실현된 진정한 민주주의 시대가 왔음을 보여주는 것이라고 했다. 정부 수립 이후 50년 만에 이룬 여야 정권 교체의 의의를 강조한 것이다. 그리고 '햇볕정책'이라는 단어가 10회 이상 등장할 정도로 남북관계에 대해서도 대결과 불신의 반세기를 청산하고 화해와 협력의 평화공존, 평화통일을 강조했다. 또한 한일 과거사 문제도 '올바른 역사인식'을 토대로 해결할 것을 언급했다.[62] 이러한 어휘들은 국민의 정부가 3·1운동 표상을 통해 이전과는 다른 역사인식과 새로운 국민통합의 정신을 만들고자 했음을 보여준다.

참여정부는 집권 후 첫 3·1절 기념사에서 참여정부 성립의 역사성을 '3·1정신'을 통해 표상했다.

3·1정신은 끊임없는 도전을 슬기롭게 극복해온 우리 민족의 자랑입니다. 우리는 이러한 빛나는 정신을 계승하여 전쟁의 폐허를 딛고 세계 12위의 경제 강국으로 발돋움했습니다. 4·19혁명과 광주민주화운동, 6월 민주항쟁을 거쳐 민주주의와 인권을 쟁취해냈습니다. 오늘의 참여정부는 바로 그 위대한 역사의 연장선 위에 서 있습니다.[63]

즉, 4·19혁명과 광주민주화운동, 6월 민주항쟁을 통한 민주주의와 인권 쟁취를 '3·1정신'의 계승으로 설명하고, 그것에 기초한 참여정부의 역사적 위상을 설정하고 있다. 그러면서 이제 비로소 '국민이

---

61) 1998년 3·1절 기념사.

62) 이는 분단 후 최초의 남북정상회담과 6·15남북공동선언이 채택되고, 1998년 오부치 게이조(小渕惠三) 일본 총리와 김대중 대통령이 '21세기 새로운 한일 파트너십 공동선언'을 발표하면서, 일본의 식민지배에 대한 사과와 반성을 끌어내기도 했던 상황을 반영한다고 본다.

63) 2003년 3·1절 기념사.

진정 주인으로 대접받는 시대'가 되었고, '인간의 자유와 평등, 나라의 자주와 독립의 권리를 천명한 3·1정신은 지금도 인류사회와 국제질서의 보편적인 원리로 존중되고 있다'는 점에서 3·1운동은 자랑스러운 역사라고 했다.[64] 따라서 국민이 즐겁게 3·1운동을 자랑하게 되었으면 좋겠다는 표현을 쓰기도 했다.[65]

특히 참여정부 시기의 기념사에서는 민주주의와 인권의 보편적 원리로서 '3·1정신'을 계승해 한국근현대의 과거사 문제를 해결하자는 것이 처음으로 언급되었다. '항일을 했던 사람, 친일을 했던 사람, 어쩔 수 없이 입을 다물었던 사람, 이 사람들 사이에 쌓여 있는 갈등, 그리고 좌우대립 사이에서 생겼던 많은 갈등, 아직도 아물지 않은 상처, 이 상처를 극복하기 위해 새로운 역사적 안목으로 우리 스스로를 돌아보고 용서하고 화해하는 지혜를 만들어가자'는 취지의 과거사 해결을 제시했던 것이다.[66] 그리하여 친일진상규명위원회, 진실과 화해를 위한 과거사위원회, 친일재산조사위원회 등의 기구 설립 및 그 의의에 대해서도 설명했다.[67] 일본과의 관계에 대해서는 2003년 고이즈미 일본 총리와의 '평화와 번영의 동북아시대를 위한 공동성명'을 언급하면서, 정치적·법치적 관계 진전을 넘어서 강제징용, 일본군 '위안부', 신사참배, 역사 교과서 왜곡, 독도문제 등에 대한 일본의 자기반성을 촉구했다.[68] 한편, 남북문제와 관련해서는 '남북철도가 연결되고 철의 실크로드가 열리면 광활한 대륙을 향해 나아갈 수 있는 시

---

(64) 2005년 3·1절 기념사.

(65) 〈표 5〉의 역대 대통령별 '3·1정신' 공기어에서 노무현 정부 시기만 '자랑'이 2번 나오는데, 기념사 전체에서는 '자랑'이라는 단어가 9번 나온다. 이러한 의도를 반영해서인지 2004년 기념사에는 '딱딱하지 않고 밝고 편안하게 열린 자세로 3·1운동을 기념하자'라는 표현도 나왔다.

(66) 2004년 3·1절 기념사.

(67) 2005년, 2007년 3·1절 기념사.

대'가 올 것이므로 '북핵문제의 평화적 해결'과 평화와 번영의 동북아시대를 만들기 위한 3·1운동의 기상과 뜻을 가슴에 새길 것을 강조하기도 했다.[69]

요컨대 국민의 정부와 참여정부 시기의 기념사에서는 이전 정부들과 달리 남북문제, 동북아시아 역사 갈등, 한국근현대 과거사 문제 해결의 역사의식과 민주주의와 인권의 보편적 원리로서 3·1운동의 정신을 표상하고 있었다.

반성적 성찰을 통한 3·1운동 기억문화 만들기

이상에서 정부 수립 이후 2017년까지 3·1절 기념사에 대한 언어적 형태 분석을 토대로 정부가 주체가 되었던 3·1운동의 표상과 전유를 정신적 측면에 주목해 살펴보았다. 역대 한국 정부는 3·1절을 통해 3·1운동이라는 과거의 사건에 대해 국가적 의례로서 기념하고, 정신 계승 담론으로 3·1운동의 정신, 즉 '3·1정신'을 표상했다. 각 정부는 전 민족의 집단행동을 가능하게 한 '정신'에 의미를 부여하고, '우리', '민족', '국민'으로서의 집합적 정체성을 강조하며 민족정신·국민정신으로서 3·1운동의 정신을 표상하고 전유했다. 그러나 각 시기마다 '3·1정신' 표상의 내용은 통치 전략과 정치적·사상적 지향에 따라 달랐는데, 이는 대통령마다 기념사에 사용한 어휘나 '3·1정신'의 공기어가 달리 나타나고 있던 점에서 확인된다.

---

(68) 2005년 3·1절 기념사.

(69) 2003년 3·1절 기념사.

남북분단과 냉전체제가 시작되던 이승만 정권 시기에는 3·1운동의 정신이 반공의 민족정신으로 표상되었다. 제3, 4, 5공화국같이 정권의 반민주성이 강할수록 '3·1정신'이 더 많이 호명되었는데, 그것은 정권의 정당성을 호도하는 정치 전략으로서 3·1정신이 활용되었기 때문이다. 특히 박정희 정부 시기에는 파시즘적인 독재정권의 합리화와 대중 동원을 위한 민족정신으로서 3·1정신이 표상·전유되었다. 그러한 상황은 3·1정신의 공기어로 '건설', '민족중흥', '10월유신', '단합', '민족총화' 등의 어휘들이 사용된 것에서도 확인된다. 1987년 6월 민주항쟁 이후 문민정부 시기에는 이전 정부들과 달리 남북화해, 민주화, 세계화의 정신 등이 표상되었다. 국민의 정부와 참여정부 시기의 기념사에는 '민주주의', '햇볕정책', '역사', '동북아시아', '평화', '과거사', '민주인권', '진실' 같은 어휘들이 사용되었는데, 남북문제, 동북아시아 역사 갈등, 한국근현대 과거사 문제 해결의 역사의식과 민주주의와 인권의 보편적 원리로서 3·1운동의 정신을 표상하고 있었다.

　요컨대 정부 수립 이래 대통령의 3·1절 기념사에 나타난 3·1운동의 정신은 국민국가의 민족(국민)정신이라는 공통점을 전제하되, 그 내용과 의미는 각 정권의 통치 전략, 시대 상황의 변화와 맞물려 있었다. 이는 한국근현대사에서 국민국가 건설운동의 역사, 분단시대의 역사적 상황이 반영된 결과였다. 19세기 말 이래 한국사를 근대 국민국가 수립의 역사로 본다면, 그 과정에는 다양한 사상적·정치적 활동과 경향이 있었고 그것은 남북이 분단되는 상황에까지 연계되었다. 1919년의 역사적 사건으로서 3·1운동은 식민지배하에서 독립된 근대국가 수립을 위한 민족운동이었지만, 해방 후 3·1운동을 호명하는 상황은 탈식민지 시기 분단국가의 정치·사회적 상황으로 인해 훨씬 복잡하고 복합적이었다. 한국근현대사의 역사 궤적과 분단의 정치 현실은 대한민국 정부의 3·1운동 표상에도 반영되었던 것이다. 역사의 표상이 과거와 현재의 반영이라고 한다면, 한국 정부가 주체가 된 3·1운동의 표상 또한 그러한 반영의 결과라고 하겠다.

그러나 3·1운동을 기념하고 표상하는 주체는 민간도 있었다. 한국에서 '3·1'이라는 단어는 단체, 기업, 도로 이름, 문화상, 문화재단 등 여러 영역에서 다양하게 사용되고 있다. 박정희 정부 시기 반독재 민주화운동에서 3·1운동의 정신은 독재정권에 대항하며 싸우는 민주화의 정신으로 표상되기도 했다. 긴급조치 9호로 유신정권의 탄압이 정점에 달했던 1976년 3월 1일 명동성당에서 반독재 민주화를 위한 '3·1민주구국선언'이 발표되었는데, 이때 3·1정신은 민주화를 위한 구국의 정신으로 표상되었다.[70] 일제강점기 국권 회복의 독립운동은 대한제국으로 돌아가는 것이 아니라 민주주의의 '민국'을 지향했고, 3·1운동은 그러한 지향을 담은 실천이었다. 3·1운동의 결과 민주공화제의 대한민국임시정부가 수립되었기 때문에 3·1운동의 정신은 구국의 독립정신이자 민주화의 정신이었다. 이러한 역사인식을 갖고 있던 시민들은 독재정권에 대항하며 저항과 민주화의 정신으로 '3·1정신'을 표상했던 것이다.

정부가 주체가 되었던 3·1운동의 기념과 표상의 역사에 대한 검토를 통해, 3·1운동 100주년을 맞이하여 3·1운동을 어떻게 기념할 것인가에 대한 반성적 성찰과 전망이 가능할 것이다. 2018년 3·1절 기념

---

70) 1976년 3월 1일 서울 명동성당에서 민주주의에 입각한 나라, 경제입국의 구상과 자세의 근본적 재검토, 겨레의 최대 과업으로서 민족통일 등을 주장하는 '3·1민주구국선언'이 발표되었다. 이 사건으로 김대중, 윤보선 전 대통령, 문익환 목사, 함세웅 신부 등 재야인사들이 구속 수감돼 큰 파장이 일었다.

사와 그해 7월 출범한 대통령 직속 3·1운동 및 대한민국임시정부 수립 100주년 기념사업위원회의 3·1운동 기념은 '민주공화국, 평화와 번영, 행복'으로 표상되었다.[71] 그것은 촛불시민혁명 이후 민주적 정권 교체와 남북정상회담이 성사되는 상황에서 문재인 정부가 미래 100년을 지향하는 기억의 정치이다. 정부가 국경일을 기념함으로써 이루어지는 기억의 정치는 국민국가에서 국민통합과 국가의 정체성을 유지하기 위한 보편적인 현상이다. 그러나 과거의 사건에 대한 기념과 전승이 정의롭지 못한 정권의 수단으로 전유될 때 그 기억문화는 잘못된 국민 동원의 도구가 된다. 3·1운동에 대한 기념과 표상을 관제화했던 과거를 성찰하고, 3·1운동의 역사적 사실과 맥락을 토대로 민주적 참여와 공공적 가치를 높이는 것이 독립된 민주국가를 이룩하고자 했던 3·1운동의 기억문화를 현재와 미래로 이어가는 길이 될 것이다.

---

71) 2018년 3월 1일 서대문형무소역사관에서 거행된 99주년 3·1절 기념식의 무대는 "평화로, 행복으로, 번영으로"라는 표어로 꾸며졌다(https://www.youtube.com/watch?v=0RyuAfyIpUE). 2018년 7월 3일 발족한 대통령 직속 3·1운동 및 대한민국임시정부 수립 100주년 기념사업위원회의 비전 및 목표는 "대한민국 민주공화국 위대한 100년, 평화와 번영, 행복의 새로운 100년"이다(http://together100.go.kr/).

연구사의 성찰

3·1운동
100주년
총서

3·1운동 원인론에 관한 성찰과 제언

도면회

'3·1운동은 왜 일어났을까?'라는 질문의 중요성

세계사적으로 유례가 드문 민족운동이었던 3·1운동에 대해서는 이미 1,000여 편의 연구 성과가 쌓여왔으나 그 발발 원인에 대해서는 대체로 큰 차이가 없어 보인다. 일제의 무단정치와 경제적 수탈 속에서 독립운동 세력이 성장하고, 1918년 윌슨의 민족자결주의가 제창될 즈음 고종의 사망으로 민심이 분노한 상황을 이용해 종교계 대표가 독립을 선포해 전 민족적으로 봉기했다는 것이다.[1]

여기서 일단 우리는 3·1운동의 원인으로 일본 통치하의 정치적 탄압과 경제적 수탈, 독립운동 세력의 성장, 민족자결주의, 고종의 사

---

1) 한국 국민들이 가장 많이 학습한 문교부(또는 교육부)가 편찬한 고등학교 국사 교과서의 내용을 요약한 것이다. 국사 교과서는 1968년, 1979년, 1982년, 1990년, 1996년, 2006년 등 6차례 개정되었지만, 3·1운동의 원인에 대한 서술은 대동소이하다. 해방 후 역사 교과서의 3·1운동 관련 서술을 분석한 작업으로 최병택, 〈해방 후 역사 교과서의 3·1운동 관련 서술 경향〉, 《역사와 현실》 74, 2009가 있다.

망, 종교계 대표의 주도성 등을 생각할 수 있다. 그러나 이 중 가장 중요한 원인이 무엇인지, 일제의 탄압과 수탈이 어떻게 3·1운동 참여세력의 행동을 유발했는지 등은 명확하게 설명되지 않는다.

3·1운동을 초기에 주도한 도쿄 유학생과 민족 대표 이외의 종교인·학생·지식인 들은 왜 초기 주도세력의 시위 준비에 동참하거나 지역의 시위를 주도했을까? 각 지역의 인민대중은 왜 만세시위에 참여했을까? 일상의 삶이 파괴되거나 탄압과 고통이 닥칠지도 모르는데 그들은 왜 3·1운동에 참여했을까? 이러한 질문에 '독립정신', '민족정신', '일제에 대한 적개심' 등 추상적이고 모호한 개념이 동원되었지만 명료하게 설명된 적이 없다.

또 한 가지 문제는 3·1운동의 원인 분석을 소홀히 한 탓에 우리는 1910년대 한국 사회의 모순구조를 구체적이고 포괄적으로 파악하지 못하고 있다. 1910년대 한국 사회에 대해서는 조선총독부의 통치구조, 토지조사사업과 회사령을 중심으로 한 민족경제의 수탈 등에 치중한 나머지 한국인의 구체적 삶의 현장을 규정하는 갖가지 제도와 문화 분석에 대해서는 소홀했다.

이러한 문제점들은 그동안 발표된 3·1운동 연구사 정리 논저들에서도 그대로 나타나고 있다. 3·1운동 전반에 대한 연구 성과의 흐름을 정리한 작업은 1980년대 이후 다수 이루어졌으나, 3·1운동의 '원인'에 대한 연구 성과에 초점을 맞춘 연구사 정리는 그다지 많이 축적되지 않았다.

지수걸은 3·1운동의 원인보다는 성격과 의의를 집중적으로 논함으로써 그동안의 3·1운동 연구가 관변 측 연구에 머물러 반공 민족주의적 관점에서만 이루어진 점을 집중적으로 비판하고 민중 민족주의적 관점에 설 것을 강조했다.[2] 김성보도 지수걸과 유사한 관점에서 3·1운동 연구사와 쟁점을 정리했다. 그는 3·1운동 원인을 민족자결주의, 러시아 10월 혁명, 식민지 민족해방운동 등 국제적 요인과 일제의 식민지 지배에 따른 민족 모순의 심화와 민족해방운동 역량의 증가 등 국내적 요인으로 나누어 정리했다.[3] 신용하 역시 외인과 내인을 구분해 연구사를 정리했지만, 월슨의 민족자결주의나 러시아 10월 혁명 모두 외적 요인이 아니라고 부정했다. 그는 오로지 개항 전후부터 외침에 대항해 전개된 일련의 민족운동만 본질적 요인이라는 주장을 폈다.[4]

이정은은 외인과 내인을 종합적으로 파악해야 한다는 입장에서 연구사를 정리했다.[5] 민족자결주의, 러시아 10월 혁명 등 외부적 요인은 독립에 대한 전망 또는 확신을 준 것으로 파악해야 한다고 했다. 신용하가 본질적 원인으로 제시한 민족운동도 1910년대 중반 이후 소멸되었기 때문에 1910년대 후반 고종을 중심으로 한 새로운 독립운동 방략이 3·1운동의 원인으로 중시되어야 한다고 주장했다. 아울러 그는 1990년 이후의 지역사 연구가 3·1운동의 전국적 확대 원인을 설명할 수 있었다고 강조했다.

운동의 전국적 확대를 가져온 원인으로 지역사를 주목한 연구사 정리는 성균관대학교 동아시아학술원에서 개최한 3·1운동 90주년 기념 연구 성과에서 간략하게 이루어졌다. 총론에서는 지역 3·1운동

---

2)   지수걸, 〈총론: 3·1운동의 역사적 의의와 오늘의 교훈〉, 한국역사연구회·역사문제연구소, 《3·1민족해방운동연구》, 청년사, 1989.

3)   김성보, 〈3·1운동〉, 역사문제연구소 민족해방운동사연구반, 《쟁점과 과제: 민족해방운동사》, 역사비평사, 1990.

4)   신용하, 〈3·1독립운동의 역사적 동인과 내인·외인론의 제 문제〉, 《한국학보》 58, 1990.

5)   이정은, 〈3·1운동 연구의 현황과 과제〉, 《한국사론》 26, 1996; 이정은, 〈3·1운동 연구 100년〉, 백석대학교 유관순연구소, 《유관순연구》 20, 2015.

에 대한 연구가 상당히 진척되었다고 평가하면서도, 이 연구들이 새로운 연구 입장의 표명이나 이념적 접근 등 전반적 경향의 변화는 두드러지지 않았다고 했다. 그러나 같은 책에 실린 글에서 배성준은 지역 사례 연구들이 천편일률적이지만 지역 시위의 독자성, 자율성을 밝힘으로써 3·1운동의 전국화 원인으로 작용했음을 보여주었다고 평가했다.[6]

지역사 연구를 정리하면서 진전이 조금 있었지만 3·1운동의 원인에 대한 연구 성과 정리는 외인론과 내인론으로 나누어 정리하는 방식을 벗어나지 못했다. 원인과 결과를 파악하는 방식은 역사가의 관점과 밀접한 관계가 있다. 역사가의 관점에 따라 원인에 대한 파악도 바뀔 수밖에 없다. 그런 점에서 3·1운동 원인에 관한 기존 연구들이 외인과 내인을 얼마나 '정확하게' 파악했느냐는 사실 검증의 관점보다 어떤 지적·사상적 분위기에서 외인과 내인을 파악해왔는가라는 지식사회학적 관점을 취할 때 그 시대적 맥락이 선명하게 나타날 수 있다.

지금까지 3·1운동의 원인으로 일본의 무단정치와 경제적 수탈, 독립운동 세력의 성장, 민족자결주의, 고종의 사망, 종교계 대표의 주도성만 생각해온 이유는 무엇일까? 이런 질문에 대한 답을 제시하기 위해서는 역사 연구자들의 시야를 제약하고 있었던 당대의 역사학적 지형에 대해 해명해야 할 것이다. 이 글에서는 지난 100년간 3·1운동 원인을 파악해온 관점의 변화상을 정리하고, 3·1운동의 원인을 재구성하기 위한 제언을 하고자 한다.

---

6) 배성준, 〈3·1운동의 농민봉기적 양상〉, 박헌호·류준필 편, 《1919년 3월 1일에 묻다》, 성균관대학교출판부, 2009.

1. 민족자결주의론과 러시아 10월 혁명론

1920년대부터 3·1운동은 윌슨의 민족자결주의의 영향을 받고 일어났다라는 외부적 요인을 중시하는 견해가 정착했다. 이러한 견해는 주로 일제 관변 학자와 구미 선교사 들이 제시했다고 하지만,[7] 민족주의 사학자 박은식의 저서에서도 확인할 수 있다. 박은식은 《한국독립운동지혈사》의 제2장에서 러시아혁명을 세계 개조의 첫 번째 동기로 꼽고, 제1차 세계대전 이후 독일과 오스트리아의 공화정으로의 변모를 세계 개조의 서광으로, 미국 대통령의 민족자결주의를 세계개조의 진보 단계로 규정했다. 제3장에서는 "우리 민족 반만년의 역사정신이 세계의 정의와 인도에 순응하고 민족자결주의에 호응한 것이다"라 하여 제1차 세계대전 이후 국제 정세의 변화를 3·1운동을 준비하게 된 기본적 원인으로 서술했다.[8]

'3·1독립선언서'를 작성한 최남선이 해방 직후인 1946년 저술한 《조선역사》에서도 이를 확인할 수 있다. '독립운동의 경과'라는 제목 아래 최남선은 일본의 조선 통치를 무력 제일주의에 의한 헌병 본위의 경찰제도로 요약한 다음, 국내에서의 광복운동이 힘들어져 해외로 나갔다고 했다. 이어서 제1차 세계대전의 경과를 서술하고 나서 다음과 같이 정리하고 있다.

그해 1월에 미국 대통령 윌슨이 강화 기초 조건으로서 발표한 〈14개 원칙〉 중에 각 민족이 각자의 운명을 자결할 것이라는 이른바 민족자결

---

7)   신용하, 앞의 글, 4~6쪽.
8)   박은식 지음, 김도형 옮김, 《한국독립운동지혈사》, 소명출판, 2008.

주의의 일항(一項)이 있어서 익년 1월 이후 영·미·불·이·일 5대국이 이 지도원리하에 파리에서 예비적 평화회의를 열게 되매 세계에 있는 **피압박 민족 중에 누구보다도 조선인이 이것을 예민하게 감수(感受)해 이 정세를 정치적으로 유효히 이용하기에** 해내외(海內外) 일치로 진작 착수하였다.

바야흐로 이러할 즈음에 익년 1월 22일 고종이 돌아가시고 그 환인(患因)에 의점(疑點)이 있다는 말이 퍼져서 국내의 인심이 크게 충격을 받거늘 작년 이래로 국중(國中)에서 암주묵운(暗籌黙運)하던 민족자결 계획이 여기 폭발구(暴發口)를 발견하고 3월 3일의 국장(國葬)에 13도 인민 수백만의 경성 주집(湊集)을 예상하고 이날로써 민족 대표의 독립선언을 결행하기로 하여…….[9] (강조 - 인용자, 이하 같음)

해외에서 독립운동을 준비하기는 했지만, 3·1운동 준비를 시작하게 된 계기는 민족자결주의를 받아들인 것이라는 내용이다.

민족자결주의를 3·1운동 발발의 가장 중요한 원인으로 보는 서술은 1969년 동아일보사가 주관해 발행한 《3·1운동 50주년 기념논집》에서도 보인다. 이 책의 제2부를 요약하는 첫 논문에서 신석호는 '민족자결주의 발표'가 있었기에 3·1운동 준비가 가능했다고 서술했다.

일제가 무단정치를 실시한 이후 우리나라 사람들에게 언론·출판·결사의 자유는 주지 아니하였으나, 다만 신앙의 자유와 학교의 경영은 극히 제한된 범위 내에서 허가되었다. 그러므로 해외로 망명하지 못한 애국지사들은 대부분 교회 또는 학교에 파묻혀서 기회만 기다리고 있었

---

9)   최남선, 《조선역사》, 동명사, 1946, 175쪽.

다. 제1차 세계대전이 끝난 뒤 **민족자결주의가 발표**되자, 국내의 지도자 들도 이 기회를 놓칠 리가 없었다. 3·1운동이란 우리 역사상 보기 드문 거족적 운동을 전개한 것이다.[10]

남한의 역사 연구에서 민족자결주의가 3·1운동의 원인으로 정착한 반면, 북한에서는 러시아 10월 혁명이 3·1운동의 원인으로 정착해 갔다. 북한 정권 수립 직후 출간된《조선민족해방투쟁사》에서는 국내외의 반일운동과 애국문화운동이 10월 혁명과 세계 혁명 앙양 분위기로 인해 궐기했다고 함으로써 외인과 내인을 균등하게 서술했다.

십 년간 망국의 설움과 일본 통치의 쓰라린 도탄의 구렁 속에서 신음 하여온 조선 인민은 더 참을 수 없었고 국내외의 **대중적 반일운동과 애 국문화운동**은 위대한 로씨야 사회주의 십월 혁명의 승리와 제국주의를 반대하는 세계 혁명의 앙양 속에서 전 민족적 궐기를 이루게 하였다.[11]

그러나 1959년 출간된《3·1운동 40주년 기념론문집》에서는 3·1운동의 기본 원인으로 10월 혁명의 영향을 들고 있다.

3·1인민운동의 직접 동기는 일제가 고종을 독살하였다는 소식과 1919년 2월 8일에 동경에 있는 유학생들이 '독립선언서'를 발표하고 대 중적 반일 집회와 시위를 단행하였다는 소식과 관련되어 있으나 그 기 본 원인은 일제의 **무단통치**하에서 당시 이미 국내에 조성된 일촉즉발의

---

10) 신석호, 〈(개설)3·1운동의 전개〉, 동아일보사 편, 《3·1운동 50주년 기념논집》, 동아일보사, 1969, 162쪽.
11) 백남운 외,《조선민족해방투쟁사》, 김일성종합대학, 1949, 248쪽.

혁명 정세가 **10월 혁명의 직접적 영향**하에 전체 인민들의 직접 투쟁으로 궐기시킨 데 있다.[12]

　　즉, 고종 독살설과 2·8독립선언이 직접적 동기였지만, 기본 원인은 무단통치하의 혁명적 정세 상황이 10월 혁명의 직접적 영향을 받아 인민이 직접 투쟁에 나선 데 있다는 것이다.

　　이와 같이 1960년대까지 남한에서는 민족자결주의, 북한에서는 러시아 10월 혁명을 3·1운동의 기본 원인으로 서술하는 것이 일반적이었다. 그러나 이러한 원인론은 3·1운동이 전국적으로 확산되는 과정에서 농민층을 비롯한 인민대중이 과연 민족자결주의나 10월 혁명의 영향을 받았겠는가 하는 의문을 자아낼 수 있었다.

　　이러한 원인론은 1960년대까지 3·1운동에 대한 학문적 연구가 깊이 있게 이루어지지 못한 상태였던 점, 동서냉전 속의 체제 경쟁으로 인해 남과 북이 각각 어느 한쪽으로 편향한 관점을 취했기 때문이라고 볼 수도 있다.[13] 또한 한국 사회가 한국을 둘러싼 강대국 간의 역학관계에 따라 변화한다는 '타율적' 역사관이 반영된 것으로도 해석 가능하다. 즉, '한국사 타율성론'이 일본의 한국 식민지 지배를 합리화하는 입장에서 출발했지만, 식민지 시기는 물론 1960년대 후반까지도 한국인의 의식에 무의식적으로 발현되고 있었다고 할 수 있다.

---

12)　엄창종, 〈위대한 사회주의 10월 혁명과 그의 직접적 영향하에 일어난 동방 인민들의 민족해방투쟁〉, 《3·1운동 40주년 기념론문집》, 과학원출판사, 1959, 99쪽.

13)　이정은, 앞의 논문(1996), 10쪽.

2. 민족엘리트 선도론과 민중봉기론

1) 근대화론과 민족엘리트 선도론

남북한 역사가를 사로잡았던 '타율적' 역사관은 1960년대 이후 퇴조하기 시작했다. 남한에서는 1960년 4·19혁명과 1961년 5·16군사쿠데타를 거치면서 민족주의가 고양되고 조국 근대화론이 확산되기 시작했다. 조국 근대화론의 핵심을 이루는 근대화론은 국민국가와 자본주의적 경제체제의 수립을 지향하는 과정에서 민족엘리트의 역할을 중시하는 이론이었다. 근대화론을 체계화한 로스토우(Walter W. Rostow)에 따르면, 일반적으로 저개발국가의 경우 근대화 이전에 '선행 조건의 충족 단계'가 내생적으로 이루어지지 않고 외래 침략에 의해 이루어지지만, 그 이후 단계에 이르기 위해서는 "새로운 형태의 진취적 인사들이 배출되어야 한다"고 했다. 그는 이런 가능성이 있는 계층으로 서구에서 교육받은 도시 출신의 지식인들을 먼저 주목했다.[14]

이러한 관점에서 3·1운동에 참여한 각 계층이 어떤 동기로 참여했는지 구체적으로 분석한 연구가 1969년에 처음으로 나왔다. 김영모는 엘리트 이론에 의거해 민족운동의 지도자와 참여자를 나누고 민족운동을 지도한 도쿄 유학생과 민족 대표, 해외 독립지사 들을 '민족엘리트'라 칭하고, 3·1운동에 참여한 지식인, 중소상공업자, 농민층, 노동자를 '민족대중'이라 개념화한 뒤 각 계층이 어떤 이유로 3·1

---

14) 박태균, 〈로스토우의 제3세계 근대화론과 한국〉,《역사비평》66, 2004, 149쪽. 로스토우는 이어서 이 지식인들은 대중의 신뢰를 얻을 수 없으므로 '군대'의 역할에 주목해야 한다고 하면서 5·16군사쿠데타 같은 장교집단의 역할을 합법화하는 논리를 전개했다. 이러한 그의 이론은 19세기 말, 20세기 초 한국 근대사회에도 적용할 수 있는 논리로 기능하면서, 갑신정변·갑오개혁·독립협회운동·애국계몽운동 등의 합법칙적 발전을 설명하는 기제가 되었다.

운동에 참여했는지를 최초로 분석했다.[15]

'민족엘리트'는 대한제국기 민권운동에서 기본적 사상과 이념을 형성하고 하층민의 이익 옹호와 민족적 차별에 대한 저항의식을 가지는 등 근대적 의식을 지니고 있었기 때문에 운동에 참여한 것으로 분석되었다. 농민은 토지조사사업으로 대량 소작농화되고 지주의 수탈을 받았으며, 공동묘지, 주세, 지세 같은 조세 법규가 제도화되어 이에 불만을 품었다는 것이다. 지식인은 일본인과 조선인을 구별하고 그 대우를 달리하는 데 대한 불만, 상공업자는 일본의 공장제 공업과 상업·고리대자본에 의한 몰락, 노동자 역시 일본인 노동자와의 차별 대우 등으로 인해 3·1운동에 참여했다고 분석했다. 결론적으로 3·1운동은 모든 사회계층의 계급의식이 민족의식보다 먼저 발전하지 못하고, 근대적 사회계급으로 형성될 만큼 사회 분화가 이루어지지 않아 민족운동으로 나타났다고 결론지었다.

신용하는 3·1운동의 발발 원인으로 일제의 억압과 수탈로 인한 민족의 고통을 강조한 후 민족운동, 특히 애국계몽운동과 의병투쟁이 가장 중요한 원인이라고 주장했다.

3·1운동의 역사적 동인은 한국 민족 내부에 형성 축적된 민족독립운동 역량의 내재적 동인에 의한 것이었으며, 그것은 **개항 전후부터 3·1운동 직전까지의 민족운동**(초기 개화운동과 1884년의 갑신정변, 1894년의 갑오동학농민혁명운동, 1896~1898년의 독립협회와 만민공동회운동, 한말 의병운동과 애국계몽운동, 1910년대의 국외 독립운동)의 성과가 한국 민족 내부에 축적되어 형성된 것이었다. …… 한말 애국계몽운동이 양성한 수십만의

---

15) 김영모, 〈3·1운동의 사회계층 분석〉, 《아세아연구》 33, 1969.

당시 10여 세 청소년들과 의병운동에 참여했다가 해산하여 농촌에 잠재해 있던 농민 병사들이 9년 후에 자라서 3·1운동의 전국 각 지방에서의 자발적 봉기에 결정적 역할을 한 주체세력이 된 것이다.[16]

3·1운동을 주도한 이들은 계몽운동에 의해 양성된 청소년들, 의병투쟁에 참여했던 농민 병사들이다. 이들이 9년 후 전국 각 지방에서 봉기의 주체가 되었다는 것인데, 구체적으로 실증에 의해 뒷받침된 주장은 아니었다.

2) 민중적 민족주의론과 민중봉기론

근대화론의 대척점에서 마르크스주의의 계급투쟁론을 바탕으로 민족주의론을 수용한 것을 민중적 민족주의론이라 할 수 있겠다. 남한에서 민중적 민족주의론은 1970년대까지 간헐적으로 나타나다가 1980년 5·18민주화운동 이후 역사학계의 주요한 흐름으로 나타났다. 그리고 그 배경에는 북한과 일본의 선행적 성과들이 있었음을 주목해야 한다.

북한에서는 1950년대 후반 종파투쟁에서 승리한 김일성이 인민의 투쟁이 역사 발전의 근본 동력이며 모든 중요한 역사적 사건의 발생 및 발전을 규정하는 근본 원인이 된다는 입장을 고수해야 한다고 역설했다. 이러한 입장을 수용해 1959년에《3·1운동 40주년 기념론문집》과 1961년에《조선근대혁명운동사》가 출간되었다.[17]

---

16) 신용하, 앞의 글, 39·40쪽. 신용하는 이와 관련해 1970년대 후반부터 여러 차례 유사한 글을 발표해왔는데, 1990년의 이 글은 그간의 원인론을 정리한 것으로 보인다.

17) 윤해동, 〈3·1운동과 그 전후의 부르조아민족운동〉, 정용욱 외,《남북한 역사인식 비교강의》, 일송정, 1989.

앞의 책에서는 3·1운동의 명칭을 '3·1인민봉기'로 바꾸어 부름으로써 '민족 대표'의 주도성보다 민중의 주도성을 강조했다. 또, "3·1인민봉기는 10월 혁명의 직접적 영향하에 1919년 3월 일제 식민지 통치를 반대하여 총궐기한 조선 인민의 전 민족적 폭동이며, 그것은 일제의 악독한 식민지 통치가 빚어낸 민족적·계급적 모순의 폭발이었다"[18]라고 하여, 3·1운동의 발생 원인으로 러시아 10월 혁명보다 일제의 식민지 통치가 빚어낸 민족적·계급적 모순을 강조하는 방향으로 바뀌었다. 윌슨의 '민족자결주의'도 미국이 조선 인민을 기만하고 농락하기 위한 것이었는데, 조선의 부르주아 민족주의자('민족 대표')들이 이를 올바로 이해하지 못하고 도리어 그에 대해 큰 희망을 걸고 있었다고 하여 '민족자결주의' 이념에 의존한 '민족 대표'를 평가절하했다.[19]

3·1운동의 원인이 조선 인민의 거족적 투쟁에 있다는 주장은 주체사상이 북한의 공식적인 지도이념으로 확립된 이후 1980년경 《조선전사》에 반영되었고, 그 성과를 기초로 하여 1984년 《근대조선역사》에 요약·정리되었다.[20]

일제의 악랄한 정치적 폭압과 가혹한 착취로 말미암아 조선 인민은 극도의 정치적 무권리와 빈궁 속에서 신음하게 되었으며 자주성을 무참히 짓밟히었다. 이리하여 노동자, 농민을 비롯한 모든 조선 사람들의 반일감정은 극도에 이르게 되었다. 이것은 3·1봉기와 같은 거족적인 반일항쟁

18) 황공률, 〈3·1운동에서 애국적 인민들의 투쟁〉, 《3·1운동 40주년 기념론문집》, 과학원출판사, 1959, 1쪽.
19) 김희일, 〈3·1운동과 미제의 책동〉, 위의 책, 79쪽.
20) 윤해동, 앞의 논문, 175~177쪽.

이 일어날 수 있는 기본 요인으로 되었다. 조선 인민을 거족적인 3·1봉기에로 추동하는 데 적지 않은 영향을 준 것은 **러시아에서의 사회주의 10월 혁명**이었다.[21]

　국내외에서 청년 학생들에 의하여 반일 독립운동의 준비사업이 추진되고 있을 때 정세의 추이를 살펴보고 있던 민족주의 상층 분자들은 미국 대통령 윌슨이 들고나온 이른바 〈**민족자결주의 14개조 원칙**〉**에 헛된 기대를 걸고 '독립청원운동'**이라는 것을 벌이기 시작하였다. …… 이들은 조선 사람들이 독립을 희망한다는 의사를 표시하기만 하면 미국을 비롯한 '협상국' 대표들이 빠리강화회의나 국제연맹에서 조선의 독립을 결정해줄 수 있다고 하면서 '독립'운동에 나섰다.[22]

　위와 같이 북한 역사학에서는 노동자, 농민, 청년 학생 들이 거족적인 반일항쟁을 준비한 핵심 세력이라고 규정하고, '민족 대표'들은 윌슨의 기만적인 민족자결주의를 수용해 독립선언서를 준비하고 독립을 청원하는 등 사대 투항주의적이고 매국·배족 행위에 나섰다고 혹독하게 비판했다.
　인민 중심 관점은 일본과 남한에서도 나타났다. 일본에서는 야마베 겐타로(山辺健太郎), 강덕상, 박경식 등을 꼽을 수 있다.[23] 강덕상과 박경식은 3·1운동의 원인이 '조선 인민의 독립 요구'(강덕상), '조선 인민의 애국적 투쟁, 민족 독립사상의 고양이라는 주체적 역량'(박경

---

21)　이종현,《근대조선역사》, 사회과학원 역사연구소(1984), 일송정 복각본, 1988, 311~312쪽.

22)　위의 책, 314·315쪽.

23)　山辺健太郎, 〈三·一運動について〉,《歷史学研究》1955-6, 1955; 姜德相, 〈三一運動における [民族代表]と朝鮮人民〉,《思想》1969-3, 1969; 朴慶植,《朝鮮三·一獨立運動》, 平凡社, 1976.

5장 3·1운동 원인론에 관한 성찰과 제언　**157**

식)이라고[24] 하여 유사한 파악 방식을 보임에도 불구하고 민족자결주의와 이를 수용한 '민족 대표'에 대해서는 정반대 입장을 표명했다.

강덕상은 북한 역사서와 마찬가지로 3·1운동의 원인으로 '조선 인민의 독립 요구'를 들었지만, 조선 인민 가운데 '민족 대표'의 역할은 포함시키지 않았다. '민족 대표'가 주체성이 없고 외세 의존적이라는 이유에서였다.

> '감정에 쏠리지 않고 온건한 글을 써서' 독립의 의사를 공표하고 일본 정부와 '협의'하면 일본 정부도 세계 개조의 신풍조를 거스르지는 않을 것이다. 독립은 허용되든가 적어도 강화회의의 의제로 독립 문제를 크게 전진시킬 수 있다. 그들(민족 대표-인용자)의 결론은 이와 같은 것이었다고 판단해도 큰 잘못은 아니라고 할 수 있으리라. 윌슨의 자결선언에 대한 과열화된 환상에, 앞서 서술한 **'민족부르주아지'의 주체성의 결여, 외세 의존의 자세** 그 자체를 볼 수 있다.[25]

반면에 박경식은 민족 대표와 민족자결주의에 대한 평가에는 동의할 수 없다고 했다. 그러한 평가는 독립운동의 방법론이나 구체적 사실의 과학적 구명 없이 오늘날의 관점에서 교조주의적으로 평가한 것이라 하여 민족 대표의 주체성과 긍정적 역할을 인정해야 한다고 주장했다.

> 이 운동이 일제의 식민지 지배하에서 일어난 민족해방운동이라는

---

24) 강덕상, 위의 글, 351쪽; 박경식, 위의 책, 18쪽.
25) 강덕상, 위의 글, 341쪽.

점, 민족주의자는 많은 결점이나 약점을 갖고 있다고 하더라도 노동자 계급이 유약한 하에서 **자본주의 국가 부르주아지와는 같은 지위로 취급할 수 없는 민족적 주체성과 반침략적 성격**을 갖고 있고, 민족운동에서 긍정적 역할을 수행할 수 있는 조건과 가능성을 갖고 있었다고 하는 점이다.[26]

민족 대표의 역할에 대한 박경식의 평가는 본인이 책의 앞머리에서 지적했듯이, 남과 북이 민족주의자를 전혀 상반되게 평가하고 있는 분단 현실을 극복하기 위해 남북 간의 합의점을 찾으려는 시도였다.[27]

경제학자 안병직은 남한에서 3·1운동의 원인을 계급론적으로 분석하려는 시도를 했다. 김영모가 분석 도구로 엘리트 이론을 이용한 데 반해 안병직은 중국에서 개발된 민족자본론을 이용했다. 3·1운동 참여 세력을 예속자본가 중 식민정책에 불만을 품고 있던 손병희 등 소극적 친일파, 중소지주 및 상인 등 민족자본가, 노동자·농민계층 등으로 분류하고 그들을 운동에 참여하게 한 지도사상을 각각 '독립청원', '독립시위', '독립쟁취'라고 규정했다. 이 중 '민족 대표'는 그 투항주의적 성격으로 인해 3·1운동의 시작 단계에 운동을 포기했고, 그 이후는 각 지방의 지식인, 학생, 유력자에 의해 운동이 독자적으로 추진되었다고 서술했다.

'민족 대표'들은 그 지도층의 투항주의적 성격으로 말미암아 운동의

---

26) 박경식, 앞의 책, 84쪽.

27) 위의 책, 13~14쪽; 박준형, 〈전후 일본 조선사학계의 3·1운동〉, 《역사와 현실》 108, 2018, 194~195쪽.

시작부터 운동을 포기하고 말았으며, **3월 1일 이후의 운동은 각 지방의 지식층, 학생 및 '유력자'에 의하여 독자적으로 추진**되면서 '민족 대표'들의 비굴한 행동과 타락된 사상을 극복하는 방향으로 전개되었다.[28]

식민지·반식민지하에서 민족주의적 자본가의 진보적 역할을 강조하는 민족자본론은 1970~1980년대 한국 자본주의의 성격과 민주화운동 노선 논의 과정에서 도입되었다. 남한 자본주의의 성격에 대해 민족자본과 예속자본의 개념을 중심으로 논쟁이 진행되었고, 이 과정에서 일제하 식민지 조선의 자본주의에도 적용되었다.[29] 그러나 손병희 등 종교 지도자를 소극적 친일파 또는 예속자본가로 규정하고 천도교 자체를 매우 비판적으로 분석했으며, 민족 대표가 초기부터 3·1운동을 포기했다는 서술은 이후 연구에서 과도한 해석으로 부정되었다. 이 연구 역시 강덕상의 논문과 마찬가지로 민중적 민족주의를 교조주의적으로 적용한 결과라 할 수 있겠다.

1980년 5·18민주화운동 이후 남한 사회에 혁명적 정세가 도래하고 마르크스-레닌주의, 주체사상 등이 수용되면서 3·1운동에 대한 연구는 급속하게 민중적 민족주의론으로 기울었다. 그 결과로 나온 연구 성과 중 하나가 한국역사연구회와 역사문제연구소가 공동저술한《3·1민족해방운동 연구》였다. 저자들은 북한이나 일본 역사학자들과 유사한 관점하에서 구체적인 자료들을 바탕으로 3·1운동을 정리했다. 이들은 사건의 명칭에서부터 '운동'이 아니라 '민족해방운동'이라고 바꾸어 불렀다. 그리고 이 운동은 친일파, 예속자본가, 일부 대지주계급

---

28) 안병직, 〈삼일운동에 참가한 사회계층과 그 사상〉,《역사학보》41, 1969, 22·23쪽.

29) 민족자본론의 기원과 한국으로의 수용 및 그 전개 과정에 대해서는 전우용, 〈'민족자본'을 돌아본다〉,《역사비평》73, 2005 참조.

을 제외한 민족 구성원 대다수가 민족독립을 위해 일으킨 거족적인 민족해방운동이라고 규정했다.[30] 그리고 참여한 각 계층의 사회·경제적 차이와 이해관계를 분석해 3·1운동에 참여한 원인을 해명하고자 했다.

① 상층 부르조아 민족주의자들이 운동에 참여한 궁극적 동기는 물론 **일본의 조선 강제병합에 대한 불만**과 총독정치에 대한 불만에 있었다. …… 이들에 있어 조선인에 대한 차별정책, 특히 교육에 있어서의 차별정책은 가장 큰 불만 사항으로 나타나고 있었는데……[31]

② '토지조사사업'과 1914년의 지세령으로 인해 지세 부과 토지 면적이 80%나 확대 파악되어 결과적으로 **지주의 지세 부담**이 늘어났고, 도로 및 철도 부설의 명목으로 강제 또는 헐값으로 **토지를 수용**당하는 등의 요인이 이 시기 일부 지주들로 하여금 민족해방운동에 어떻게든 참여하게 한 동기가 되었다. 그 밖에 각종 기부금 납부, '**묘지 화장장 매장 및 화장 취체규칙**'의 강제시행, 양반의 **부역 동원**에 따른 불만 등이 그러한 경향을 더욱 가속화시켰다.[32]

③ 대개의 조선 상인들은 일본 자본과의 관계에서 예속적 위치에 설 수밖에 없었음은 물론, 그 압박 속에서 **성장을 억압받을** 수밖에 없었다. 여기에 이들이 일제의 지배에 대해 민족적 입장에서 농민

---

30) 정연태·이지원·이윤상, 〈3·1운동의 전개 양상과 참가 계층〉, 《3·1민족해방운동연구》, 청년사, 1989, 229쪽.

31) 박찬승, 〈3·1운동의 사상적 기반〉, 위의 책, 399~401쪽. 필자는 '상층 부르주아 민족주의자'란 3·1운동을 기획한 48인, 4월 23일 한성정부 수립을 발표한 이들, 일본 유학생 출신의 지식인 등을 가리킨다고 했다.

32) 임경석, 〈1910년대 계급 구성과 노동자·농민운동〉, 위의 책, 190쪽.

들과 같이 저항의 대열에 설 수 있는 가능성이 있었다.[33]

④ 농민은 일제 무단통치의 최대 피해자였다. **무단농정, 중과세, 부역 징발, 토지 수탈, 소작료 인상, 고리대 수탈, 각종 농민적 권리의 부정** 등은 농민을 비참한 처지로 내몰아쳤다.[34]

⑤ 양반유생은 대한제국의 멸망, 고종 독살설 등에 분개하는 **신민의식, 향교 재산의 몰수, 공동묘지 규칙, 기타 봉건적 특권과 관습의 부정에 대한 불만,** 독립선언서 서명에서 유림 대표의 누락 등 여러 요인에 자극받아 운동에 참가하였다.[35]

즉, 3·1운동에 참여한 조선 민족은 계급 또는 계층별로 다른 이해관계를 가졌다는 것이다. '민족 대표'는 강제병합과 총독정치 및 조선인 차별 대우, 지주는 지세 부담과 토지 수용과 기부금 납부 및 부역 동원, 상인은 압박으로 인한 성장 억압, 농민은 무단농정, 중과세와 부역 징발, 소작료 인상 등 경제적·경제 외적 수탈과 동원, 양반유생은 고종 독살설과 공동묘지 규칙, 봉건적 특권과 관습 부정 등에 분노해 운동에 참여했다고 했다.

이러한 분석은 구체적 자료들을 근거로 하고 있다는 점에서 3·1운동의 원인론을 한 단계 격상시켰다. 무단정치와 경제적 수탈이라는 추상적 개념에 머물지 않고 구체적 사례들을 풍부하게 보완했다. 다만, 상층 부르주아 민족주의자, 양반유생을 제외하고 나머지 계층의 참여동기를 경제적 수탈과 관련해 파악한 점은 그동안 3·1운동의 역사적 배경으로 언급되어온 사례들과 기본적으로 같다고 볼 수 있다.

---

33) 권태억, 〈제1차 세계대전 전후의 세계정세〉, 위의 책, 129·130쪽.

34) 정연태·이지원·이윤상, 앞의 논문, 239쪽.

35) 위의 논문, 242·243쪽.

민중적 민족주의론과 유사한 듯하면서도 다른 입장에서 접근한 연구로 '경제적 호황론'을 들 수 있다. 마부치 사다토시(馬淵貞利)의 연구가 선구적인데, 그는 3·1운동기에 발생한 농민들의 봉기를 집중적으로 분석했다. 농민투쟁이 경상남도부터 황해도에 이르는 조선 중부, 동남부에 집중되고 평안남도를 제외한 북부 및 전라도에서는 그다지 발생하지 않은 이유를 추적했다.[36]

　　그는 이 지역들에서 제1차 세계대전 동안 주요 농산물 수출이 급증하면서 쌀값도 급등한 점, 전쟁 경기로 인해 자작농 중상층 및 자소작 상층 이상의 농가 호수가 늘어나 농민적 상품 생산의 발전과 농민적 토지 소유가 확대되는 경향을 확인했다. 이어서 3·1운동에 참여한 농민의 투쟁은 이들 농민적 상품 생산의 발전을 저지해온 일제의 무단농정에 저항하는 부르주아적 성격의 움직임이었다고 결론을 내렸다. 즉, 마부치는 3·1운동의 원인이 장기적으로는 일제의 강압적 농정에도 있지만, 직접적으로는 제1차 세계대전 동안 호황을 타고 성장한 농민들의 발전적 지향에 있었다고 파악한 것이다.

　　그러나 이 같은 접근 방식은 이후 발전적으로 계승되지 않았다. 이후에도 3·1운동의 원인론은 1960년대 남과 북에서 각각 정착한 무단정치와 사회·경제적 수탈, 민족자결주의의 수용 또는 러시아혁명의 영향을 중심으로 크게 벗어나지 못했다.

---

36)　馬淵貞利, 〈第一次大戰期朝鮮農業の特質と三·一運動−農民的商品生産と植民地地主制〉, 《朝鮮史研究會論文集》 12, 1975.

3. 지역사의 등장과 다양한 원인론

1980년대 후반까지 3·1운동 원인론은 서울을 중심으로 분석하는 차원을 벗어나지 못했다. 지역에서 일어난 만세시위운동을 분석한 연구들이 간간이 발표되었으나, 운동 주체의 조직 과정, 운동의 전개 양상, 참여층 분석에 그치는 경우가 많았다.

1990년 이후 연구 환경이 크게 변화했다. 소련 등 동구 사회주의 진영이 해체되고, 1987년 민주화운동의 결과 대통령직선제 개헌이 이루어져 국제적으로는 자본주의-사회주의의 동서대립이, 국내적으로는 독재-민주화의 대립구도가 해소되었다. 3·1운동에 씌워졌던 이데올로기의 덮개가 벗겨지면서 3·1운동에 대한 관심도 덩달아 퇴조했다. 3·1운동에 대한 전반적 관심이 퇴조한 반면, 지방자치제의 실시와 맞물려 전국적으로 3·1운동 재현 행사가 봇물 터지듯 양산되었다. 이념적 강박이 빠져나가면서 객관적 사실에 대한 정리와 차분한 분석이 이루어져 2000년 이후 지역 만세시위에 관한 연구가 다수 산출되었다.[37]

지역 3·1운동에 대한 연구는 1970년 조동걸에 의해 처음으로 이루어졌다. 그는 3·1운동에 관한 당시까지의 연구가 중앙에 나타난 특징을 전국적으로 보편화하는 경향이 강하여 3·1운동이 전국적으로 대중화한 양상을 규명하는 데 적절하지 않다고 주장했다. 3·1운동의 대중적 성격을 규명하기 위해서는 각 지방의 고유한 성격을 규명하는 작업이 전제되어야 한다며[38] 강원도 만세시위운동의 원인을 다음과

---

37) 이정은, 앞의 논문(2015), 18~20쪽. 2000년부터 2013년까지 발표된 지역 3·1운동 또는 독립운동 연구 성과를 2쪽에 걸쳐 나열했다.

38) 조동걸, 〈3·1운동의 지방사적 성격-강원도 지방을 중심으로〉,《역사학보》 47, 1970, 130쪽.

같이 설명했다.

> 3·1운동의 보다 직접적 요인은 중앙에서는 일제의 무단정치, 경제적
> 침략, 그리고 당시 세계사조로서 민족주의의 표현인 윌슨의 민족자결의
> 원칙, 고종의 승하 등을 들고 있는데 **강원도 지방에서는 지방민에 직결**
> **되는 농민에 대한 경제적 약탈과 지방 행정상의 문제, 그리고 고종 승하**
> **에 대한 신민적 통분과 독살설에 대한 민족감정의 폭발**로 요약할 수 있
> 다. …… 강원도 헌병대장은 지방행정에 대한 불평으로서 ① 공동묘지
> 제, ② 화전 경작 제한, ③ 임산물 채취의 부자유, ④ 주세와 연초세 등
> 을 들고 있다. 본인이 조사한 바로는 여기에 첨가하여야 할 것으로 ①
> 어업 분야의 침략, ② 외국인의 기업적 농업과 상권 문제, ③ 도로(신작
> 로) 공사에서 저임금과 부역, ④ 일인의 오만성 등이 추가되어야 한다.[39]

각 지역마다 중앙과의 지리적·사회적 관계, 일제 식민지화 이전 민
중운동의 전통, 사회·경제적 구조, 종교 교단의 설치 상황, 봉기에 참
여한 인물들의 계층 등이 다르므로 3·1운동의 원인을 일률적으로 설
명할 수 없다는 주장이 제기된 셈이다.

지역의 특수성을 설명하고자 하는 연구는 1980년대 후반 이후 나
타나기 시작했다. 김진봉과 남부희가 각각 호서 지방과 충북 지방의
3·1운동을 연구하고,[40] 한국역사연구회의 이윤상, 이지원, 정연태도
각각 평안도, 경기도, 경상남도의 만세시위운동의 전개 과정과 참여

---

39) 위의 논문, 109쪽. 여기서 "본인이 조사한 바로는"의 의미는 조동걸이 강원도 여러 지역을 답
　　사하면서 3·1운동을 경험한 지역민들과 면담한 결과라는 뜻이다.

40) 김진봉, 〈3·1운동과 민중〉, 동아일보사 편, 《3·1운동 50주년 기념논집》, 동아일보사, 1969; 〈호서
　　지방 3·1운동의 성격〉, 《한국독립운동사연구》 1; 황부연, 〈충북지방의 3·1운동〉, 《충북사학》 1,
　　1987.

층, 참여 동기를 분석했다.[41]

이정은도 경기도 안성·화성, 경남 영산·합천·함안 등의 만세시위운동을 분석하고 지방으로 만세시위운동이 확산된 원인을 추적해 그 성과를 단행본으로 묶어냈다.[42] 그의 작업 중 주목할 점은 3·1운동 직전의 한국 사회·경제 변화를 추적하려고 한 것이다. 기존의 연구 성과는 3·1운동의 배경으로 일본의 무단정치와 헌병경찰제, 조선태형령, 토지조사사업과 회사령, 삼림령, 공동묘지제도 등의 정책을 일별하는 것이 일반적이었다. 그러나 그는 1917년부터 3·1운동 직전까지 조선의 쌀값이 폭등해 민심이 흉흉해지고 스페인 독감으로 인해 14만여 명이 사망함으로써 국내 상황이 폭발 직전이었다는 점, 통감부 시기부터 진행된 군·면의 통폐합 등 일제의 지방 통치체제 개편이 지역의 농민이나 주민에게 안겨준 고통과 변화 등 새로운 상황을 제시했다.[43]

지역 3·1운동의 원인과 관련해 그가 제시한 결론을 몇 가지 소개하면 다음과 같다. 안성군 원곡·양성에서 수천 명이 시위에 참여할 수 있었던 원인은 평택역이 가까이 있어 서울 소식 전파가 빨랐다는 점, 경주 이씨, 전주 이씨, 해주 최씨, 해주 오씨 등 대성(大姓) 가문이 지역민을 동원할 수 있는 힘을 가졌던 점, 동학과 기독교가 전파된 지역이라 교인들이 중간 전파자 역할을 한 점 등이라고 분석했다.[44]

또한, 3·1운동이 중앙의 조직적 역량이 미치는 범위를 넘어서 지방

41) 한국역사연구회·역사문제연구소, 앞의 책에 수록되었다. 이윤상, 〈평안도지방의 3·1운동〉, 1989; 이지원, 〈경기도 지방의 3·1운동〉, 1989; 정연태, 〈경남 지방의 3·1운동〉, 1989.

42) 이정은, 《3·1독립운동의 지방시위에 관한 연구》, 국학자료원, 2009.

43) 이정은, 《《매일신보》에 나타난 3·1운동 직전의 사회상황》, 《한국독립운동사연구》 4, 1990; 이정은, 〈일제의 지방통치체제 수립과 그 성격〉, 《한국독립운동사연구》 6, 1992.

44) 이정은, 〈안성군 원곡·양성의 3·1운동〉, 《한국독립운동사연구》 1, 1987.

으로 확산된 배경에는 고종 장례식 참여자들이 서울 시위를 직접 목격한 뒤 귀향해 독립선언서와 더불어 서울에서 맛본 감격과 흥분을 고스란히 전달한 정황도 있었다고 하여 독립선언서와 소문의 역할을 강조했다.[45]

지역 3·1운동에 대한 연구 결과, 만세시위운동이 전국적으로 확산되어 전 민족적 운동으로 고양된 원인이 어느 정도 해명되었다고 할 수 있다. 이 과정에서 밝혀진 중요한 원인으로 철도 등 교통수단을 통한 서울과의 거리, 고종 장례식 참여자의 존재 여부, 천도교·기독교 등 종교의 지역 조직 유무, 보통학교 이상 학생층의 존재 여부, 조선시대부터 내려오는 농촌의 공동체적 유대 여부, 대성 집단의 존재 여부, 일본인의 거주 규모 여부 등이 거론되었다.[46]

지역사 연구 결과 나타난 다양한 원인은 결국 이 모두를 관통하는 본질적인 것이 무엇인가 하는 물음을 갖게 했다. 탈근대론도 이러한 물음에 대한 답의 일단을 제시하고자 했다. 1990년 이후 한국 역사학계를 강타한 탈근대론은 기존의 근대화론, 민중적 민족주의론, 식민지 근대화론 등과 대립하면서 식민지 근대성론, 개념사, 미시사, 구술사, 국민국가론, 트랜스내셔널 히스토리 등 다양한 연구 영역을 만들어냈다.[47] 탈근대론적 관점에서 3·1운동의 원인을 모색한 사례가 아직 많지 않지만 3·1운동 90주년을 기념해 출간된 저서에서 몇 가지 나타났다.

---

45) 이정은, 〈3·1운동의 지방 확산 배경과 성격〉,《한국독립운동사연구》5, 1991.

46) 김정인·이정은,《국내 삼일운동-중북부》, 독립기념관 한국독립운동사연구소, 2009; 김진호 외,《국내 삼일운동 II-남부》, 독립기념관 한국독립운동사연구소, 2009; 김상환, 〈경상남도 3·1운동의 전개 양상과 특징〉,《지역과 역사》29, 2011. 그러나 지역에서의 3·1운동사 연구는 분단으로 인해 황해도·평안도·함경도 등 운동이 격렬하게 발생한 지역까지 포괄하지 못하고 있다.

47) 도면회, 〈내재적 발전론의 '건재'와 새로운 역사 연구 방법론의 정착〉,《역사학보》231, 2016.

천정환은 3·1운동의 원인보다는 참여하게 된 경로 또는 수단에 주목해 독립선언서, 전단과 '격문', 서울에서의 고종 장례식과 만세시위 견문, 그리고 마을 사람들의 구술을 나열했다. 그중에서 선언서, 전단, 격문 등 문자로 된 수단들이 조선 민중으로 하여금 '민족' 혹은 '민중'이라는 주체로 자립할 수 있게 했다며 근대적 문자매체의 확산을 강조했다.[48)

배성준은 지역사 연구로 인해 지역 3·1운동을 민족운동 또는 계급운동의 일환이 아니라 조선 후기 농민봉기의 연장선에서 보게 되었다고 하면서, 민중적 자율성이 지역 3·1운동의 원인으로 작용했다고 강조했다. 예컨대, 만세시위는 혈족적 연대, 공동체적 연대, 지역적 연대, 종교적 연대 등으로 가능했으며, 심지어 위협에 의해 시위에 참여하게 한 것 역시 연대의 또 다른 형태라 하면서 농민봉기의 속성을 주목해야 한다고 했다.[49)

허영란은 이정은이 연구했던 안성군 원곡·양성 지역의 민중이 엘리트의 지도와 직접적 관계없이 만세시위에 참여하게 된 원인을 추적했다. 그는 "원곡·양성의 운동이 통폐합 이전의 양성군 전체 단위로까지 확대된 배경에는, 조선 후기까지 독자적 군과 읍으로 존속했던 지역이 일제에 의해 일방적으로 인근 군에 통폐합되고 독자적 시장조차 유지하지 못하게 된 데서 오는 지역 주민의 상대적 박탈감과 불만이 이 지역 주민의 촌락공동체적 결속감을 강화시켰을 가능성이 크다"라면서 이정은과는 달리 안성 만세시위의 주요 원인으로 군·면 통

48) 천정환, 〈소문(所聞)·방문(訪問)·신문(新聞)·격문(檄文)―3·1운동 시기의 미디어와 주체성〉, 박헌호·류준필 편,《1919년 3월 1일에 묻다》, 성균관대학교출판부, 2009.

49) 배성준, 앞의 논문.

폐합을 제시했다.[50]

4. 민족·민중·지역을 넘어서

지금까지 검토했듯이, 3·1운동의 발발 원인에 대한 해석은 연구자의 역사관과 당대 사회의 사상적 분위기에 따라 지속적으로 바뀌어왔다. 그러나 역사 교과서와 각종 미디어에서 제시하는 3·1운동의 원인은 일본의 무단정치와 경제적 수탈, 민족자결주의, 고종의 사망, 종교계 대표의 주도성 등으로 한정되어왔다. 이는 그동안 일본의 식민통치, 남북분단과 대결, 정치적 독재 등으로 인해 알게 모르게 유지되어온 원인론이기도 하다. 그런 의미에서 이념적 구속성이 약화되어가고 있는 지금, 3·1운동의 원인을 민족주의, 민중주의, 지역주의에서 벗어나 검토해보아야 한다.

1919년 후반 조선헌병대사령부에서는 《조선 소요사건 상황》을 편찬했다.[51] 이 책은 만세시위가 격감하기 시작한 1919년 6월 각 지역 일본 헌병대장·경무부장 들이 제출한 조사 보고서를 모은 것이다. 각 도 헌병대장이 주관해 조사한 결과라 신빙성을 의심할 수도 있다. 그러나 같은 시기에 각 도 도장관들이 조선인 유지들을 모아 간담회를 개최하고 3·1운동의 원인과 조선인들의 요구 사항을 광범하게 조사 보고한 자료가 《대정 8년 소요사건에 관한 도장관 보고철》에 포함되어 있다. 그 내용 역시 위의 헌병대 조사 보고와 거의 유사하다는 점

---

50) 허영란, 〈3·1운동의 지역성과 집단적 주체의 형성〉, 박헌호·류준필 편, 《1919년 3월 1일에 묻다》, 성균관대학교출판부, 2009.

51) 독립운동사편찬위원회, 《독립운동사자료집》 6, 1973, 3쪽.

에서 자료의 신빙성을 인정할 수 있다.[52]

이 자료에 따르면 일반대중이 3·1운동의 만세시위에 참여한 직접적인 동기는 다양하다. 그들은 어떤 불만이 있었기에, 또는 무슨 이유로 만세시위에 참여했을까? 이는 1910년 이래 일본 통치의 구조적 문제점을 보여주는 것이고, 3·1운동 이후 조선 사회의 변화를 예고하는 조짐일 수 있다.

〈표 1〉은《조선 소요사건 상황》의 후반부 중 각 도 단위로 조선인의 불평을 수집·보고한 사항들을 필자가 ① 민족적 차별, ② 근대적 제도와 법령, ③ 식민지 재정을 위한 수탈, ④ 무단정치[53] 등 4가지 기준으로 나누고, 각 불평 사항이 제기된 지역명을 같이 기재한 것이다.

〈표 1〉에 따르면, 조선인의 불평 사항 중 가장 많은 것은 무단정치나 경제적 수탈이 아니라 민족적 차별임을 알 수 있다. 이어서 공동묘지제도 강행, 도수(屠獸) 규칙, 삼림령 등 대한제국 시기까지 일상적으로 행해오던 오랜 관행이나 제도를 조선총독부가 근대화 또는 위생 등의 명목으로 금지하고 새로운 '근대적' 제도를 실시하려 한 조치들에 대한 불만이 팽배해 있었다.

그리고 조선총독부의 제반 사업을 지탱하는 식민지 재정을 충당하기 위해 조선 인민에게 부과된 각종 명목의 세금, 특히 주세·연초세·인지세, 각종 도로·시설을 마련하기 위한 토목·건설 공사에 조선

---

52) 《大正 八年 騷擾事件ニ關スル 道長官 報告綴》 7책 중에서 2·4·5·6·7의 원문을 현재 국사편찬위원회의 한국사데이터베이스 웹사이트에서 열람할 수 있다(http://db.history.go.kr/item/level.do?itemId=pro, 2018년 9월 11일 확인).

53) 무단정치라는 개념은 민족적 차별과 근대적 제도, 재정적 수탈을 하기 위한 일본의 조선 통치 방침이므로 독자적인 분류 기준으로 설정하기 어렵다. 그러나 일반적으로 무단정치를 헌병경찰과 무관총독제에 의한 폭압적 통치 형태로 보기 때문에 잠정적으로 분류 기준에 넣었다. 무단정치 개념에 대해서는 趙景達, 〈武斷政治と朝鮮民衆〉, 《思想》 2010-1, 2010; 小川原宏幸, 〈武斷政治と三·一独立運動〉, 《岩波講座 東アジア近現代通史》 第3卷, 岩波書店, 2010 참조.

	불평 사항	불평 제기 지역
민족적 차별	일본인과 조선인 관리의 대우상에 차별이 있다.	경기, 충북, 충남, 전북, 전남, 경북, 경남, 황해, 평남, 강원, 함남, 함북
	일본인이 조선인을 멸시한다./하층 일본인의 노동자로서 상당히 지식이 있는 조선인 및 유산계급의 조선인에 대하여 모욕적인 언동을 하는 자가 많다./조선인 도장관·군수라 할지라도 부하인 일본인 관리한테 멸시당한다./일본인은 조선인의 신분 여하를 불문하고 '요보'라고 모욕적 호칭을 붙인다.	경기, 충북, 충남, 전북, 전남, 경북, 경남, 황해, 평남, 평북, 강원, 함남, 함북
	각 관청의 책임자로 조선인을 임용하지 않는다./조선인은 추요(樞要)한 지위에 못 나간다.	경기, 충남, 경남, 황해, 강원, 함남
	조선인에 한해 태형을 실시한다.	경기, 경북, 경남
근대적 제도	각종 행정시설이 번잡한 일/공문서 제출 수속이 번잡하고, 또 출원(出願) 사항 처분이 지체된다./상례를 치를 경우 진단서, 매장원 등 각종 비용과 수속이 번다하다.	경기, 충남, 전북, 전남, 경남, 평북
	삼림령으로 산림 단속이 엄하다./임야 정리로 인해 산림을 관유지(官有地)로 사정함으로써, 다년간의 입회권을 무시했다.	충북, 충남, 전북, 전남, 경북, 경남, 황해, 평남, 강원, 함북
	공동묘지제 강행(묘지 취체규칙)	경기, 충남, 충북, 전북, 전남, 경북, 경남, 평남, 평북, 함남, 함북, 강원
	도살장 외 도축 금지(도수규칙)/개 한 마리 도살하는 데 번잡한 수단을 거쳐야 한다.	전북, 전남, 평남, 평북, 강원, 함남, 함북
재정적 수탈	각종 조세 징수의 부담 과중/연초세·주세·인지세 등 무엇에나 세를 과하는 고통은 오히려 한국 시대의 폭정보다 심하다./세금의 종류가 극히 많고 납세의 방법이 번잡하다.	경기, 충북, 충남, 전북, 경북, 경남, 평남, 평북, 강원
	인민의 권리를 무시하고 갖가지 공사를 강행/도로 개수, 시구(市區) 개정 등을 기획하고 소유자 의사에 반하여 토지 수용/도로 개설시 민유지 강제기부 강요/각종 부역 과중	경기, 충북, 충남, 전북, 경북, 경남, 평남, 강원, 함남
무단 정치	순사보·헌병보조원 등 경찰권 행사가 불공평하다./헌병 철폐	전북, 평북, 경남

※ 출전: 조선헌병대사령부, 《조선 소요사건 상황》(1919), 독립운동사편찬위원회, 《독립운동사자료집》 6, 1973, 759~792쪽.

표 1. 헌병경찰이 수집한 조선인의 일제 통치에 대한 불평 사항

인을 동원하는 부역과 토지 수용 등에 대한 불평이 가장 많이 나타났다. 헌병경찰[54]과 토지조사사업에 대한 불평이 가장 많았을 듯한데, 전자에 대해서는 전북·평남·경남 3개 도에서, 후자에 대해서는 경기·경남에서만 나왔다.

이러한 불평들을 요약해보자면, 일본은 1910년대 조선을 식민지로 지배하면서 조선인에 대한 민족적 차별과 사회·경제적 고통을 극도로 부가했다고 할 수 있다.[55] 이는 3·1운동으로 인해 사임한 하세가와 총독이 후임 사이토 총독에게 사무를 인계하면서 작성한 의견서 중 다음 대목에서도 알 수 있다.

금번의 소요는 세계의 변국(變局)과 해방주의의 부흥에 즈음하여 **재외 불령선인이 해외에서 불령운동을 일으킨 것**이 그 한 원인을 일으켰고, 전 천도교주 손병희가 이를 틈타 그간의 야심을 달성하기 위해 **천도교 기독교 및 학생 등을 규합하여 민족자결주의를 고창하여 사단을 일으킨 것**으로서, 도처에서 이에 향응한 것은 독립의 미명에 대한 현혹과 조선인의 일반적 성격인 뇌동성으로 인한 바 적지 않다. 그렇다 하더라

---

54) 헌병경찰제도에 대해서는 조선인들이 그 폐해를 바로 비판하기 어려웠다는 점을 감안해야 한다. 위 보고서는 조선인 유력자들을 초청해 연 간담회의 내용을 정리한 것인데, 그 자리에는 도지사 이하 일반 행정관료들 외에 헌병경찰 간부도 있었을 것이기 때문이다. 예를 들어, 충청남도 도지사가 조선총독부 정무국장에게 올린 보고서에서도 "헌병경찰에 관해서는 불평이 없지 않은 것 같지만, 이를 말하였다는 이유로 후환을 초래할까 두려워 적나라하게 의견을 표시하는 자가 없었다"라고 했다(《騷擾事件顚末及地方民心ノ傾向ニ關スル件》, 桑原八司, 1919. 7. 9. 忠淸南道長官→宇佐美勝夫 朝鮮總督府 政務局長, 《大正 八年 騷擾事件ニ關スル 道長官 報告綴》 七冊ノ內七, 국사편찬위원회 소장). 헌병경찰의 권력과 횡포에 대해서는 中野正剛, 《我が觀たる滿鮮》, 政敎社, 1915, 49~58쪽에 상세히 서술되어 있다.

55) 식민지 근대가 가져온 수탈적 측면과 문명적 측면의 명암을 망라하면서 1910년대 한국 민중의 생활상 변화를 포착한 연구는 다음 두 가지를 제외하고 그리 많지 않다. 마쓰다 도시히코(松田利彦), 《주막담총(酒幕談叢)》을 통해 본 1910년대 조선의 사회 상황과 민중〉, 김동노 편, 《일제 식민지 시기의 통치체제 형성》, 혜안, 2006; 권태억, 《일제의 한국 식민지화와 문명화》, 서울대학교출판문화원, 2014, 149~169쪽 참조.

도 **새로운 정치가 번쇄하고 간섭적이었던 점, 사회의 차별적 대우에 대한 조선인의 평소의 치올라오는 불평**이 역시 그 주요한 원인이었음은 심히 유감으로 삼는 바이다.[56]

즉, 3·1운동의 원인으로 세계 정세 변화로 인한 해외 독립운동가들의 독립운동, 천도교주 손병희의 민족자결주의를 이용한 대중 선동, 일본의 식민통치가 보인 번쇄하고 간섭적인 정치 및 민족적 차별 등을 꼽고 있다.

그렇다면 조선인들이 가장 많이 요구한 희망 사항은 무엇이었을까? 조선의 독립 또는 일본 본국과의 동등한 대우 또는 재조 일본인의 본국 퇴출 등이 있었지만 이는 경남에서만 확인되었다. 가장 많이 나타난 희망 사항은 참정권과 선거권 획득 또는 자치제도 실시 등이었다. 이는 충남, 평남, 함북을 제외하고 나머지 전 지역에서 확인되었다.

그다음으로 많은 희망 사항이 조선인과 일본인의 교육 기회 균등이었다. 일본과 마찬가지로 조선에도 고등교육기관은 물론 보통학교부터 중등학교에 이르기까지 다수의 설립을 희망했다. 보통학교를 1개 면당 1개교씩 설립해달라는 요구도 있었다. 또한 교육 내용에서도 일본어 교육은 줄이되 조선어, 조선역사, 조선지리를 교수하라는 희망 사항이 제출되었다.

조선총독부는 1924년 산하 사무관들의 시찰 보고서 및 법무국 형사과, 경무국 고등과, 경성지방법원, 조선헌병대사령부, 경기도 경찰부 고등과 등에서 수집한 정보, 이미 발표된 3·1운동에 관한 출판물

---

56)　姜德相 編,《現代史資料(25): 朝鮮(一) 三·一運動(一)》, みすず書房, 1966, 494쪽.

과 운동 목격자의 말을 종합해 《조선3·1독립소요사건》을 발행했다. 조사와 분석은 조선총독부 촉탁 무라야마 지준(村山智順)이 담당했다.[57]

이 책에 따르면 3·1운동의 원인은 정치적·민족적·사회적·국제적·경제적 등 5개 분야로 나누어 관찰해야 한다. 정치적으로는 3·1운동의 주도세력이 민족독립, 민족의 생활 안정, 민족의 자유라는 고상한 목표보다는 정권을 장악하려는 욕망이 있었다는 것이다. 민족적으로는 조선인이 공통적으로 의타심, 자기중심성(主我性), 공명심(好名性), 성토법(聲討法), 불로소득 욕망 등 5가지 특성을 지니고 있는데, 3·1운동은 이러한 특성들이 발동해 일어났다고 한다.[58]

사회적으로는 조선인이 병합 이전에는 일본인을 외국인으로 대했으나 병합으로 동일 국민이 된 이후에는 조선인이 언제나 일본인 밑에 있어야 하고 인종적으로 압박당하는 것 같은 감정이 생겨 3·1운동을 일으켰다고 했다. 국제적으로는 조선인들이 그저 독립 의사만 표명해 일본 치하에 있는 것을 좋아하지 않는다고 선언하면 무기나 폭력을 써서 일본과 직접 대결하지 않고도 독립을 얻을 수 있다고 생각해 3·1운동을 일으켰다고 했다. 마지막으로 경제적으로는, 1918년 말이 되면 조선의 경제가 증대해 경제적 독립의 가능성을 믿는 생각이 발전했기에 실제 운동으로 발전시킨 원인이 되었다고 했다.[59]

이 책 곳곳에서는 조선 민족을 경멸하고 비하하고 있지만, 3·1운동의 발발 원인과 관련해 참조할 만한 측면이 있다. 첫째, 3·1운동의 주

---

57) 조선총독부, 《조선3·1독립소요사건》(1924), 독립운동사편찬위원회, 《독립운동사자료집》 6, 1973, 1128쪽.
58) 위의 책, 1137쪽.
59) 위의 책, 1147~1158쪽.

도세력이 정권을 장악하려는 욕망이 있었다는 지적을 보자. '민족 대표'는 천도교·개신교·불교의 간부로 구성되었는데, 천도교는 1860년 대 초에 등장한 동학이 1894년 동학농민운동 이후 탄압을 받고 문명 개화로 노선을 바꾼 종교이다. 제3대 교주 손병희는 러일전쟁 시기에 일본군과 연대해 대한제국 정부를 개혁하고 러시아를 공격하려는 기획을 한 적도 있다.[60] 그가 귀국해 동학을 천도교로 개칭한 후 수많은 사람이 천도교에 입교하는 상황이 눈에 띈다.

개신교는 구미 선교사들의 의료와 교육을 통한 선교 활동으로 확대되었지만, 정치적 압제에서 벗어나고자 하는 상공인들에게도 어필했다. 고종을 제위에서 끌어내리려 한 정변 음모에 연루되어 투옥된 이승만, 이상재, 안국선 등 개혁운동가들이 1900년 전후 개신교를 수용한 점에 주목할 필요가 있다.

불교는 한국 역사상 가장 오래된 종교이지만 조선왕조의 억불정책으로 승려들이 한성 4대문 안에 들어가는 것이 금지되었고, 양반들의 잔치 뒷수발, 전염병 처리 등 온갖 허드렛일을 하면서 박해당하다가 1895년 갑오개혁의 일환으로 4대문 출입이 허용되는 등 차별로부터 해방되었다.

이 3대 종교세력이 보기에 대한제국 지배체제는 타도 또는 개혁의 대상이었고, 그 과정에서 자신들이 지배권력을 차지할 수도 있으리라는 구상을 했을 법하다. 1905년 일진회와 천도교의 분화, 대한협회 조직과 활동 등은 모두 그런 활동의 연장선에 있었던 것으로 보인다.[61] 그런데 일본이 그 권력을 장악하고 10년간 통치해왔다. 그사이에 이들도 전국적으로 조직망과 신도를 확대해왔으며 교육계를 통해

---

60) 이용창, 〈한말 손병희의 동향과 '천도교단재건운동'〉, 《중앙사론》 15, 2001, 70~72쪽.

서도 자기 지반을 확보했다. 이제 통치권력이든 자치권력이든 권력을 넘볼 만한 위치가 된 것이다.

둘째, 지역에서 이들 종교의 지방조직과 각급 학교 학생들, 어떤 경우에는 유력 가문이 민중을 동원하거나 면장·구장 같은 말단 지방조직의 우두머리를 위협해 만세시위에 동원한 사실을 주목할 필요가 있다. 이러한 사실을 민족의식의 발로라고 해석할 수도 있지만, 이들이 지역사회에서 민중에게 새로운 중간 권력으로 인식되었거나, 식민지 시기 이전부터 중간 권력으로 존속해왔기 때문이라고 해석할 수도 있다. 다시 말하자면, 조선총독부라는 식민통치 권력 밑에서 조선인의 근대적 중간 권력이 중앙과 지역에서 새롭게 형성되어왔다고 해석할 수 있다는 것이다.

셋째, 1917년부터 3·1운동 직전까지의 쌀값 폭등은 쌀을 상품으로 내놓을 수 있는 부농 이상 지주층이 단기간에 부를 축적할 수 있는 기회였다. "농산물의 앙등은 한편으로 중류 이상의 지주 측에 부유를 안겨주어, 부자는 더욱 부자가 되고, 빈한한 자는 더욱더 빈궁에 빠졌다"라고 했다. 지주는 더욱 경제적 부를 축적하고 그에 걸맞은 정치적 지위를 획득하고자 중앙과 지역에서 만세시위 준비 및 민중 선도 운동의 전면에 나서고, 빈궁의 나락으로 빠진 빈농은 그 반대 입장에서 만세시위에 참여할 가능성이 높아진 것으로 해석할 수 있다.

이상의 논점들을 요약하자면, 3·1운동의 원인은 첫째, 구조적으로는 일본의 조선인에 대한 민족적 차별, 조선을 통치에 적합하게 바꾸기 위한 수많은 근대적 제도와 법령의 강행, 일본의 통치에 필요한

---

61)　대한협회는 천도교 세력과 대한자강회 구성원을 주축으로 조직되었는데, 이들의 정치론에 대해서는 정병준, 〈한말·대한제국기 '민' 개념의 변화와 정당정치론〉, 《사회이론》 43, 한국사회이론학회, 2013, 382~393쪽 참조.

재정과 인프라 수요를 감당하기 위한 조세 수탈과 부역 동원 등으로 인해 축적된 분노가 밑바탕에 깔려 있었다. 둘째, 제1차 세계대전 이후 쌀값 폭등으로 부를 축적한 부농 이상 지주층과 다수 민중의 지지를 확보한 종교 지도자들의 정치적 부상 욕구가 떠오르고 있었다. 셋째, 종교 지도자와 학생, 지식인 들이 민족자결주의 이념의 확산 등 민족 독립을 촉발시키는 국제적 정세를 이용해 대중 동원에 나섰다. 이 세 요소가 상호작용해 세계사상 유례가 드문 대규모 민중봉기가 일어난 것이다.

여전히 남는 문제-1910년대 한국인은 어떻게 살았을까?

1919년 3월 1일부터 5월 말까지 한국의 대부분 지역에서 발생한 만세시위운동에 대한 명칭은 지난 100년 동안 '3·1운동', '3·1인민봉기', '3·1민족해방운동', '3·1독립운동', '3·1혁명운동' 등 다양하게 불렸다. 명칭의 다양함은 그 원인에 대한 해석 역시 변화해왔음을 의미한다.

그러나 냉정히 돌이켜보면, 일본이 한국을 식민통치한 초기 10년 간에 대한 한국 학계의 연구는 마치 수학 문제를 풀듯이 '일제'의 무단정치와 경제적 수탈, 그에 대한 저항이라는 공식을 적용하는 이상을 넘어서지 못했다. 자기 글 속에 '일제'와 '수탈'이라는 단어를 사용하지 않으면 '한국인'으로서의 자격 미달이 아닌가 하는 의심적은 시선을 받아야 했기 때문인지도 모른다.

국가는 사회와 개인 위에 군림한 일개 법적 인격체에 불과하기에, 한 국가가 멸망하고 다른 국가가 이를 대치해도 사회와 개인은 여전히 그 이전의 삶을 지속한다. 채만식의 단편소설 《논 이야기》에 적나라하게 드러나듯이, 권력과 부를 갖지 못한 인민대중의 삶은 국가 권력의 교체에도 불구하고 크게 달라지지 않는다.

이런 관점에서 1910년대 한국 사회를 무단정치와 수탈, 고통과 저항이라는 단순 도식으로만 설명할 수는 없다. 그런 의미에서 3·1운동 100주년을 맞은 지금, 국가가 무엇인지 모르는 촌민들이 '대한독립만세'를 외치게 만든 진정한 원인은 무엇이었을까, 그들은 도대체 어떻게 살았을까에 대한 연구는 다시 시작해야 할 것이다.

6장

3·1운동의 경제적 배경에 관한 서술과 시대성

배석만

3·1운동 연구와 시대이념

3·1운동이 일어나게 된 배경에 대한 인식은 당연한 얘기지만 동시대부터 있었고, 이후 시대의 흐름에 따라 변화를 보인다. 여기서는 그 경제적 배경에 대한 인식과 변화를 살펴본다. 구체적으로는 3·1운동을 기념하기 위해 '기획', 생산된 기존 학술연구들이 운동의 경제적 배경에 대해 어떻게 서술하고 있고, 그 내용은 시대 흐름에 따라 어떻게 변화해왔는가에 주목했다. 이를 위해 우선 3·1운동이 일어난 동시대의 인식부터 검토하고, 이후 시기별 기획 연구를 분석해 서술의 내용과 논리, 경향을 정리해 최근에 이르기까지 어떤 변화가 있는지 주목했다. 가능하다면 시기 구분의 관점도 부여하고, 그 변화 원인도 살폈다. 3·1운동의 경제적 배경으로 서술되었다가 사라진 내용, 새로 등장한 내용 들이 그간의 연구 축적을 반영했을 것이고, 한편으로 서술 시점의 시대적 분위기가 영향을 미쳤을 것이기 때문이다. 3·1운동

을 기념해 기획된 연구들에 한정해 주목한 것은 최근까지의 관련 연구 전부를 한 논문에서 대상으로 다루기가 현실적으로 버거움에도 불구하고 100년의 기간을 시야에 넣고 싶었기 때문이다. 그런 의미에서 본 연구는 시론적인 성격을 갖는다.

3·1운동의 경제적 배경 서술의 전체적인 경향은 시기를 거슬러 올라갈수록 서술이 폭넓게 이루어지고 분량도 많다. 이런 경향과 관련해 우선 지적할 수 있는 것은 마르크스주의 사적유물론의 시기별 영향력이다. 시기가 내려올수록 경제적 배경 서술은 소략화되지만, 민주화운동의 절정기였던 1980년대 말에는 일시적으로 다시 주목받기도 했다. 이것은 그 이전 권위주의 정권에 의해 억압되었던 마르크스주의의 부활, 민중사학의 대두와 관련이 있을 것이다. 북한 역사학계 연구 성과의 반영도 어느 시점에서는 염두에 두어야 한다.

100년을 시야에 넣는다고 했지만, 3·1운동 80주년과 90주년을 기념하는 연구들은 본격적으로 다루지 못하고 맺음말에서 간략하게 언급하는 데 그쳤다. 2000년대에 들어오면서 3·1운동 관련 연구에서 그 경제적 배경과 관련된 서술이 거의 사라지다시피 하기 때문이다. 다양한 각도에서 분석이 필요하지만 과제로 두고, 여기서는 몇 가지 원인을 평면적으로 제기하는 수준에서 마무리했다.

1. 동시기 서술: 수탈과 차별의 두 축 형성

3·1운동 당시 운동 발발의 경제적 배경 서술을 우선 정리하는 것은 운동 참여 주체들이 어떤 인식을 가지고 있었는지가 이후 변화 과정을 확인할 수 있는 기준점이 되기 때문이다. 이를 위해 먼저 3·1운

동 전후 각종 독립선언서의 경제 관련 서술부터 간략하게 살펴보았다. 각종 독립선언서는 3·1운동이 일어나게 된 경제적 배경 서술의 '시발점'이기 때문이다. 다음으로 박은식의 《한국독립운동지혈사》(1920)의 경제적 배경 서술을 살펴보았다. 1920년이라는 저술 시점에서 확인되지만, 독립선언서와 대체로 비슷한 동시대적 인식으로 볼 수 있고, 압축적이고 한정된 내용만을 담아야 하는 독립선언서의 약점을 보완하는 측면이 있다.

1) 각종 독립선언서

3·1운동 전후로 생산된 20종의 각종 독립선언서에서 운동이 일어난 배경으로 경제적 측면이 언급된 것은 6종에 불과하다. 내용을 대체로 정리하면 핵심은 '수탈'과 '차별'이다. 추상적인 수준이나마 정리해보면 전체적인 인식은 일제가 한국 경제를 농락, (성장을) 방해·압박하고, 산업을 빼앗고, 부를 착취해 일본으로 가져갔으며, 이로 인해 한국인들은 궁핍·파산하게 되었다는 것이다. 민족 상층부를 포함한 '전 민족적 차별'도 강조했다.

'2·8독립선언서'와 '조선독립선언서'(러시아), '대한국민의회 독립선언서'에는 좀 더 구체적인 내용이 거론되고 있다. 우선 경제정책면에서 민족 차별로 인한 한국인 직업 상실—상층부 관료에 주목—과 상공업자의 성장 억제, 과중한 세금이 거론되고 있다. 다음으로 동양척식주식회사(이하 '동척')과 금융조합 같은 척식기관 설립과 일본인 농업이민을 통한 토지, 가옥 수탈을 언급했다.

구체적인 내용에서는 농업과 상공업의 두 축으로 전자는 수탈, 후자는 차별을 강조했다. 농업은 제도와 기관을 통한 토지, 가옥 등 재산의 직접적 수탈, 상공업에서는 정책적 민족 차별구조가 한국인 상

선언서 명칭	경제적 배경 서술 내용
3·1독립선언서(기미독립선언서)	구체적 서술 없음
2·8독립선언서	기업의 자유 구속, 상공업에서 일본인 편의 제공→한국인 상공업자 성장 억제와 부(富)의 일본 유출, 일본인 유입에 따른 한국인의 직업 상실, 해외 유리(流離)
대한독립선언서(무오독립선언서)	경제를 농락, 경제의 압박
조선독립선언서(러시아)	과중한 국세 부담, 헌병경찰 압제하에 파산과 궁핍, 생활적 원천을 착취
독립선언포고문	구체적 서술 없음
하동독립선언서	구체적 서술 없음
재오사카(大阪) 노동자독립선언서	구체적 서술 없음
대한국민의회 독립선언서	척식사(拓殖社)와 금융조합(金融組合)의 토지 및 가옥 수탈, 관리의 일본인 독점, 상층부 차별→고등관리는 물론 행정·사법·군사·경찰 하급관리에 소수의 한국인, 봉급 10배 차이, 생활 곤궁
조선독립선언서(함북 경성)	구체적 서술 없음
독립청원서(파리장서, 전국 유림)	구체적 서술 없음
대한독립여자선언서	구체적 서술 없음
독립청원서(김윤식, 이용직)	구체적 서술 없음
재대륙 대한독립단 임시위원회 선언서	삼천리의 부원(富源)을 확취(攫取), 산업을 탈(奪)함
한국의회 선언서 및 호소문	한국에서 일본인 통치는 경제적으로 비참한 여건 연출해냄. 경제적 진흥을 위한 길 위에 온갖 장애가 되는 수단을 가져다놓음
대한국민노인동맹단 독립요구서	구체적 서술 없음
대한민족대표독립선언서	구체적 서술 없음
민족대동단 선언서	구체적 서술 없음
대한승려연합회 선언서	구체적 서술 없음
한국청년독립단 선언서	구체적 서술 없음
자주독립선언문	구체적 서술 없음

표 1. 각종 독립선언서의 경제적 배경 서술[1)]

공업자의 성장 억압과 한국인의 취업 배제라는 결과를 가져왔다는 것이다. 토지조사사업과 회사령이라는 두 축의 상징적 제도가 언급되지는 않았지만, 장기간 이어진 3·1운동의 경제적 배경 서술의 기본 틀은 이미 운동이 일어난 시점의 각종 독립선언서에서 구축되었다고 볼 수 있다.

2) 박은식, 《한국독립운동지혈사》, 1920[2]

《한국독립운동지혈사》는 3·1운동 관련 각종 독립선언서에 경제적 배경으로 서술된 내용들이 보다 구체화되어 내용적으로 풍부해졌다. 한편으로는 선언서 작성 당시 그 주체들의 경제인식도 확인할 수 있다.

《한국독립운동지혈사》는 우선 민족 차별에 의한 한국인의 직업 배제, 상층부 한국인의 취업과 지위, 임금 차별을 구체적으로 서술했다. 관리 등용과 관련해서는 총독부 관제가 실시되자, 일차적으로 구한국 정부 관리들이 배제되었고, 한국인이 새롭게 관리로 진출할 기회에서조차 차별을 받았다. 일부 '순종하는 노예적 자질이 있는 자들', '일본에 귀화한 자'조차도 관리가 되기는 했으나 하급관리였고, 임금 차별을 받았다고 했다. 한국인 자산가의 사유재산을 일제가 감시하고, 자금 운용(예금 인출, 기부, 의연금, 여행비)에 제약을 가한 것도 동일한 관점에서 상층 한국인에 주목한 것이다. 한국인 상층부의 민족 차별에 대한 구체적 서술은 전 민족적 차별에 대한 강조 외에 3·1운동을 주도한 민족 상층부를 염두에 둔 것으로 볼 수 있다.

---

1) 각종 독립선언서는 한국독립운동사편찬위원회, 《한국독립운동의 역사》 18권, '부록'에 정리된 것을 참고했다(독립기념관 홈페이지 http://www.i815.or.kr/kr/).

2) 박은식 지음, 김도형 옮김, 《한국독립운동지혈사》, 소명출판, 2008 참고.

다음으로 척식기관에 의한 토지 수탈은, 국유지로서 역토·둔전·궁토가 동척으로 넘어가 이주해온 일본인에 의해 경작되고, 그 결과로 한국인 소작인은 소작권을 빼앗기고 만주·노령 등 해외로 유랑하게 되었다고 설명하고 있다. 구체적인 사례로 황해도 재령군 남호리 궁토에 대해 간략하게 다룬 한편, 만주에서 동척에 의한 토지 수탈과 일본인 농업이민을 길게 언급했다. 후대의 3·1운동 경제적 배경 서술의 중심축인 토지조사사업에 대한 언급은 없다. 3·1운동 주도층 가운데 토지조사사업 수혜자의 한 축인 한국인 지주가 분리되지 않았기 때문일 수 있다.

민족 차별에 입각한 한국인 기업에 대한 억압은 그 제도적 장치로 회사령이 간략하게나마 언급되었다. 이어서 메이지대(明治大) 출신 윤현진(尹顯振)의 소비조합 설립 과정에서 있었던 일제 탄압을 사례로 들었는데, 회사령과의 관련성은 애매하다. 같은 시각에서 광산 개발권 인가와 관련한 차별을 언급했다. 광산은 후대에 미쓰비시(三菱), 미쓰이(三井) 등 일본 재벌의 지하자원 수탈 관점에서 서술되었는데, 이처럼 개발권 인가에 주목한 것은 당시 현실을 반영한 것이다. 양잠업과 관련해 누에고치 수집, 유통의 총독부 관여도 민족 차별의 관점에서 언급하고 있다. 그 외에 아편 재배 장려와 그 수확물의 몰수라는 이율배반적 정책을 통해 한국 농민의 파산, 매춘 풍속을 확산시켰으며, 우리 예속을 파괴하고 인명에 해독을 끼쳤다고도 했다.

2. 해방공간: 사적유물론에 입각한 경제적 배경 서술 강조와 농업 집중

《조선해방과 삼일운동》(청년사, 1946)을 분석한다.[3] 이 책은 해방 직후에 3·1운동을 정리한 것으로 알려져 있다. 좌익계열의 '조선과학자동맹'이 편집했으며, '권두언(卷頭言)' 외에 6편의 글이 게재되었다. 주제는 3·1운동 전후의 국제관계와 운동을 주도한 천도교 분석이 각 1편, 3·1운동 이후의 운동사 2편(대중운동, 해방운동), 그리고 3·1운동 당시의 국내 경제와 농민 분석이 각 1편씩이다.

한관영의 〈삼일운동 당시의 국내 경제 상태〉와 안병렬의 〈삼일운동과 농민〉이 경제적 배경 서술에 해당하며, 총 112쪽의 분량 중 43쪽을 차지해 비중이 크다. 《조선해방과 삼일운동》이 마르크스 사적유물론에 기반하고 있기 때문이다. 한관영은 글의 서두에서 사회현상을 정확하게 이해하기 위해서는 그것이 발생하게 된 경제적 토대의

제목	저자	분량
삼일운동 전후의 국제관계	김한주(金漢周)	15쪽
삼일운동 당시의 국내 경제 상태	한관영(韓寬泳)	22쪽
삼일운동과 농민	안병렬(安秉烈)	21쪽
천도교의 정체와 삼일운동	전석담(全錫淡)	20쪽
삼일운동과 대중운동	강성호(姜聲鎬)	16쪽
삼일 이후의 해방운동	이성실(李成實)	18쪽

표 2. 《조선해방과 삼일운동》에 게재된 글의 현황

---

3)   조선과학자동맹은 별도로 《조선해방사(삼일운동 편)》(문우인서관, 1946)도 출판했는데, 동일한 내용의 책이다(국립중앙도서관 소장).

분석과 고찰이 필요하다고 강조하고 있다.[4]

한관영은 당시 국내 경제의 각 측면을 포괄적으로 다루었고, 안병렬은 농민문제에 좀 더 초점을 맞췄다. 그러나 두 글은 대체로 농민문제를 중심에 두고 서술하고 있다. 일본의 제국주의적 침략과 '토지조사사업'에 따른 농민층 몰락―'소작인=반농노'로의 전락(한관영), 농민층 계급 분화(안병렬)―에 주목했다. 이들은 토지조사사업에 의해 '반봉건적 토지·농촌 관계가 재생산'되었고, 이로 인해 대다수 농민이 '소작인=반농노'로 전락했다고 보았다. 농민층 몰락의 근거는 자작농 감소, 자소작·소작농의 증가를 보여주는 1910년대 통계이다. 한관영은 토지조사사업을 '토지약탈사업'이라고 규정했다. 근거로는 사전(私田)의 소유권 확립에 따른 농민 경작권 상실, 소유권이 애매한 토지의 국유화와 일본인 불하, 농민 투탁지 약탈, 신고주의에 의거한 미신고 토지의 약탈 등을 들었다. 몰락한 농민은 '프롤레타리아트'로서 도시로 유출되어야 하나 일제가 정책적으로 도시의 공업 성장을 억제함으로써 농촌에 머물게 되어 고율 소작료의 토대를 제공했고, 이를 견디지 못한 이들은 일본, 만주 등지로 이주했다고 했다. 토지조사사업에 의한 토지 약탈과 농민 몰락의 기본 논리 틀은 해방 당시에 이미 거의 정립되어 있음을 확인할 수 있다. 여기에는 일제시기 박문규(朴文奎), 인정식(印貞植) 등에 의한 농업문제 연구 성과가 기여했다.[5]

---

4) "무릇 어떠한 사회적 현상도 그것을 정당하게 그리고 정확하게 이해하려면 그 사회적 현상이 발생하게 된 경제적 토대의 분석, 고찰 없이는 불가능한 것이다. 경제적 토대에서 완전히 유리된 사회적 현상이란 상상할 수도 없으며, 직접·간접의 차이는 있을지언정 결국은 모든 사회적 현상이 경제적 기반 위에 서는 고층 건물임은 인류역사가 우리에게 명증하는 바로써 이에 대하여는 의식적인 반대론자의 악질 반동분자를 제외하고는 누구나 다 인정하는 바이다"(조선과학자동맹 편,《조선해방과 삼일운동》, 청년사, 1946, 21쪽).

한관영은 농업 외의 다른 산업분야도 간략하게 언급했는데, 대체로 민족 차별에 의한 수탈과 몰락이라는 시각에서 서술했다.

> 어업, 염업: 일제의 대자본과 관영제도에 의한 붕괴 몰락
> 공업: 일본 자본의 독점, 조선인 노동자 저임금 착취→농촌의 반봉건적 체제와 결부된 결과
> 상업: 대경영 일본인 독점, 조선인은 중소상업자로서 몰락 과정→빈궁한 농민대중과 일제 대자본 밑에서 위협받는 중소상공업자와 노동자, 도시빈민 및 학생

3·1운동과 동시기, 즉 독립선언서 단계에서 이미 정립된 수탈과 차별의 양대 관점이 유지되면서도 경제적 배경 서술의 중심에 농업을 두었던 것은 해방공간의 시대성을 반영한 것일 수 있다. 한관영은 위와 같이 상공업을 다루면서도 박은식이 이미 1920년 시점에 주목했던 회사령에 관해 서술하지 않았다. 농지개혁 문제가 당시 최대의 정치·사회적 이슈였다는 점도 작용했을 것이다.

한편, 3·1운동 동시기 서술에서 중요한 위치를 차지한 민족 상층부의 차별에 대해서는 전혀 언급되지 않았다. 민족 상층부를 더 이상 3·1운동 주도세력으로 보지 않았기 때문이다. '권두언'에서 이런 인식이 잘 드러난다.[6]

> (토지조사사업은) 구래의 봉건적 수취관계를 법률적으로 보장함으로

---

5) 박문규는 1945년 11월 제1차 전국인민위원회대표자회의에서 〈토지농업문제에 관한 보고〉를 했다.

6) 조선과학자동맹 편, 앞의 책, 4쪽.

써 지주계급과 야합하였으며, 조선인 자본의 자유로운 활동을 억제하던 회사령을 철폐함으로써 자본가계급과 악수하였으며, 또 조선인 고등관의 특별 임용 범위를 확장하고 허울뿐인 지방자치제도를 창설함으로써 벼슬자리에 대한 열렬한 욕망을 가진 양반계급을 넉넉히 매수할 수 있었다.

3. 1950년대 북한 학계: '약탈'로 강화된 '수탈'의 논리구조

1) 과학원력사연구소, 《조선통사(하)》, 1958

이 책의 제17장 〈1910년대 일제의 식민지 통치하의 조선: 초기의 반일독립운동(1910~1919)〉의 제1절 '일제의 헌병경찰적 무단정치와 조선의 사회·경제적 형편'이 3·1운동이 일어나게 된 경제적 배경 서술 부문이다. 서술의 기본 틀은 '식민지적·자본주의적 방법과 봉건적 착취 방법의 결합에 의한 경제적 강탈'이다. 봉건적 착취는 농업(산림과 임야 포함), 식민지적·자본주의적 방법은 농업 외의 여타 산업부문이다. 언급된 대상은 공업, 광업, 철도, 금융, 무역 등이다.

농업에서 봉건적 착취는 역시 토지조사사업이 중심이다. 토지조사사업은 낡은 봉건적 토지 소유관계를 근대적인 토지 소유권으로 확립해, 봉건적 착취관계―고율 지대와 소작료 징수―를 근대법적으로 공고화한 것이라고 규정했다. 정책적 목적으로는 토지 약탈과 지세 확보를 구체적으로 거론했다. 한국인 지주의 농민 수탈에 대한 법적 보장도 지적했다. 약탈 방법은 ① 복잡한 신고주의 이용, ② 국유지(궁장토, 역둔토, 미간지, 간석지), 소유권이 애매한 토지(문중, 동중 공동 소유·이용) 약탈, ③ 공공적 목적을 빌미로 한 토지(군용지, 철도·도로용지, 실습용지) 약탈을 들었다. 이렇게 약탈한 토지는 공전 12만 5,000정보, 기타 토지 90여만 정보라고 했다. 임야조사사업을 통한 임야 약탈은 전통적 공동이용의 관례를 깨고 국유림화해 보다 무제한적으로 약탈했고, 이를 통해 전국 1,600만 정보 중 1,300만 정보가 국유림이 되었다고 주장했다. 사업의 결과는 농업 영세화와 농민 몰락(계급 분화)이고, 그 근거로 1910년대 지주 증가와 자소작, 소작농 증가 통계를 제시했다. 약탈한 토지는 동척 등 일본인 토지회사와 이민자에게 넘겨졌다고 하며 이들의 토지 증가를 통계로 열거해 근거로 삼았다.

식민지적·자본주의적 방법에 의한 착취 대상이라 할 수 있는 농업을 제외한 여러 산업부문에서는 기본적으로 지하자원 약탈을 위한 광업 개발(조선광업령과 일본 재벌의 직접 진출), 식민지 약탈의 기초 공작으로서 사회간접자본(교통, 운수, 체신), 금융시스템(화폐·도량형 정비, 금융기관 확충) 구축에 주목했다.

공업은 '회사령'에 의한 일본 자본 비호와 민족산업 발전 억압—조선인 자본 비중 14.6%—의 구조 속에서 전체적인 성장이 억제되었다고 했다. 1910년대에 공장 수와 생산액이 늘었지만 농업 생산액의 5분의 1에 불과했고, 관영공장을 제외하면 대부분 원료 채취와 가공 목적의 소규모 일본인 경영 공장이었다. 일본 독점의 무역구조는 수출입액 통계를 근거로 식민지 조선을 식량과 원료 수탈지이자 일본 공산품 소비지로 정리했다. 공산품 소비지 전략의 결과는 농민의 자연경제적 생활기초를 파괴해 계급 분화를 촉진하고, 전통적 수공업과 민족산업의 발전을 저해했다고 지적했다.

2) 조선민주주의인민공화국 과학원력사연구소, 《3·1운동 40주년 기념론문집》, 과학원출판사, 1959

이 책은 3·1운동 기념논문집으로, 경제문제를 별도 논문으로 다루지는 않았다. 한천혁의 〈3·1운동의 성격과 그 력사적 의의〉에서 간략하게 정리된 경제적 배경을 만날 수 있는데, 《조선통사》의 내용을 압축한 느낌이다. 내용이 소략하다 보니 도식적이며, 어떤 측면에서는 정치선언서 같은 내용이 전개된다.

우선 경제 전반과 관련해서는 가혹한 약탈과 착취를 감행하고 있고, 이를 위해 일제가 조선을 단순한 원료 공급지이자 상품 판매 시장으로 전변시키기 위해 광분했다고 단언한다. 부분별로는 농업, 상공업, 사회간접자본으로 나누어 기술하고 있다. 농업은 토지 약탈을 위해 토지조사령과 임야조사령을 제정해 방대한 토지와 산림을 약탈함과 동시에 농촌에서 봉건적인 착취관계를 유지·이용했다고 정리했다. 상공업은 회사령을 공포해 조선 민족자본의 성장을 극력 억제하고 산업의 90% 이상과 무역을 독점했다고 했다. 사회간접자본 구축과 관련해서는 교통·운수·체신기관들을 전적으로 독점함으로써 일본 상품을 비싼 값으로 팔고, 한국 자연이 가진 부의 원천과 원료를 강도적으로 약탈하는 길을 닦았다고 했다. 이를 통해 식민지 사회는 친일파, 민족반역자들의 방조하에 노동자·농민의 계급 분화가 격화되고, 기아와 빈궁에 허덕이게 되었다고 보았다.

3) 림만·김맹모, 《3·1운동》, 조선로동당출판사, 1963

도입부인 제1장 1절, '3·1운동 전야의 사회·경제 형편과 조선 인민의 처지'가 경제적 배경 서술에 해당한다. 그 중심에는 역시 토지조사사업이 있다. 일제 경제정책의 기본이 낙후한 농업국가를 유지하면서 제국주의적 약탈을 강화하는 것임을 전제로 그 대표적인 정책에 토지조사사업을 든 것이다. 이를 통해 토지를 약탈했고,[7] 한국 농민은 고율 소작료에 신음하는 소작인으로 몰락한 반면, 이 토지를 동척 등 일본인 토지회사와 지주에게 분할해 이들이 성장하는 토대가되었다고 했다. 또한 일본인 지주의 토지 증가를 통계로 열거해 근거로 들었다. 기본 틀은《조선통사》와 동일하지만 통계 수치에서는 차이가 있다.

이 책에서 토지조사사업과 관련해 추가로 강조되는 부문도 있다. 우선 토지 약탈의 주체로 한국인 지주와 민족반역자 들을 일제와 동일한 수준으로 강조한다. 토지조사사업을 통한 근대적 토지 소유권(토지 사유권) 확립에도 더욱 주목했다. 이것이 토지의 상품화를 가속하고(매매, 저당의 간편화), 자본주의적 상품경제를 농촌에 급속히 침투시켜 금융고리대 기관 및 토지회사 들의 한국 농민 토지 약탈에 자유로운 길을 열었다는 것이다. 지세 수탈 목적의 토지 확대도 강조해 구체적 수치를 언급하고 당시 총독부의 재정 수입 비중에서 1위였음을 지적했다.

임야 약탈도 거의 동일한 맥락으로 전통 관습인 '무주공산의 공동이용권' 박탈로 묘사했다. 다만 약탈 면적은 전 조선 임야의 42%인 670만 정보라 하여 토지와 마찬가지로《조선통사》와는 차이가 크다.

《조선통사》에서 '식민지적·자본주의적 방법에 의한 착취 대상'으로 규정한 상공업 등 여타 산업부문도 거의 동일한 설명이다. 회사령이 민족 차별과 한국인 자본 억압의 장치이며, 철도·광업 등 약탈 목적에 직접 복무할 산업부문만을 성장시켰음을 강조한다. 상업과 무

---

7) 17만 7,500정보의 경지를 직접 약탈했다고 했는데,《조선통사》에서 언급한 규모와 차이가 있다.

역에서의 일본 독점과 한국 상인의 종속, 몰락도 지적했다.《조선통사》와 비교할 때 새롭게 기술된 것은 우선 회사령의 민족 차별 근거로 회사 설립 허가 건수를 든 것이다. 공업별 분석도 추가로 서술했다. 인민 생활과 밀접히 관련된 식료품공업, 방직공업 등의 발전을 '인공적'으로 억제했으며, 또한 경제의 정상적인 발전을 위한 중요 부문인 기계제작공업 등은 거의 관심을 갖지 않았다고 지적했다.

1950년대 북한 학계의 3·1운동의 경제적 배경 서술을 해방 직후 조선과학자동맹에서 편찬한《조선해방과 삼일운동》과 비교하면, 기본 논리 틀이 좀 더 체계적으로 정리되어 도식적일 정도로 구조가 선명해졌다. '수탈'은 보다 강조되어 '약탈'이 되고, 민족 상층부는 일제와 동일시되면서 민족·계급의 대립구도가 이분법으로 명확해졌다.[8] 특히 농업부문의 토지 수탈과 농민층 몰락은 봉건적 착취로 규정되었고, 그 수단인 토지조사사업이 보다 정교하게 다듬어지는 한편으로 임야조사사업까지 확장되었다.

상공업을 중심으로 한 여타 산업부문은 자본주의적 수탈로 규정되어 서술되지만 상대적으로 농업부문만큼 정교하지는 않다. '회사령'을 토지조사사업의 '공업 버전'으로 간주했지만 불완전하다.《조선통사》는 회사령을 매개로 한 민족 차별을 얘기하면서도, 농업을 대칭축으로 두고 전체적인 미발달을 언급하고 있는 데 비해,《3·1운동》에서는 이 언급이 빠지고 한국인 회사의 설립 억제가 강조되었다. 이 불완전함은 몰락 농민이 농촌에 남아 잠복적 과잉인구를 형성, 고율 소

---

8) "일제 침략자들과 그와 결탁한 대지주, 예속자본가, 친일파, 민족반역자 들을 일방으로 하고 절대다수의 농민과 로동자 들을 비롯한 각계각층 조선 인민을 타방으로 하는 민족적 및 계급적 대립은 나날이 첨예화되어갔는바 이는 필연적으로 조국의 독립과 자유를 위한 조선 인민의 끊임없는 민족운동을 야기시키지 않을 수 없으며 마침내 전 민족적인 3·1반일봉기에 이르게 하였다"(림만·김맹모,《3·1운동》, 조선로동당출판사, 1963, 24쪽).

작료라는 농노적 착취관계의 기반이 되고, 일부는 해외(만주, 일본) 유
랑민이 되었다는 논리의 기본 전제가 '공업 발전 억제(미약)'인데, 동
시에 열악한 노동조건 속에 억압·착취(계급과 민족의 이중착취)당하는
노동자계급의 성장을 보여주기 위해서는 공업 발전도 얘기해야 하기
때문이다. 이런 의미로 보면 자본주의적 수탈, 즉 원료 수탈과 소비
시장이라는 관점을 용이하게 얘기할 수 있는 제철·제련의 광업, 철도
등 교통·운수·체신, 무역구조에 대한 서술은 그 보완으로 볼 수 있다.

4. 1960년대: 토지조사사업과 회사령을 두 축으로 한 농업과 상공업의 경제적 배경 서술 정착

동아일보사가 1969년 발행한 《3·1운동 50주년 기념논집》을 분석
한다. 이 책은 총 7개 부에 76편의 글(개설과 경험담 포함)과 부록으로
구성되어 있다. 76편의 글 중 3·1운동과 관련해 경제 자체를 주제로
한 글은 총 8편이다. 그 외에 한 단락이나 절 등 부분적으로 경제적
배경 서술이 들어간 논문들이 있다. 경제를 주제로 한 논문 8편은 다
음과 같다.

— 3·1운동의 경제사적 의의(김준보, 제5부)
— 3·1운동에 나타난 경제적 민족주의(김영호, 제5부)
— 3·1운동 전후 민족기업의 일유형—경성방직을 중심으로(조기준, 제
  6부)
— 3·1운동 전후 민족자본의 생태분석—은행업을 중심으로(고승제, 제
  6부)

— 군국 일본의 조선 경제 수탈 진상(문정창, 제6부)

— 3·1운동을 전후한 일본 자본주의와 한국(이영협, 제6부)

— 일정하 조선 경제의 성장과 이중구조(서상철, 제6부)

— 1919년 전후 일본 경제의 동향(김종현, 제7부)

　우선 김준보의 글은 3·1운동이 '이후 경제'에 미친 영향에 주목한 것으로, 운동이 일어나게 된 경제적 배경에 대한 서술은 부차적이다. 간략하게 주요 요인만 언급하고 있는데, 역시 착취와 차별에 기반한 농업의 토지조사사업, 공업의 회사령 언급이 주축이다. 그러나 농업-봉건적 착취, 상공업-식민지 자본주의적 착취와 같은 북한식 선명함은 없고, 근대 자본주의 체제 형성이라는 측면에 좀 더 주목했다. 토지조사사업은 근대적 소유권 확립과 토지의 상품화(화폐화), 그와 관련한 토착부르주아지의 대두라는 측면을 강조했다.[9] 회사령은 일본 "대자본가·대실업가의 좌석"[10]을 마련하기 위한 소극적 방식이라 했다. 철도, 항만 등 사회간접자본 구축을 위한 토착지주, 토착노동자·농민의 토지 수용과 노동력 징발을 지적하고, 화폐금융제도의 수립과 세제·특허·회사제도의 수립은 자본의 자유로운 활동과 그 축적제도 정립으로 보았다. 동척의 토지 수탈을 예외 없이 지적하고, 소작농 증가, 토착자본 위축 쇠퇴, 농촌 수공업 해체와 민족경제 억압을 지적하지만 비중 있게 서술하지는 않았다. 가장 주목되는 것은 봉건적 유제가 각 방면에서 불식되지 않았다고 하면서도, 토지조사사업 등 1910년대 식민지 농정이 그것을 온존·강화했다고 강조하지 않은 점이다.

---

9)　"토지조사사업·임야조사사업 등은 사유재산의 소유제도 정립의 대표적 조치이다"(동아일보사 편,《3·1운동 50주년 기념논집》, 동아일보사, 1969, 630쪽).

10)　위의 책, 630쪽.

김영호의 글 역시 3·1운동을 '경제적 민족주의'라는 측면에서 분석한 것이다. 구체적으로는 3·1운동을 계기로 일어난 폐점·철시, 일본 상품 불매, 일본 상인 배척, 물산장려, 교육운동 등을 다루었다. 경제적 배경 서술은 앞서 정리한 해방공간 및 북한 학계의 서술과 대동소이하다. 오히려 더 간결한 구조로 정리했다고 볼 수도 있다. 즉, 토지조사사업 등 식민지 경제정책으로 ① 기존 한국인 사회 지배층은 어느 정도 보호를 받았으나 소농·소작농·노동자·소상인 들은 급격히 몰락했고, ② 특히 세습적 경작권을 가진 국유지 경작 농민은 토지조사사업으로 모든 토지를 동척에 빼앗기고 열악한 조건의 소작농화되었으며(기존보다 10~20% 소작료를 더 냄), 일부는 도시의 일본인 공장에서 불평등 대우를 받는 임금노동자로 전락했고(일본인보다 장시간 일하고 절반의 임금을 받음), ③ 상공인들은 회사령에 의해 억압되고, 민족산업 쇠퇴로 일본의 자본에 종속되었다는 내용이다. 다만 3·1운동 주도세력에 지주와 상공인을 포함하기 위한 고민은 주목을 끈다. 논리구조가 독특한데, 이들은 일제 경제정책에 어느 정도 보호를 받았지만, 민족 차별에 의한 위협·억제로 위축·쇠퇴했고, "고율 소작료로 기업의 손실을 메우는 형편"[11]이었으므로 운동에 주도세력으로 참여했다고 설명하고 있다.

　조기준과 고승제의 글은 제목에서 밝혔듯이 민족기업, 민족자본의 관점에서 경성방직, 한국인 설립 은행들을 분석한 것이다. 이 글에서 3·1운동은 '시기'의 의미를 지닐 뿐 이어서 연관된 경제적 배경 서술은 의식하지 않았다. 면방직업과 경성방직, 은행업이라는 산업사(産業史), 기업사(企業史) 분석에 집중했다. 회사령으로 일본 자본의 진출

---

11)　위의 책, 644쪽.

까지 억제되었다는 서술이나 토지조사사업으로 인한 한국인 대지주 출현과 미곡 대일 수출로 막대하게 축적된 토지자본의 기업 출원이 가능해졌다는 지적은 이 글과 3·1운동의 관계를 잘 보여준다.

문정창의 글도 3·1운동은 염두에 두지 않고, 수탈의 관점에서 일제 시기 경제 전반을 정리했다. 3·1운동의 경제적 배경 서술에 해당하는 1910년대 시기와 관련된 언급을 선별하면 광업, 어업, 임야, 토지 수탈 등이다. 일반적인 서술이지만, 토지 수탈과 관련해서는 "조선총독부의 그 모든 시책에 의한 조선인의 빈곤화로 토지 일반이 일본인에게 집중되어, 그 얼마 후 답은 총면적의 반수 이상, 대지는 서울의 것은 3분의 2, 부산의 것은 90% 이상이 일본인의 소유가 되었던 것"[12] 이라고 하여 과도한 수탈을 강조한 측면이 있다. 통계 등 근거는 제시하지 않았다.

이영협의 글은 일본 자본주의의 발전이 '지역'으로서 한국에 미친 영향이라는 관점에서 쓴 것이다. 따라서 일본 자본주의의 성장 과정 서술에 공을 들였고, 한국 및 3·1운동과의 관련은 자본 수출 관점에서 일본 자본주의의 식민지 진출, 공산품 시장 확대(농촌 침투)와 이로 인한 한국 가내수공업 몰락 등을 중심으로 서술했다. 회사령과 관련해서도 민족 차별보다는 식민지 모국과 식민지라는 지역구도에서 일본 자본주의의 미성숙을 논하고, 일본인 기업을 포함하는 '조선의 산업'이 성장해 일본 산업과 경쟁하지 못하도록 하는 조치였다고 했다. 반면, 공업과 달리 농업에 대한 서술은 기존 연구와 크게 다르지 않다. "저 무도한 화폐 정리와 토지조사사업으로 자살자가 속출하였고, 농토를 빼앗기어 화전민이 되고, 혹은 간도로 혹은 시베리아 벌판으

---

12) 위의 책, 848쪽.

로 삶을 이으려고 방랑하게 된 민족의 설움이 3·1운동과 어찌 관련이 없겠는가"[13]라고 했다. 다만 토지조사사업상의 분쟁지에 대해서는 국유지와 민유지로 나누고 통계를 제시하는 구체적 서술이 이루어졌다. '결언(結言)'에서 "3·1독립선언문에 일언반구도 언급되어 있지 아니한 경제적 침략 면을 부각시키려고 노력했다"[14]는 주장은 지나쳐 보인다.

서상철의 글은 수탈과 근대화의 대립적 측면을 염두에 두고 식민지 경제의 성장과 그 속에 나타난 민족과 계급 차별을 서술했다. 식민지 경제 전반을 분석했을 뿐, 특별히 3·1운동을 염두에 두지는 않았다.

김종현의 글은 이영협과 동일하게 일본에 주목했지만, 3·1운동 전후 시기 일본 경제의 거시 동향 분석에 보다 집중했다. 3·1운동과 어떤 '내적 연관성'이 있는지를 염두에 두었으나, 기존 연구에 의존한 추상적·원론적인 수준이다. 즉, 일본 자본주의의 모순과 위약함이 필연적으로 식민지에 전가되었다거나, 토지조사사업을 통한 한국인 토지 수탈, 회사령에 의한 민족자본 억제 등 일련의 식민지 수탈정책이 단편적으로 거론되었다.

경제 자체를 주제로 한 글은 아니지만, 3·1운동의 경제적 배경 서술이 비중 있게 이루어진 글로는 먼저 한우근의 〈(개설)삼일운동의 역사적 배경(1부)〉이 있다. 책 전체의 서문 역할을 하는 이 글에서 경제적 배경 서술은 2절 '경제 면에 있어서의 수탈정책'이다. 기본적으로 토지조사사업을 통한 농지 약탈과 회사령을 통한 한국인 기업 억제에 기반하고 있다. 억제의 구체적인 근거로 기존 한국인 기업인 수륙운수합자회사, 조선우피주식회사를 강제해산한 것을 들었고, 인삼

---

13) 위의 책, 871쪽.

14) 위의 책, 871쪽.

등 전매제도도 민족산업의 자유로운 발전을 억제했다고 했다.

이현종의 〈일본 대한(對韓) 이주정책의 분석〉은 개항 후 한국에 이주한 일본인 실태를 다루었다. 맨주먹으로 건너온 일본인이 토지조사사업을 계기로 지주계급으로 성장하고 한국 농민은 소작인으로 몰락한 결과, 거센 항일투쟁, 농어촌에 이르기까지 그칠 사이 없었던 일본인과의 마찰, 분쟁이 갈수록 증가하며 3·1운동으로 연결되었다고 서술했다.

《3·1운동 50주년 기념논집》은 남한에서 3·1운동을 기념하기 위해 기획, 생산된 학술연구 중 가장 주목되는 결과물이다. 사실상 다양한 각도에서 '3·1운동 연구'가 본격화되는 출발점이라고 할 수 있다. 이 책에서 3·1운동의 경제적 배경 서술을 보면 기본적으로 토지조사사업과 회사령을 두 축으로 한 농업과 상공업 서술이라는 구조가 1950년대 북한 역사학계와 마찬가지로 정착되었음을 확인할 수 있다. 그러나 구체적으로 들어가면 차이점이 발견된다. 우선 북한 학계와 달리 소지주, 소상공인 정도의 범주로 포괄되는 민족 상층부의 일부는 노동자, 농민과 동일한 관점에서 경제적 배경 서술에 포함되었다. 기본 틀에 공헌하는 실증 범위의 확대, 일본 자본주의 자체에 대한 관심, 민족기업과 민족자본의 성장에 대한 주목도 북한 학계와의 차이점으로 거론할 수 있다.

연구자들 사이의 편차와 긴장감이 확인되는 것도 주목된다. 북한 학계보다 토지 수탈의 규모를 더 강조하는 글도 있고, 특히 역사학과 경제사학 연구자들 사이의 '근대화 내지 자본주의의 발전'과 관련한 시각적 편차가 이미 보이기 시작한 것도 주목할 만하다.

5. 1970년대: '민족자본'으로 다시 주목되는 민족 상층부와 토지 수탈 논리의 정교화

주지하듯이 3·1운동 60주년이었던 1979년은 10·26사태로 대표되는 격동의 시기였다. 그것이 직접적인 원인인지는 정확하지 않으나 3·1운동을 기념하는 학술대회나 기획연구의 성과가 나오지 않았다. 여기서는 관련한 2편의 연구를 통해 이 시기에 이루어진 3·1운동의 경제적 배경 서술을 살펴본다. 안병직의 《3·1운동》(한국일보사, 1975) 과 류청하의 〈3·1운동의 역사적 성격〉이다. 전자는 3·1운동을 주제로 한 단행본이고, 후자는 1979년 9월 개최된 서울대학교 인문대학 심포지엄 '3·1운동'을 정리한 결과물이다.

1) 안병직, 《3·1운동》, 한국일보사, 1975

이 책은 저자 스스로 언급하듯이 제목에 걸맞은 체계적인 글은 아니고, 그간 집필했던 단편적인 글들을 모은 것이다. 이 책에서 3·1운동의 경제적 배경 서술은 제1부 2장 〈19세기 말~20세기 초의 사회경제와 민족운동〉, 3장 〈3·1운동에 참가한 사회계층과 그 사상〉이다.

이 책의 경제적 배경 서술은 앞선 연구들과 일정한 차이가 있다. 3·1운동 주도세력의 형성이라는 관점에서 사례를 열거해 근거를 들면서 민족자본가층의 성장, 기업의 발전, 교통·운수의 발달 및 유통 상품 증가에 의한 근대적 노동계급의 급속한 성장, 그리고 토지조사사업에 의한 농민의식의 각성 등을 서술하고 있다. 군이 3·1운동과 직접 연결시키지 않으면 개항 후 한국의 근대 산업화를 향한 발전 과정 서술로 보아도 큰 무리가 없다. 앞선 연구들과의 계보를 생각하면 경제사학자들의 서술과 이어진다고 할 수도 있다.

그렇다고 3·1운동 경제적 배경 서술의 기본 틀로서 일제 수탈을 무시한 것은 아니다. "1905년 보호조약 이후 일본 침략자는 우리나라의 재정·금융·화폐·교통기구·통신 등 우리 경제의 기본적 명맥을 장악하고 인민들을 착취하는 한편, 일본 자본의 대량 진출은 우리나라의 금융·상업·공업에 있어서 완전한 지배권을 쥐게 되었고, 또한 1908년에 설립된 동양척식주식회사를 비롯한 일인 회사들이 광범한 토지를 약탈했다. 이런 일본제국주의의 반식민지적 지배하에서 조선의 사회·경제는 반봉건적 성격을 띤 아주 낙후한 상태에 있었다"[15]고 했다. 저자는 본인의 경제적 배경 서술이 기존 '통설'과 차이가 있다는 것을 의식하고 있는 듯하다. 그는 이 글의 사회·경제에 대한 고찰이 민족운동을 추진한 '에네르기'의 배경을 살펴보기 위한 것이라고 전제하고 있다.

2) 류청하, 〈3·1운동의 역사적 성격〉, 《한국근대민족운동사》, 돌베개, 1980

3·1운동의 경제적 배경 서술이라는 측면에서 류청하의 글은 기존 토지조사사업과 회사령을 양대 축으로 하는 식민지 수탈의 틀이 잘 정리되었다. 식량 및 원료 공급지로 만들기 위한 농업부문의 반봉적 전 토지 소유관계 정착과 그 실현을 위한 토지조사사업의 실시, 농민 몰락, 그리고 비농업부문의 화폐정리사업과 회사령을 통한 민족자본 억압, 자원 이출구조 정비가 주요 내용이다.

이 글은 몇 가지 주목할 점이 있다. 우선 토지조사사업에서 기존의 복잡한 신고주의 등을 이용한 민유지 약탈 등의 언급은 사라지고, 전통적 농민의 권리—도지권, 경작권, 입회권—를 배제하고 지주의 토

---

15) 안병직, 《3·1운동》, 한국일보사, 1975, 52쪽.

지 소유권만을 배타적으로 인정했음을 강조한 것이다. 이로 인해 조선 후기 이래 성장한 부농층이 결정적으로 몰락할 수밖에 없었고, 한국인 지주층을 식민지배의 강력한 동맹자로 삼을 수 있게 되었으며, 일본인 토지 소유를 합법화했다고 했다. 조선 후기 이래 성장한 부농층에 대한 언급은 토지조사사업이 '내재적 발전'의 주도층을 제거하는 주요한 장치였다는 의미로 읽혀서 주목된다. 권리가 아닌 토지에 대한 직접적 약탈은 궁장토, 역둔토 등 국·관유지의 국유화에서 찾았다. 이 토지들에는 실질적 사유지가 많이 포함되어 있으며, 농민의 전통적 권리가 가장 강하게 성장해 있다고 했고, 그 근거로 소유권 분쟁을 들었다. 다음은 상공업부문에서 일제에 저항하는 '민족자본' 계층을 부각한 점이다. 필자는 그 이유를 민족자본의 범주 설정 등에 문제가 있다고 전제하면서도 3·1운동의 초기 단계 주도층으로 파악하기 때문이라고 했다. 그러나 이들의 존재 형태에 대해서는 서술이 애매하다. 명확하게 언급하는 것은 "소매업에 잔명을 보존하는 극소수의 상인자본"[16] 정도이다.

1970년대 3·1운동의 경제적 배경 서술은 3·1운동 주도층이라는 고민 속에서 민족 상층부에 대해 새롭게 주목하는 경향이다. '부르주아 민족운동인가'와 같은 운동의 성격 규정 문제가 대두되고, 식민지적 경제구조에 반기를 들고 외국자본, 예속자본과 날카롭게 대립하는 민족자본의 범주 설정이 화두로 부상했기 때문으로 보인다. 농업부문의 설명은 좀 더 정교화되었다. 민유지에 대해서는 직접적 토지 약탈보다는 농민의 전통적 권리 약탈을 강조하고, 토지 약탈은 강제적 국유지 창출에 비중을 두었다. 경제적 배경 서술의 새로운 경향은

---

16) 류청하, 〈3·1운동의 역사적 성격〉, 《한국근대민족운동사》, 돌베개, 1980, 448쪽.

'내재적 발전론', '민족자본론' 같은 활발해진 관련 사회경제사 연구의 반영이다. 김용섭, 신용하, 박현채, 조기준 등 한국 연구자들 외에 박경식, 미야지마 히로시(宮島博史), 가지무라 히데키(梶村秀樹) 등 일본 연구자들의 영향도 컸다.

6. 1980년대: 진보·보수 학계의 대비되는 서술 비중

1989년 3·1운동 70주년을 기념한 학술연구는 한국역사연구회, 역사문제연구소의 《3·1민족해방운동연구》와 동아일보사의 《3·1운동과 민족통일》이 동시에 출판되어 묘한 대조를 이루었다. 민주화운동의 분위기 속에서 한국역사연구회, 역사문제연구소 같은 진보적 학술단체의 설립이 그 배경이 되었다.

1) 한국역사연구회·역사문제연구소 편, 《3·1민족해방운동연구》, 청년사, 1989
이 책은 총 3개 부에 13편의 글과 부록(심포지엄 토론요지, 3·1운동 관계 주요 논저목록)으로 구성되었다. 이 중 경제를 주제로 한 글은 2편이다. 이 2편의 글은 1부 '3·1운동의 배경'에 속해 있다.

　　― 식민지 초기 일제의 경제정책과 조선인 상공업(권태억, 1부)
　　― 1910년대 식민농정과 금융수탈기구의 확립 과정(정태헌, 1부)

전체적으로는 기존 연구의 경제적 배경 서술의 기본 틀 속에서 관련 주제의 확장과 구체적 실증이 더해졌다. 아울러 연구자 간 시각차는 여전히 존재한다. 이것을 1910년대 회사령을 매개로 한 공업 실태와 관련된 성장과 억제(미발달), 민족과 지역이라는 키워드로 정리할 수 있다. 이전의 미묘한 관점적 차이가 좀 더 뚜렷해지는 흐름이라고도 볼 수 있다.

권태억의 글은 그간의 연구가 회사령을 축으로 민족 차별 관점의 한국인 회사 성장 억제를 기본 틀로 했던 상공업을 다루었다. 그의 글 역시 기본적으로는 같은 기조이다. 그러나 민족 차별 관점은 굳이 강조하지 않는다. 그보다는 '지역'에 더 관심이 있다. 한국인 기업(자본가)의 성장을 억제하지만, 일본인 기업 역시 "저급한 수준이었다"[17]고 보기 때문이다. 식민지 공업 발전의 억제는 상품 소비 시장의 역할을 해야 하기 때문이라고 했다. 공업 발전 억제 장치로는 회사령과 함께 '저율관세'도 강조한다. 3·1운동 참여 노동자는 매뉴팩처 수준의 조선인 공장 노동자[18]가 아니라 총독부 직영 대공장 고용 노동자들이었다. 상공업의 경우 무역업, 도매업 등 상업의 주요 부문을 일본 상인이 장악했고, 비록 한국 상인이 위축되었지만 국내 소규모 상업에서 한국 상인의 위치는 여전히 상당했다는 점을 강조한 것도 인상적이다. 3·1운동 참여 주체와 관련해 상인들의 위치를 염두에 둔 것으로 보인다.

정태헌의 글은 농업을 다루었으나, 기존의 토지조사사업을 매개로 한 토지 약탈과 농민 몰락, 봉건적 착취에 주목하지 않았다. 오히려 토지조사사업을 제외한 총독부 농업정책(농정)의 '시스템화'에 주목하고 실증하려고 했다. 각종 산업단체, 지주회, 권업모범장, 기타 일본인 중심 이익단체, 그리고 이들을 뒷받침하는 제국주의 자본의 유

---

17)   한국역사연구회·역사문제연구소 편, 《3·1민족해방운동연구》, 청년사, 1989, 130쪽.

18)   이들은 완전한 노동자가 아니라고도 했다(위의 책, 139쪽).

입 통로이자 동시에 수탈 통로이기도 한 금융시스템의 정비 과정에 주목했다. 그리고 이렇게 정비된 시스템을 '폭력적 수탈'보다는 '효과적인 수탈'을 전제로 한 자본주의 경제조직의 식민지 이식으로 보았다.

경제를 직접 연구 주제로 하지 않은 글 중에 임경석의 〈1910년대 계급 구성과 노동자·농민운동〉에는 경제적 배경 서술이 일정한 비중으로 들어가 있다. 1910년대 각 계급의 존재 형태 속에 경제적 배경 서술을 집어넣다 보니 서술 방식은 독특하지만, 기존 연구에서 축적된 경제적 배경 내용이 가장 충실하게 들어가 있다.[19] 특히 3·1운동 주도세력으로 민족 상류층을 포함시켜서 이들과 관련된 서술에 힘을 주었다. 일제의 '무단농정'[20]과 과중한 조세, 공공용지 명목의 토지 수용 희생자로 일부 조선인 지주가 포함되었고, 운동에 참여하는 배경이 되었음을 강조하는 식이다. 자본주의 경제제도는 회사령 속에서 한국인 자본과 일본인 자본의 존재 형태를 업종별로 구체적으로 비교·분석하고 성장에 초점을 맞추었다. 일부 자본가를 3·1운동 주도세력에 포함하기 위해서이고 "가장 선진적인 역량"[21]으로 규정한

---

19) 1910년대 한국 경제는 자본주의 경제제도, 봉건제, 소상품 경제제도가 공존하고 상호작용한다고 했다. 이런 서술 방식은 계급 구분을 염두에 둔 것이다. 자본주의 경제제도는 일본제국주의 자본─국가 자본과 사적 독점자본으로 구성─과 한국인 자본으로 대표되며, 1910년대 여러 경제제도 가운데 가장 선진적으로, 양적 비중은 크지 않으나 질적으로는 지배적인 지위를 점했다고 했다. 봉건제는 토지조사사업과 식민지 농정에 의해 형성된 식민지 지주제와 고리대 수탈로 대표되며, 과도기적 잔재가 아닌 제국주의 자본에 의해 지지받고 보호받는 존재로 가장 큰 비중을 차지한다. 소상품 경제제도는 농민, 수공업자, 소상인이 주체로 가족노동, 개인노동에 의거해 성립하는 경제 형태로 정의되었다.

20) 총독부의 헌병, 경찰과 결합해 강제성을 강조한 농업정책이라 했다. 농사 개량, 육지면 재배, 각종 조합 강제 가입 및 조합비 중복 징수, 상묘(桑苗) 강제보급, 가마니 제조 강제 등을 거론했다.

21) 한국역사연구회·역사문제연구소 편, 앞의 책, 210쪽.

노동자계급의 성장을 강조하기 위함이다.[22] 소상품 경제제도는 소부
르주아 계급 영역으로 일본 상인의 침투와 상품 시장화 속에서 위축
또는 쇠퇴하는 소상인, 가내수공업자를 설명하려는 것이었다.

2) 동아일보사 편, 《3·1운동과 민족통일》, 동아일보사, 1989

이 책은 3·1운동 70주년을 기념한 심포지엄을 그대로 출판한 것으
로, 총 2개 분과별 발표문 7편과 분과별 토론문 및 전체 종합토론문,
자료로 구성되어 있다. 《3·1민족해방운동연구》와 대조적으로 경제를
주제로 한 글은 없다. 종합토론에서도 경제적 배경과 관련된 언급은
김영호의 간략한 서술 외에 없었다.

부분적으로 경제적 배경 서술이 들어가 있는 것은 '3·1운동의 역
사적 성격에 대한 재조명'이라는 주제로 심포지엄을 진행한 제1분과
의 김경태가 쓴 〈3·1운동 참가 계층의 사회·경제적 성격〉에서 제2절
'1910년대, 조선의 사회·경제 상태'이다. 토지조사사업과 회사령을
양 축으로 하는 논리 틀에는 변함이 없다. 새로운 서술보다는 20년
전 발간한 《3·1운동 50주년 기념논집》의 성과를 압축·정리한 느낌이
다. 상공업부문에서 회사령 등을 민족 차별 관점에서 정리하면서도
노동자계급의 성장도 병렬적으로 서술하는 것 등이 대표적이다.

가장 비중 있게 다룬 것은 민족 대표 33인을 포함한 민족 상층부
이다. 박경식의 '민족 대표 재평가론'을 거론하면서 "종래 3·1운동의
전개를 일제의 토지조사사업 등 가혹한 식민지적 수탈과 헌병·경찰
의 무단통치 등 일제의 정책사 속에서 추구하던 연구 경향에 대한 비

---

22) 노동자계급의 성장을 위해 공장 노동자 외에 자유 노동자(무역, 운수, 건설, 서비스업 종사),
     광산 노동자의 실태도 구체적으로 거론했다.

판이 되고 있다"²³⁾고 강조한 것은 당시의 시대적 분위기를 반영한 것으로 보인다.²⁴⁾ 사실 20년 전 책에는 이보다 큰 '수탈'과 '근대', '발전'이라는 시각적 편차가 함께 들어 있었다.

김경태의 글에 대한 안병직의 토론문은 1970년대 본인의 책과 대체로 같은 기조이고, 이를 보다 적극적으로 일반화하는 느낌이다. 즉, 몰락에 의한 갈등보다 경제 호황에 따른 '시민적 열망'에 더 주목해야 한다는 것이다. 계급 구분에 의한 분석도 비판했다.

1980년대 말 3·1운동 70주년을 기념하는 시점의 경제적 배경 서술은 진보 학술단체의 확대된 관심과 보수 학계—진보 학계의 성립으로 인한 상대적 의미로 규정한 것이다—의 무관심으로 정리된다. 진보 학계의 관심은 실증 영역에서 보다 깊어졌으나, 내용에는 일정한 편차가 있다. 보수 학계는 별도의 주제로 다루지 않았고, 새로운 내용도 보이지 않는다. 다만 당시의 시대상을 반영하듯 진보 학계를 의식한 비판이 간략하게나마 언급되는 수준이었다.

2000년대 이후 경제적 배경 서술의 퇴조

3·1운동이 일어난 경제적 배경에 대한 서술은 이미 1919년 시점부터 농업과 상공업의 두 축으로 전자는 수탈, 후자는 차별이라는 기본적 인식구조가 형성되어 있었다. 이후 일제 시기와 해방공간을 거치면서 '농업-토지조사사업→토지 약탈→농민 몰락/상공업-회사령

---

23) 동아일보사 편, 《3·1운동과 민족통일》, 동아일보사, 1989, 51쪽.

24) 종합토론문에서는 이런 분위기가 좀 더 강하게 나타난다.

→한국인 기업 성장 억제'라는 경제적 배경의 서술 틀이 1950~1960
년대 남북한에 공히 구축되었다. 특히 북한 학계의 경우 농업-봉건
적 착취, 공업-식민지적·자본주의적 착취로 좀 더 도식화되는 경향
이었다.

　내용적으로는 토지 수탈과 농민 몰락의 근거로 토지조사사업에 대
한 실증은 구체화되고 정교해졌지만, 회사령에 대한 해석은 이른 시
기부터 민족 차별, 한국인 기업 억압의 근거로는 불안정한 논리가 지
속되었다. 이것은 몰락 농민의 잠재적 농촌 거주로 고율 소작료의 기
반이 되었다는 측면과 노동자계급 성장, 민족 상층부의 3·1운동에서
의 역할과 관련해 모순적 구조가 존재했기 때문이다. 아울러 이 문제
에는 '민족'과 '지역'의 문제가 상충되는 측면도 기여했다.

　1970년대 이후 3·1운동의 경제적 배경 서술과 관련해서는 경제사
학자들을 중심으로 근대, 자본주의 발전에 따른 자본가 등 민족 상
층부에 다시 주목하는 관점이 대두되었다. 이것은 '시민적 열망', '에
네르기'로 표현되기도 했다. 그리고 이러한 '미묘한 시각적 편차'는
1980년대 말 진보적 학술단체 설립을 계기로 보다 선명해졌지만 진
보 학계 내의 시각이 통일적이지는 않았다. 수탈의 논리를 뒷받침하
는 실증이 깊어지고 범위도 넓어진 한편으로 경제사학자들의 논리가
일정하게 흡수된 결과로 생각한다. 당시 격렬하게 진행된 '사회구성
체 논쟁'의 영향일 수도 있다.

　21세기에 접어들어 3·1운동을 기념하는 학술연구에서 3·1운동 발
발의 경제적 배경 서술은 급격하게 비중이 줄어들었고, 최근에는 더
이상 주목의 대상이 아니다. 대표적으로 90주년을 기념한《1919년 3
월 1일에 묻다》(박헌호·류준필 편집, 성균관대학교출판부, 2009)를 거론할
수 있다. 이 책은 총 3개 부에 20편이 넘는 방대한 글로 구성되어 있

지만, 경제를 주제로 한 글은 단 한 편도 없다. 부분적으로 언급된 글도 제2부 '주체와 제도'에서 농민적 주체와 관련한 배성준의 〈3·1운동의 농민봉기적 양상〉에서 농민봉기의 동기 설명 정도이다. 톰슨의 '도덕 경제' 개념을 인용해 식민통치에 의한 농촌공동체의 해체(자본주의 시장경제로의 이행과 공동체 관행의 파괴)와 그에 대한 대응(3·1운동의 농민봉기)으로 서술하고 있다.

이런 현상은 이후에도 지속되었다. 2010년 동북아역사재단이 기획한 《3·1운동과 1919년의 세계사적 의의》는 4편의 글로 구성되어 있으나 경제를 주제로 한 글은 없다. 글 속의 부분적인 언급조차 찾기 힘들다. 3·1혁명 100주년 기념사업준비위원회가 95주년을 기념해 기획한 '3·1혁명 95주년 기념 학술회의' 역시 마찬가지다. 발표집은 기념강연과 4편의 발표문 및 부록(제언, 자료)으로 구성되어 있으나 경제를 주제로 한 글은 없다. 굳이 찾는다면, 〈3·1정신 재정립의 현재적 의의〉(이만열, 기념강연)에서 동맹파업의 증가 및 생활형편과 관련한 쌀값 상승을 언급하는 정도이다.

원인으로 거론될 수 있는 것은 장기간 지속된 '근대화 논쟁'의 영향, 마르크스주의에 기반을 둔 경제결정론과 민중사학의 퇴조 등이다. 1980년대 진보와 보수 학계의 대비되는 경제적 배경 서술의 비중은 그 시작일 것이다. 특히 근대화 논쟁의 '정치화'는 역사학계의 경제사 연구 자체가 침체하는 데 영향을 준 측면이 있다.

그럼에도 불구하고 거대한 민중적 정치운동이 일어난 배경에 경제적 요인이 갑자기 주목받지 못하는 것을 이런 원인들만으로 보는 것은 어딘지 부족한 느낌이다. 그간의 연구 축적과 이를 토대로 한 학계의 일반적 인식론의 변화가 3·1운동을 기념하는 학술기획에 반영된 측면도 고려할 수 있다. 그러나 1910년대는 토지조사사업을 제외하면 일제 시기 경제사 연구에서 현재까지도 상대적으로 연구 축적이 빈약한 시기다. 따라서 어떤 면에서는 시대적 흐름에 따른 사회 변화의 반영에 따라, 3·1운동을 바라보는 역사적 관점이 급격히 다변화하는 과정에서 나타난 일시적이고 과도기적인 현상으로 해석할 수도 있을 것이다.

7장

'3·1운동의 세계사적 의의'의
불완전한 정립과 균열

한승훈

역사가 된 '3·1운동의 세계사적 의의'

2009년 개정 교육과정에 따라 집필된 고등학교 한국사 교과서는 공통적으로 '3·1운동의 세계사적 의의'를 다루고 있다. 그 내용은 3·1운동이 중국의 5·4운동, 인도·베트남 등의 민족해방운동에 '영향'을 끼쳤거나 '자극'을 주었다는 것이다. 즉, 고등학교 한국사 교과서에서는 '3·1운동의 세계사적 의의'를 약소민족 해방운동이라는 세계사적 맥락에서 파악하고자 한 것이다.

그런데 '3·1운동의 세계사적 의의'에는 한계가 존재한다. 즉, 사료적 근거가 미약하다. 중국의 5·4운동을 제외하고는 3·1운동이 약소민족해방운동에 영향을 끼쳤다는 사료는 없다시피 하다. 인도의 사례로 네루가 딸에게 보낸 옥중편지를 엮은 《세계사 편력》과 타고르의 시 〈동방의 등불〉을 언급하기도 했다. 하지만 네루와 타고르는 3·1운동의 감동을 전했을 뿐이다. 그들이 남긴 편지와 시만으로는 3·1운동이 인도의 독립운동에 영향을 끼쳤다고 단정하기 어렵다.[1] '3·1운동의 세계사적 의의'는 사료의 뒷받침이 없이 '역사'로 일반화되었던 것이다.

이 글은 '3·1운동의 세계사적 의의'의 불완전한 정립 과정과 균열 양상을 추적했다. 이 글에서는 우선 세계사적 관점에서 3·1운동을 상반되게 인식하는 과정을 살펴보고자 한다. 다음으로는 정부가 '3·1운동의 세계사적 의의'를 공식화하고, 일군의 학자들이 '세계사적 맥락'에서 학문적 정립을 시도한 과정을 검토하고자 한다. 마지막으로는 학계의 비판 속에서 '3·1운동의 세계사적 의의'가 균열하는 양상을 추적했다. 결론적으로 이 글에서는 사료의 빈약함 속에서 '3·1운동의 세계사적 의의'가 불완전한 '역사'로 자리매김했음을 밝히고, 이에 대한 새로운 대안을 모색하고자 한다.

1. 세계사적 관점의 3·1운동 인식의 상반된 형성

1) 약소민족의 역사적 조건을 간과한 '선도성' 제기

1946년 2월 27일자 《동아일보》에는 〈3·1운동의 회상〉이라는 제목의 기사가 실렸다. 그 기사를 작성한 이는 《동아일보》 사회부장 곽복산이었다. 그는 3·1운동에 대해 "국제적으로는 우리의 자립 능력을 세계에 보여주었고, 또는 세계 약소민족 해방운동사에 자연히 빛나

---

[1] 인도사 전공자인 이광수는 "인도의 민족운동은 3·1운동이 있기 훨씬 전부터 본격적으로 시작됐다"라면서 교과서에 수록된 '3·1운동이 인도의 민족운동에 영향을 주었다'는 내용은 삭제해야 한다고 주장했다. 이광수, 〈3·1운동이 인도 민족운동에 영향을 줬다고?〉, 《인도 100문 100답》, 앨피, 2018, 221쪽.

는 기록을 지었던 것을 자부하지 않을 수 없다"라고 평가했다.[2] 세계 약소민족의 해방운동사에서 3·1운동이 차지하는 위상을 강조했던 것이다.

이틀 뒤인 3월 1일자 《동아일보》 1면에는 '세계 무저항의 시초'라는 부제 아래 이승만의 인터뷰 기사가 실렸다. 이 인터뷰에서 이승만은 다음과 같이 3·1운동의 의의를 부여했다.

> 삼월 일일은 우리나라 역사에 빛나는 날이고 또한 세계 역사에도 기념할 만한 날입니다. ······ 정의와 인도를 세우기로 한 고로 그때 세계에서 우리 애국남녀의 열렬한 행적을 찬양할 뿐 아니라 새 주의를 증명한 것을 찬양한 것입니다. **세계에서 비폭력주의의 원조를 인도의 간디 씨로 말하나 사실 그 날짜를 상고해보면 우리 만세운동이 처음으로 먼저 시작된 것입니다.**[3] (강조-인용자, 이하 같음)

이승만은 전 세계 사람들이 3·1운동에서 구현하고자 했던 비폭력에 입각한 정의와 인도를 찬양했다고 주장했다. 3·1운동의 비폭력주의가 갖는 세계적 보편성을 강조했던 것이다. 그런데 이승만은 인도의 간디가 주창한 비폭력주의보다 3·1운동이 시기적으로 앞선다고 주장했다. 1919년 4월 영국의 롤래트법(Rowlatt Act)에 대항한 인도의 비폭력 저항을 염두에 둔 발언이었다.

3·1운동이 인도의 비폭력운동보다 선행한다는 이승만의 발언은 해방 이전에도 있어왔다. 이승만이 위원장으로 활동한 대한민국임시

---

2) 곽복산, 〈3·1운동의 회상〉, 《동아일보》, 1946년 2월 27일자.
3) 〈우리의 기미운동은 세계 무저항의 시초〉, 《동아일보》, 1946년 3월 1일자.

정부의 주미외교위원부에서 《통신》을 발행했는데, 1943년 2월 22일자 제24호에 〈3·1정신〉이라는 제목의 글이 수록되었다.[4] 이 글에서는 3·1운동이 비폭력운동으로 전개된 배경으로 본래 13도 대표들이 무력에 의한 혁명을 준비했지만, 이상재를 비롯한 몇몇 인사들의 "지혜로운 권고"로 남을 죽이기보다는 "우리가 죽음으로 우리의 애국심"을 발현하여 "정의 인도로 성공하자는 주의"가 성립되었다고 밝히고 있다. 그러면서 3·1운동을 세계 최초의 비폭력 저항운동으로 규정했던 것이다.

1947년 3월 1일자 《동아일보》 1면에는 〈조선 현계단의 당면 임무, 삼일투쟁은 민족해방의 원동력〉이라는 제목의 사설이 실렸다. 그 사설의 첫 단락에서는 "이날의 의의야말로 조선 민족의 해방투쟁사상 신기원을 이루었을 뿐만 아니라 넓이 아시아 민족해방의 여명에 박차를 가하였다고 아니할 수 없다"고 서술했다.[5] 3·1운동의 선도적 지위를 부각함으로써 3·1운동이 아시아 약소민족의 해방투쟁에서 우월한 지위에 있음을 강조했던 것이다.

한국전쟁 직후에도 3·1운동의 선도적 위치는 강조되었다. 1954년 3월 1일자 《경향신문》에는 '삼일정신의 문화사적 위치'라는 부제가 붙은 〈항거하는 '휴매니즘'〉이라는 제목의 칼럼이 실렸다. 이 칼럼의 저자는 이화여대 국문과 교수이자 평론가인 이헌구였다. 그는 제국주의 열강에 항거한 3·1운동의 정신을 계승해 공산 제국의 침략에 대항해야 한다고 역설했다. 반공적 시각이 투영된 글이었다. 그런데이 칼럼에서 그는 3·1운동의 세계사적 의의를 다음과 같이 서술했다.

---

4)   국사편찬위원회 편, 〈주미위원부 통신 제24호(1943. 2. 22.)〉, 《대한민국임시정부자료집 19: 주미외교위원부 I》, 국사편찬위원회, 2007.

5)   〈조선 현계단의 당면 임무, 삼일투쟁은 민족해방의 원동력〉, 《동아일보》, 1947년 3월 1일자.

우리는 한민족이 다른 민족에 비하여 그 우열을 논하려는 바도 아니
며 또 그러한 선민적 시대착오설을 내세울 수도 없는 것이나 만일 삼일
운동 하나만을 가지고 당시 같은 처지에 놓여진 모든 약소국가의 경우
와 비교하여볼 때 **어찌하여 중국의 오사운동이나 기타 인도, 애급(이집
트-인용자), 비율빈(필리핀-인용자)에서 일어난 모든 약소민족의 해방운
동보다 훨씬 시기적으로 앞섰고 그 규모에 있어서 가장 크고 넓게 전 민
족이 총동원하여 궐기항쟁할 수 있었는가 하는 점에 대하여 냉철한 연
구와 비판이 필요할 것이다. 이것은 모든 세계 약소민족사를 연구하는
이들에 의당 선택되어야 할 문제라고 생각되거니와……** [6]

이헌구는 우리 민족의 우월성이 내재된 선민적 사고를 경계했다.
하지만 그는 3·1운동의 세계사적 의의를 예외로 규정했다. 3·1운동
이 중국 5·4운동을 비롯해서 이집트, 필리핀의 해방운동보다 시기적
으로 앞설 뿐 아니라 그 규모에서도 여타 민족해방운동보다 압도적
이었다는 점을 지적하면서, 그는 후속 연구의 필요성을 제기했다. 선
도적 관점에서 3·1운동 연구의 필요성을 강조한 것이다.

이헌구는 1년 뒤 칼럼에서 3·1운동이 세계 약소민족의 해방운동에
선도적인 역할을 했다는 관점을 구체화했다. 그는 1955년 2월 27일
자 《경향신문》 4면에 〈삼일정신은 계승되었는가〉라는 제목의 칼럼에
서 다음과 같이 밝히고 있다.

3·1운동은 확실히 세계사적인 **무혈혁명**인 것이다. **이 운동으로 말미
암아 오래인 동면에서 헤어날 수 없었던 중국을 비롯한 인도, 비율빈,**

---

6)   이헌구, 〈항거하는 '휴매니즘'〉, 《동아일보》, 1954년 3월 1일자.

애급 등들의 자주정신을 불질러 일으켰던 것이다. 만일 불란서 혁명이 근대 선진자본주의 국가들을 각성시킨 절대한 의의를 가졌다면 **3·1혁명은 문자 그대로 약소 후진국가의 자각과 자립자주정신을 고무시킨 역사적 운동**이라고 아니할 수 없는 것이다.[7]

이헌구는 3·1운동을 약소민족의 혁명에 영향을 끼친 무혈혁명으로 규정했다. 나아가 그는 3·1운동이 중국, 인도, 필리핀, 이집트 등을 자각시켜서 자주정신을 불러일으키는 데 큰 역할을 했다고 강조했다. 중국을 비롯한 약소민족의 해방운동을 선도했다는 관점에서 3·1운동의 세계사적 의의를 평가했던 것이다.

한편, 1960년에는 《삼일독립운동사》가 출판되었다. 저자는 언론인이자 역사학자였던 장도빈이었다. 그는 3·1운동 당시 천도교, 기독교, 불교가 함께 참여했던 양상이 인도에 전해져서 힌두교와 이슬람교가 연합해서 독립운동시위를 전개했다고 주장했다.[8] 나아가 그는 이집트, 아일랜드, 폴란드의 각국 독립운동 세력이 3·1운동의 방법을 계승했다고 서술했다. 하지만 그는 인도, 이집트, 아일랜드, 폴란드의 독립운동 과정에서 3·1운동을 계승했다는 사료를 제시하지 않았다. 사료적 근거가 뒷받침되지 않은 내용들로 3·1운동의 세계사적 의의를 규정했던 것이다.

---

7) 이헌구, 〈삼일정신은 계승되었는가〉, 《동아일보》, 1955년 2월 27일자.

8) 장도빈, 《삼일독립운동사》, 국사원, 1960, 87·88쪽. "1. 인도는 우리 삼일운동 직후에 영국에 대하여 독립운동을 일으켰는데 그 방법이 곧 우리 삼일운동의 방법을 모방하여 인도교(힌두교-인용자)와 회교가 연합하여 독립운동 시위 행렬을 하였다. 2. 애급(이집트-인용자)은 영국에 대하여 독립운동을 일으켰는데 그 방법이 또한 우리 삼일운동의 방법을 모방하였다. 3. 애란(아일랜드-인용자)은 영국에 대하여 독립운동을 일으켰는데 그 방법이 또한 우리 삼일운동의 방법을 모방하였다. 4. 파란(폴란드-인용자)은 노국(러시아-인용자)에 대하여 독립운동을 일으켰는데 또한 우리 삼일운동의 방법을 모방하였다."

1966년 3월 1일자 《동아일보》 5면에는 〈시급한 3·1운동사 정리〉라는 제목의 기사가 실렸다. 'J'라고만 밝힌 필자는 자료 수집 및 집단 연구의 필요성을 강조했다. 그런데 그 기사에는 '세계사적 해석이 필요'하다는 중제목이 달렸다. 그리고 본문에는 3·1운동이 "같은 해에 일어난 중국의 5·4운동이나 인도 '로라트' 탄압법을 반대하는 반영운동에 미친 영향"[9]이 고려되지 않았음을 비판했다. 'J'는 아시아 약소민족의 해방운동을 선도적으로 이끌었다는 관점에서 3·1운동 연구가 진행되어야 한다고 밝힌 것이다.

1969년 2월 《경향신문》에는 '삼일운동 50주년 기념 특별 시리즈'로 〈삼일운동 현시점에서 재평가하는 사적 의의〉라는 기획 기사가 실렸다. 그중 2월 27일자에는 역사학자 유홍렬이 쓴 '(2) 종교, 교육'이 게재되었는데, 그는 3·1운동의 의의를 다음과 같이 평가했다.

> 3·1운동은 천도교의 민족주의 사상과 기독교의 박애민주주의 사상과 불교의 자비사상이 유입되어 이루어진 세계평화운동이었다. 이러한 3·1 운동의 정신은 곧 중국에 영향을 끼쳐 그해 일제의 침략을 반대한 5·4 북경학생운동을 일으켰고 제2차 대전 이후 실현을 보기 시작하여 오늘에 이르고 있으니 50년 전에 이루어진 3·1운동은 세계사적으로 보아 지대한 의의를 지닌 인류평화를 위한 민족운동이었음을 알 수 있다. 3·1운동은 확실히 물질문명보다 고도로 발달했던 우리의 정신문화를 온 세계에 과시한 운동이었다.[10]

---

9) J, 〈시급한 3·1운동사 정리〉, 《동아일보》, 1966년 3월 1일자.

10) 유홍렬, 〈삼일운동 현시점에서 재평가하는 사적 의의〉, 《경향신문》, 1969년 2월 27일자.

유홍렬은 세계평화를 주창한 3·1운동의 정신이 중국 5·4운동에 영향을 끼쳤으며, 제2차 세계대전 종전 이후 구현되고 있음을 강조했다. 결론적으로 그는 세계사적으로 인류평화를 추구한 민족운동이자 민족의 정신문화를 세계에 드높였다는 점에서 3·1운동의 선도적 의의를 부여했던 것이다.

2) 약소민족 해방운동의 비교사적 연구

1969년은 3·1운동 50주년을 맞이하는 의미 있는 해였다. 동아일보사는 총 76편의 논문을 모아서 《3·1운동 50주년 기념논집》을 발간했다.[11] 그해 5월 29일과 30일에는 경희대학교에서 동양사학회의 주관으로 제12회 전국역사학대회가 개최되었다. 첫째 날 공동발표 제목은 '아세아의 민족주의운동'이었는데, 6명의 발표자들은 3·1운동과의 직간접적인 연관을 맺는 주제의 논문을 발표했다.[12] 언론과 학계에서는 3·1운동을 학문적으로 정립하기 위한 목적으로 논문집을 발간하고 학술대회를 개최했던 것이다.

《3·1운동 50주년 기념논집》과 제12회 역사학대회 공동발표에서는 아시아 약소민족의 해방운동을 검토하는 논문들이 수록·발표되었다. 그중에서 3·1운동과 중국 5·4운동의 관련성에 관해서는 이용범, 정세현, 민두기가 논문을 발표했다.

이용범은 중국에서 발행한 신문에 게재된 3·1운동 기사를 분석했다.[13] 그의 분석에 따르면 외국인이 경영하는 영자 신문들은 3·1운동 당시 일본이 한국인들이 정당한 요구를 관철시키기 위해 전개한 평화

---

11)   동아일보사 편, 《3·1운동 50주년 기념논집》, 동아일보사, 1969.

12)   동양사학회 편집부, 〈아세아의 민족주의운동〉, 《동양사학연구》 4, 1970.

13)   이용범, 〈3·1운동에 대한 중국의 반향〉, 동아일보사 편, 앞의 책, 533~540쪽.

적 시위를 야만적으로 진압했다고 비판했다. 하지만 중국계 신문들은 3·1운동 자체에 냉담한 입장을 취했으며, 중국 지식인 역시 3·1운동에 '미지근한' 반응을 보였다. 이용범은 중국계 신문에서 3·1운동을 냉담하게 평가한 이유로 중국 내부의 혼란과 일본의 침략을 지적하기도 했다.

정세현은 3·1운동과 5·4운동에 참여한 식민지 조선의 학생들과 중국 학생들의 공통점을 외세에 저항하고 자주적으로 근대화를 추진하려는 '실천적 행동'에서 찾았다.[14] 차이점으로는 식민지 조선의 학생들이 민족국가를 추구한 반면에 중국 학생들은 국민정권 수립을 지향했다고 밝혔다.

한편, 민두기는 5·4운동의 배경 중 하나로 3·1운동을 거론하면서 중국 언론에 실린 3·1운동 기사를 분석했다.[15] 그의 분석에 따르면, 5·4운동의 주도세력들은 조선인들이 성공의 보장이 없음에도 불구하고 비폭력에 입각해서 3·1운동을 전개한 사실에 주목했다. 이어서 민두기는 중국 측 사료를 토대로 3·1운동이 중국 5·4운동의 주도세력에게 영향을 끼쳤음을 밝히고 있다. 3·1운동의 선도성을 주목했던 일련의 주장을 사료를 통해 입증했던 것이다.

하지만 그날 역사학대회에 참석한 이들은 3·1운동이 5·4운동에 영향을 끼쳤다는 사실에만 주목하지 않았다. 함홍근은 "3·1운동하고 중국에서 일어났던 5·4운동하고 사이에는 적지 않은 성격의 차이"가 있음을 주목해야 한다고 주장했다.[16] 3·1운동과 5·4운동의 발생 배경을 식민지 조선과 중국의 역사적 조건에서 파악해야 한다고 강조한

---

14) 정세현, 〈학생운동으로 본 3·1운동과 중국의 5·4운동〉, 위의 책, 979~990쪽.

15) 민두기, 〈5·4운동의 역사적 성격〉, 《동양사학연구》 4, 1970, 67·68쪽.

16) 동양사학회 편집부, 〈토론요지〉, 《동양사학연구》 4, 1970, 88쪽.

것이다.

노명식은 "아시아의 민족주의라고 할 적에 인도·중국이나 한국 등에 있어서의 그것이 전적으로 동일한 평면상에서 논의될 수 있는 것이냐"[17] 하는 문제를 지적했다. 그는 서구 제국주의에 대한 저항과 아시아라는 지역적 명칭의 동일성이란 관점에서 아시아의 민족운동을 동일한 범주의 민족주의운동으로 보려는 시도에 대해 회의적인 입장을 취했다. 즉, 함홍근과 노명식은 아시아 약소민족의 해방운동이 갖는 보편성과는 별개로 이들 운동이 갖는 독자성에 주목해야 한다고 강조했던 것이다.

실제 《3·1운동 50주년 기념논집》에 실린 고병익의 〈일차 대전 후의 아시아 민족운동-월남을 중심으로〉, 김홍철의 〈1919년 전후 애란(愛蘭)·비(比)·인(印) 민족운동〉, 그리고 동덕모가 역사학대회에서 발표한 〈아랍 민족주의〉라는 제목의 글은 개별 운동의 특수성에 주목했다. 예를 들어, 김홍철은 간디의 사탸그라하[18] 운동이 1919년 4월에 발생했다고 서술하긴 했지만, 그렇다고 3·1운동이 인도의 사탸그라하 운동에 영향을 끼쳤다는 점을 글에서 밝히지는 않았다. 즉, 이 연구들은 3·1운동이 약소민족의 해방운동에 영향을 주었다는 점을 밝혀야 한다는 일부의 바람과는 달리, 개별 민족 혹은 국가가 처해 있는 객관적인 상황에 충실해서 각각의 해방운동의 전개 과정을 밝혔던 것이다.

그렇다면 연구자들이 약소민족의 해방운동을 주목한 이유는 무엇

---

17) 위의 글, 89·90쪽.

18) 오늘날 국어사전에서는 '사탸그라하'로 명명하고 있다. 사료에서는 사티야그라하, 사타야그라하 등이 혼용되고 있다. 사료에서 인용할 때에는 당시 표기되었던 용어를 그대로 사용하되, 본문에서는 사탸그라하로 서술했다.

일까? 이와 관련해서는 고병익이 논문 서두에 작성한 '아시아 민족운동의 성격'이라는 소절이 눈길을 끈다.[19] 그는 아시아 각국이 놓여 있는 조건에 따라 민족운동의 성격과 방향이 다르다는 점을 전제하면서도 아시아 민족운동의 공통적인 측면을 내부적인 요인과 외부적인 요인으로 구분해서 설명했다. 그중에서 그는 러시아혁명과 민족자결주의 원칙이 약소민족에 보편적인 이상주의적 관념을 심어주었다고 주장했다. '동시대'를 살아가는 약소민족들이 러시아혁명 혹은 민족자결주의 원칙을 통해 외세의 침략 또는 식민통치를 극복할 수 있는 희망을 보았음을 밝힌 것이다.

김홍철도 아일랜드, 필리핀, 인도의 민족운동에 대해 비교사적인 맥락에서 연구를 수행하는 의의를 다음과 같이 밝히고 있다.

> 지금 거시(擧示)한 《동아일보》 창간호 이후의 제호 지면을 검색해보면, 필리핀의 독립 문제라든가 애란의 소요사건 보도를 위시하여, 일 기자의 해설 기사인 〈애란 문제의 유래〉, 사설 〈애란인에게 기하노라〉 등, 당시 해외의 민족운동에 관한 보도, 논평이 산견된다. **이들 제국민의 민족해방독립을 위한 항쟁사단들은, 1919년 전후 한민족의 시대감각, 민족 독립의식의 면에도 직접·간접으로 영향을 준 바 지대하였음을 보여주는, 당시 시론의 한두 예이다.**[20]

김홍철은 해외에서 전개되는 약소민족의 독립운동이 3·1운동을 경험한 한국인들에게 직간접적으로 영향을 끼쳤다는 점을 부각시켰

---

19) 고병익, 〈일차 대전 후의 아시아 민족운동―월남을 중심으로〉, 동아일보사 편, 앞의 책, 968쪽.
20) 김홍철, 〈1919년 전후 애란(愛蘭)·비(比)·인(印)의 민족운동〉, 위의 책, 991쪽.

다. 3·1운동이 약소민족의 해방운동에 영향을 끼쳤다는 주장과는 상반된 것이다. 그렇다고 그는 약소민족의 해방운동이 식민지 조선의 민족해방운동보다 선도적인 위치를 점한다고 주장하지는 않았다. 그가 주장하는 바는 외세의 식민통치를 받고 있다는 동질성이 식민지 조선인들과 여타 약소민족들 간에 공감대를 형성하는 기제로 작동했다는 데 있었다.

　3·1운동이 아시아 약소민족의 해방운동에 영향을 끼쳤다는 당대 평가는 중국 5·4운동을 제외하고는 사료적 근거가 희박한 선언과도 다름없었다. 학계에서는 비교사적 연구를 토대로 약소민족들이 처한 객관적 상황의 차이점을 통해 개별 운동의 특징을 밝혀야 한다고 주장했다. 나아가 3·1운동을 경험한 식민지 조선인들이 약소민족의 해방운동을 자신들의 독립운동에 적용하고자 했다는 사실을 밝히기도 했다. 하지만 학계의 연구 성과와는 반대로, '3·1운동의 세계사적 의의'는 점차 국가 차원에서 학문적으로 정립되기 시작했다. 그 시작은 원호처(지금의 국가보훈처)의 《독립운동사》 출판이었다.

2. '3·1운동의 세계사적 의의'의 공식화와 학문적 정립 시도

1) 《독립운동사》와 국정 《고등학교 국사》 교과서 수록

　원호처 산하 독립운동사편찬위원회는 1971년에 《독립운동사 2: 3·1운동사(상)》를 발행했다. 역사학자들로 구성된 필진[21]은 3·1운동을 지

---

21)　집필자 명단은 다음과 같다. 김용국, 김의환, 이병헌, 이상옥, 이석구, 이선근, 이정식, 이홍근, 조동걸, 조일문, 천관우, 홍순옥(독립운동사편찬위원회, 《독립운동사 2: 3·1운동사(상)》, 고려서림, 1971, 48쪽). 하지만 이 책에서는 각 장별 집필자를 명시해두지 않았다.

역 단위로 나누어서 서술했다. 지역별 3·1운동의 양상과 전개 과정을 정리한 것이었다. 그런데 이 책의 총론은 다음과 같은 인용 구절로 시작했다.

> ……독립항쟁은 오랫동안 계속되어 여러 번 폭발을 일으켰다. 그중에서도 중요한 사건은 1919년의 봉기(蜂起)다. 코리아의 민중, 특히 남녀 청년들은 우세한 적에 항거하여 용감하게 투쟁했다. …… 코리아에서는 대개 학교를 갓 나온 정도의 소녀들도 민족항쟁에서 중요한 구실을 하고 있다는 것을 알면 아마 너도 마음이 끌릴 것으로 안다…….[22]

위 인용문은 네루가 딸에게 3·1운동을 소개한 편지의 한 대목으로, 《세계사 편력》[23]의 일부다. 총론의 필자는 이 글을 인용하면서 "외국의 민족운동자들에게 있어서도 3·1운동은 이처럼 감동적인 선례"라고 평가했다. 하지만 필자는 '감동'의 차원에서만 이 글을 인용하지는 않았다.

> 3월 1일로부터 한 달 남짓한 4월 6일, M. K. 간디는 이날을 '사탸야그라하(진리파지眞理把持)의 날'로 선언하고 인도 전 지역에 걸쳐 업무 휴지(休止)와 시위를 강행케 함으로써 비폭력·불복종운동에 불을 질러, 그 수일 후인 '암리싸르 학살사건'을 비롯한 대탄압 속에서 줄기차게 뻗어 나간 반영운동의 원동력으로 삼았다. …… **인도의 사탸야그라하 운동이 3·1운동에서 어떤 구체적인 영향을 받았는지는 아직 밝혀진 바가 없으**

---

22) 위의 책, 59쪽.
23) 《독립운동사 2: 3·1운동사(상)》에서는 《세계사 별견(瞥見)》으로 소개하고 있다.

나, 이들이 서로 맥락(脈絡) 없는 우연의 일치라고 우선 가정하더라도, 3·1운동이 시간적으로 선도적(先導的)인 위치에 있는 사실만은 움직일 수 없다.[24]

네루의《세계사 편력》을 인용한 이면에는 인도의 독립운동이 3·1운동의 영향을 받았다는 간접적인 증거로 활용하려는 목적이 있었다. 인도의 사탸그라하 운동이 3·1운동의 영향을 받았다는 직접적인 사료가 부재한 상황에서 나온 차선책이었다. 이를 통해 필자는 3·1운동이 인도의 사탸그라하 운동보다 선도적인 위치에 있음을 부각시켰던 것이다.

필자가 3·1운동의 선도적 위치를 부각시키기 위해 제시한 또 하나의 사례는 중국 5·4운동이었다.[25] 필자는《신조(新潮)》에 실린 천두슈(陳獨秀) 등의 글을 인용하면서, 3·1운동이 중국의 5·4운동에 영향을 끼쳤다는 점을 부각시켰다. 이어서 필자는 "3·1운동은 이와 같이 **세계사적으로도 크나큰 위치**를 차지하는 것이다"라고 결론을 내렸다.[26] 선도적 관점에서 3·1운동에 세계사적 의의를 부여했던 것이다.

하지만 필자도 총론에서 인정했듯이 3·1운동과 인도의 사탸그라하 운동의 연관을 밝히는 사료는 없었다. 그렇기에 총론에는 다음과 같은 모순이 발견되기도 했다.

비폭력운동이라고 하면 얼른 간디의 투쟁법을 연상하기 쉬우나, 조선의 경우는 그 간디에서 직접적으로 영향을 받은 흔적은 없다. 간디가

---

24) 위의 책, 60쪽.
25) 위의 책, 60쪽.
26) 위의 책, 60쪽.

자기 본국에서 전국적으로 무저항 불복종운동을 벌인 것은 3·1운동 얼마 뒤부터이고 **다만 그가 아프리카에서 인종 압박에 대한 대중운동을 지도하기 시작한 것은 1906년부터**, 손병희(孫秉熙)나 이승훈(李承薰)의 전기(傳記)에 의하더라도 이들은 모두 처음부터 독자적으로 비폭력의 방법을 구상하고 있었던 것이다.[27]

위 인용문에서는 아프리카에서 간디의 운동이 사탸그라하 운동의 출발격이라고 직접적으로 밝히고 있지는 않다. 하지만 아프리카에서 간디의 행적을 언급한 것을 보면, 필자는 간디가 3·1운동 이전부터 아프리카에서 비폭력 저항운동을 전개했음을 알았던 것으로 파악된다. 즉, 총론에서는 1919년 이전부터 이미 비폭력 저항운동을 전개한 간디가 3·1운동의 영향을 받아서 인도에서 사탸그라하 운동을 전개했다는 모순을 범하고 있었던 것이다.

1972년 7월 문교부에서는 《시련과 극복》을 출판했다.[28] 이 책은 박정희 정권이 '국적 있는 교육'과 '민족 주체성'을 강조하면서 나온 중·고등학교의 독본용 교재였다. 장기 집권을 구체화했던 박정희 정권의 의도가 담긴 책이기도 했다. 《시련과 극복》에서는 3·1운동을 거국적이며 거족적인 항쟁으로 규정함으로써, 외세의 침략에 굴복하지 않았던 민족정신을 이어받아야 한다는 입장을 견지했다.[29] 그리고 3·1운동의 특징과 관련해서는 "비폭력 평화적인 방법"으로 규정하면서, "일찍이 인디아의 성웅 간디가 영국에 대해 벌였던 비폭력 무저항운

---

27) 위의 책, 85쪽.

28) 문교부, 《시련과 극복》, 동아서적주식회사, 1972.

29) 이난영, 〈1970년대 박정희 집권기 국사 교육의 특징: 중·고등학교 독본용 교과서 《시련과 극복》 분석을 중심으로〉, 《전농사론(典農史論)》 10, 2004, 111·112쪽.

동을 능가"했다고 평가했다.[30] 3·1운동이 인도의 경우보다 규모가 크다는 점을 부각시킴으로써 민족의 우수성과 저항정신을 강조했던 것이다.

제3차 교육과정에 의거해서 최초로 국정화된 《고등학교 국사》 교과서[31]에서도 3·1운동의 선도성이 부각되었다.

> 결국, 한민족은 이와 같은 3·1운동으로 민족사의 주체성을 바탕으로 민족의 단결을 굳혔고, 민족의 슬기와 독립의 의지를 성스럽게 천명하였다. 이로써, 민족의 끝없는 저력을 국내외에 과시하였고, 일제에 동조하는 열강들로 하여금 한국인의 독립 문제를 바로 깨닫게 하는 계기를 만들어주었다.(주)
>
> (주) 3·1운동은 국외에까지 영향을 끼쳐, 중국의 5·4운동이나 인도의 사티야그라하 운동을 일으키게 한 선구적 역할을 하였다.[32]

박정희 정권이 '민족중흥'을 강조한 만큼, 국정 《국사》(1979)에서는 3·1운동의 대내외적 의의를 '민족'이라는 키워드로 귀결시켰다. '성스럽게'라는 표현에서도 알 수 있듯이 3·1운동에 종교적 가치를 부여했다. '단결', '슬기', '저력' 등의 단어가 민족을 수식함으로써 국정 《국사》(1979)는 3·1운동을 한국 역사에서 민족의 주체성을 드높인 사건으로 승화시켰다.

---

30) 문교부, 앞의 책, 221쪽.

31) 이 글에서는 제3차 교육과정에 의거해 집필된 1979년판 국정 《고등학교 국사》 교과서를 참조했다. 이하 글에서는 '국정 《국사》(출판연도)'로 약칭해 서술했다. 아울러 이 글에서 인용한 국정 《국사》의 내용은 국사편찬위원회의 우리역사넷(http://contents.history.go.kr/)에서 확인했음을 밝혀둔다.

32) 국사편찬위원회 편, 《고등학교 국사》, 국사편찬위원회, 1979.

그런데 마지막 문장에 추가된 각주에서는 3·1운동이 중국 5·4운동 및 인도의 비폭력운동보다 먼저 발생했을 뿐만 아니라 이 운동들의 발발에 선구적 역할을 수행했음을 강조했다. 비록 본문이 아닌 각주의 형태로 서술되긴 했지만, 그 이전 교과서에서는 없던 내용을 담고 있었다. 즉, 국정《국사》(1979)의 각주에 실린 내용은 오늘날 고등학교 한국사 교과서에서 서술하고 있는 '3·1운동의 세계사적 의의'의 기원과도 같은 것이었다.

국정《국사》(1979)의 근대사 부분을 집필한 연구자는 윤병석이다. 그는 교과서를 집필할 무렵인 1975년에《3·1운동사》[33]를 집필했는데, 이 책에는 3·1운동의 세계사적 의의가 서술되어 있지 않았다. 3·1운동의 의의를 민족주의의 성장과 민주주의 이념으로의 전진에서 찾았을 뿐이었다.

다만 20명의 학자로 구성된 국정《국사》(1979)의 연구진에는 앞에서 언급했던 유홍렬이 포함되었다. 물론 그의 주도로 각주 내용이 포함되었다고 단정 지을 수는 없다. 그럼에도 유홍렬이 제기했던 3·1운동이 중국 5·4운동에 영향을 끼쳤다는 내용이 각주에 포함되어 있다는 점은 눈여겨볼 대목이다. 3·1운동이 약소민족의 해방운동에 영향을 끼쳤다는 사회 일각의 주장이 교과서에 주석 형태로 반영되었을 것으로 추정할 수 있기 때문이다.

2) '세계사적 맥락'에서 '우월성'을 강조한 학문적 정립 시도

학계에서도 '3·1운동의 세계사적 의의'에 주목하는 학자들이 등장했다. 이를 주도한 이는 신용하였다. 그는 1977년《한국사상》에 〈3·1

---

33) 윤병석,《3·1운동사》, 정음사, 1975.

운동의 주체성과 민족자결주의〉라는 제목의 논문을 게재했다. 이 논문에서 그는 3·1운동이 실패했다는 주장에 대해 반박했다. 3·1운동이 향후 한국 독립운동에 큰 영향을 주었으며, 한국은 독립이 되어야한다는 인식을 국제사회에 심어주었다는 측면을 지적하면서, 그는 3·1운동을 성공한 운동으로 규정했다.

그런데 신용하가 3·1운동을 성공한 운동으로 부각시키면서 제시한 또 하나의 사례가 있었다. 바로 '3·1운동의 세계사적 의의'였다.

그러나 3·1운동의 의의는 한국 민족에 한정되어 끝나지 않고 세계사적 의의가 큼을 강조하고 싶다. **세계사적으로 볼 때 3·1운동은 제1차 세계대전의 종전 후 전승국의 식민지 약소민족이 급전환하여 독립운동을 일으키는 계기를 열어주었다.** 3·1운동 이전까지는 영·불·일 등 **승전국의 식민지 민족들은** 제1차 세계대전의 승전의 결과 승전국들의 기세가 더욱 상승되었기 때문에 스스로의 힘으로 **독립운동에 궐기할 엄두를 못 내고 위축되었다.** 이러한 **위축되었던 상태에서 완만한 독립운동들이 진전되다가 동아시아의 한반도에서 첫 봉화를 든 3·1운동에 고취되어 약소민족 독립운동이 급격하게 불타오른 것이다.**[34]

신용하는 3·1운동이 제1차 세계대전의 승전국 일본의 식민지에서 일어났음을 주목했다. 이어서 그는 한국에서의 3·1운동이 제1차 세계대전의 여파 속에서 위축되었던 승전국 식민지의 독립운동이 활기를 띠는 데 결정적인 역할을 했다고 주장했다. 그러면서 그가 예시로 들었던 곳은 중국, 인도, 인도차이나반도, 그리고 아랍권의 일부 지역

---

34) 신용하, 〈3·1운동의 주체성과 민족자결주의〉, 《한국사상》 15, 1977, 76쪽.

이었다.[35] 하지만 신용하는 3·1운동이 약소민족의 독립운동에 영향을 주었다는 근거를 제시하지 않았다. 사료적 근거가 취약했던 것이다.

그럼에도 불구하고 신용하는 왜 '3·1운동의 세계사적 의의'를 주목했을까? 그는 '객관적 세계사'를 언급하면서 '3·1운동의 세계사적 의의'를 강조한 이유를 다음과 같이 설명했다.

> 19세기와 20세기 전반기에 대한 오늘날의 세계사는 인류의 4분의 3에 달했던 식민지·반식민지 상태의 민족들을 무시하고 **강대국 중심으로 쓰인 세계사**이다. 이 시기의 약소민족 독립운동의 세계사에서의 비중이 매우 크기 때문에 **앞으로의 세계사는 이들 약소민족을 비롯하여 전 인류가 포함된 객관적 세계사가 새로 쓰여야 할 것이다. 이때에는 3·1운동은 제1차 세계대전 직후 강대한 승전제국주의에 대한 약소민족 독립운동의 과감한 첫 봉화와 광명으로서 독립된 장으로 높이 평가되어야 할 것임을 강조**해두는 바이다.[36]

당시 역사학계에서는 '세계사적 맥락'에서 한국사를 조명해야 한다는 의견이 대두되었다.[37] '세계사적 맥락'을 강조한 이유는 세계사

---

35) 위의 논문, 76·77쪽.

36) 위의 논문, 77쪽.

37) 1970년대 역사학계에서는 세계사적 '문맥', '시야', '흐름'에서 한국사를 조망해야 한다는 필요성이 제기되었다. 그런데 여기서 지칭하는 세계사는 서구의 우월성을 강조한 세계사가 아니었다. 서구중심사관을 극복하고 서구와 비서구가 대등한 위치에 있는 세계사를 의미했다. 서구중심사관을 극복한 세계사에서 한국사를 조망함으로써 자국중심주의에 입각한 편협한 서술이라는 비판을 극복하고 세계사적 보편성 속에서 한국사의 특수성과 독자성을 확보하고자 했다. 필자는 세계사적 '문맥', '시야', '흐름'을 '세계사적 맥락'으로 서술하고자 한다. 다만 이 글에서는 '세계사적 맥락'에서 한국사를 조망해야 한다는 학계의 동향을 전면적으로 다루지는 못했으며, 추후 연구를 통한 보완이 필요하다는 점을 밝혀둔다. '세계사적 맥락'과 관련해서 참고한 저서는 다음과 같다. 강진철 외, 《세계사에 비춘 한국의 역사》, 고려대학교출판부, 1975, 3~7쪽; 양병우, 《세계사 속의 한국》, 탐구당, 1975, 84·85쪽.

의 서구중심사관을 극복하고, 세계사의 넓은 시야 속에서 한국사의 보편성과 특수성을 밝히기 위함이었다. 즉, 한국사 연구에서 세계사적 관점이 강조되었던 이면에는 한국사가 자국민의 편협한 시각에 매몰되었다는 비판을 극복하고 세계사적 흐름 속에서 한국사의 독자성을 부각시키려는 의도가 담겨 있었던 것이다.

신용하는 세계사에서 약소민족의 독립운동을 비중 있게 서술함으로써, 궁극적으로 약소민족의 독립운동에 영향을 준 3·1운동의 선도적 위치를 강조하고자 했다. 결국 '객관적 세계사' 서술을 통해 그는 모든 약소민족의 독립운동 중에서 3·1운동을 우월한 존재로 자리매김하고자 했던 것이다.

신용하는 1979년《신동아》3월호에 〈3·1운동의 재평가〉라는 글을 게재했다. 이 글은《한국사상》15호에 게재한 논문을 사료적으로 보완한 성격이 강했다. 천두슈의 〈조선독립운동지감상(朝鮮獨立運動之感想)〉(《매주평론(每周評論)》, 1919년 3월 23일자), 네루의《세계사 편력》, 그리고 타고르의 시를 직접 인용했다. 그는 사료를 통해 약소민족 독립운동의 세계사적 위상 속에서 3·1운동이 차지하는 선도적 위치를 입증하고자 했다. 하지만 네루의 글과 타고르의 시는 3·1운동의 선도적 위치를 입증할 만한 사료가 아니었다. 여전히 사료적 근거가 취약했다.[38]

그런데《신동아》에는 신용하의 글과 더불어 〈기미 60년, 3·1운동 정신은 어디에 있는가〉라는 글이 게재되었다. 이 글은 학자들의 좌담회를 녹취한 것이었다. 1979년 1월 24일《신동아》회의실에서 열린 좌담회에는 김성식(역사학), 조기준(경제학), 차기벽(정치학), 신일철(철학)이 참여했다. 이 좌담회는 3·1운동의 의의를 통해 3·1정신을 정의하고, 이를 계승하는 방안을 모색하는 자리였다. 그런데 차기벽은

"그리고 좀 다른 이야깁니다만"이라면서 다음과 같이 발언했다.

　　간디가 인도에서 비폭력·불복종운동을 전개하기 시작한 것은 1919년
4월 6일이니까, 3·1운동이 일어난 뒤의 일이지요. **그러나 간디는 그 이**
전에 남아프리카에서 20년 동안이나 불복종운동을 전개해왔으니까 간
디의 비폭력사상이 우리의 민족 지도자들에게 어떤 영향을 주었는지 궁
금해요.[39]

　　차기벽은 시기적으로 보았을 때 3·1운동의 주도세력이 간디의 비
폭력주의의 영향을 받았을 가능성을 제기했다. 그의 발언 역시 사료
적 근거에 입각한 것은 아니었다. 시간적 선후관계에 따른 추측에 불
과한 것이었다. 하지만 그의 발언은 중요한 의미를 지닌다. 이승만을
비롯해서 일부 인사들과 학자들은 3·1운동이 인도의 반영운동에 영
향을 끼쳤다고 말해왔다. 그 근거는 사건의 시간 순서뿐이었다. 하지

---

38)　신용하는 〈3·1운동의 재평가〉(《신동아》, 1979년 3월호, 88쪽)에서 1929년 타고르가 일본에
　　서 한국 유학생에게 써준 시(〈동방의 등불〉)의 전문을 인용하면서 "'타골'(타고르-인용자)의
　　이 시는 올해 3·1운동 60주년을 맞고서도 우리에게 새로운 감동을 주고 있다"라고 서술했다.
　　그런데 신용하가 인용한 시는 1929년 일본에서 타고르가 《동아일보》의 도쿄지국장 이태로에
　　게 전해주었던 시가 아니었다. 신용하가 인용한 〈동방의 등불〉은 타고르의 전혀 다른 두 개
　　의 시를 합친 것이었다. 그 하나는 타고르가 이태로에게 주었다는 원래의 〈동방의 등불〉이었
　　으며, 다른 하나는 타고르가 1913년에 발표한 〈기탄잘리 35〉였다. 홍은택은 타고르의 '짜깁기
　　본'이 고등학교 문학 교과서에 수록된 사실을 지적하면서, '짜깁기본'의 시작을 1977년 출판
　　된 《세계명시선-그 이해와 감상》(김희보 역저, 대광문화사, 303쪽)으로 추정했다. 실제 《세계
　　명시선-그 이해와 감상》에 실린 〈동방의 등불〉은 신용하가 〈3·1운동의 재평가〉에서 인용했
　　던 〈동방의 등불〉과 거의 일치함을 확인할 수 있다. 신용하가 인용한 〈동방의 등불〉에서 더욱
　　심각한 문제는 〈기탄잘리 35〉의 "주여, 이 나라를 깨우쳐주옵소서"라는 구절이 "내 마음의 조
　　국 코리아여 깨어나소서"로 오역되었다는 사실이다. 홍은택은 오역과 관련해서 추후 엄밀한
　　검토가 필요하다고 밝히기도 했다. 홍은택, 〈타고르 시의 한국어 번역의 문제-〈동방의 등불〉,
　　〈쫓긴 이의 노래〉, 〈기탄잘리 35〉를 중심으로〉, 《국제어문》 62, 2014, 281~288쪽.

39)　〈기미 60년, 3·1운동 정신은 어디에 있는가〉, 《신동아》, 1979년 3월호.

만 차기벽은 간디의 비폭력저항운동이 3·1운동보다 앞선다는 점을 강조함으로써 3·1운동이 약소민족의 해방운동을 선도적으로 이끌었다는 주장이 논리적으로 취약하다는 사실을 보여주었던 것이다.

그런데 제4차 교육과정의 국정《국사》(1982)에는 "3·1운동은 중국, 인도, 기타 중동 지역에서 민족운동을 일으키게 한 선구적인 운동이 되기도 하였다"라는 구절이 본문에 삽입되었다.[40] 그 직전 교과서에서 중국과 인도의 경우에만 국한해서 각주로 삽입했던 내용이 본문에 등장한 것이다.

국정《국사》(1982)에서는 무슨 근거로 3·1운동이 인도, 기타 중동 지역의 민족운동에 영향을 끼쳤다는 사실을 본문에 삽입했을까? 국정《국사》(1982)의 집필진에서 그 단서를 찾을 수 있다. 당시 국정《국사》(1982)의 근대사 부분을 집필한 이는 이현희였다.

이현희는 1979년에《3·1운동사론》을 출판했다. 이 책에서 그는 네루의《세계사 편력》을 인용하면서 3·1운동이 인도를 비롯해 중국에 미친 영향을 다음과 같이 설명했다.

> 우리의 3·1운동은 인도의 배영(排英)운동인 스와라지(Swaraj=독립자치운동) 운동에 영향을 미쳤음은 두말할 나위도 없으려니와 그때(1919) 5월 4일 중국의 항일운동이던 5·4운동도 그 영향하에서 일어난 것이다. 3·1운동이 민중의식 속에서 일어났다고 하면 스와라지 운동이나 5·4운동도 민중을 의식하고 그 힘을 배경으로 하여 봉기되고 어떤 의미를 호소할 수 있었던 것으로 보인다.[41]

---

40) 국사편찬위원회 편,《고등학교 국사 (하)》, 국사편찬위원회, 1982.
41) 이현희,《3·1운동사론》, 동방도서, 1979, 176·177쪽.

이현희는 약소민족의 해방운동을 '민중의 구국운동'의 일환으로 파악했다. 이어서 그는 3·1운동의 선도성을 강조했던 이전의 주장에다가 3·1운동과 중국 5·4운동, 그리고 인도의 스와라지 운동을 연결하는 이념으로 '민중의 구국적 정신'을 제시했다. 즉, 국정《국사》(1982)의 본문에 3·1운동이 중국과 인도에 영향을 끼쳤다는 서술이 자리 잡았던 데에는 집필자 이현희의 역할이 컸다고 볼 수 있다. 하지만 이현희의 저서 역시 사료적 근거에 입각한 서술은 아니었다.

이상과 같이 1970년대 한국에서는 정부 주도로 3·1운동을 다룬 통사(《독립운동사》)와 고등학교 국사 교과서에서 '3·1운동의 세계사적 의의'를 서술하기 시작했다. 세계사적 흐름 속에서 한국사를 조망해야 한다는 연구 풍토에 주목한 신용하는 '3·1운동의 세계사적 의의'를 더욱 강조했다. 특히 그는 3·1운동이 약소민족의 독립운동에 영향을 끼쳤다는 주장을 3·1운동의 '세계사적 의의'로 규정했다. 이현희도 세계사적 흐름에서 전개된 '민중의 구국정신'을 강조함으로써 '3·1운동의 세계사적 의의'를 강화했다. 그리고 그가 국정《국사》(1982)의 집필에 참여하면서, '3·1운동의 세계사적 의의'가 교과서의 본문에 등장했다. 학계에서는 시간적 순서라는 단순한 논리로 무장한 '3·1운동의 세계사적 의의'의 논리적 취약성을 제기했지만, '3·1운동의 세계사적 의의'가 교과서 본문에 서술되는 상황을 막을 수는 없었다.

3. '3·1운동의 세계사적 의의'의 '미세한' 균열

1) '3·1운동의 세계사적 의의'의 검토 필요성 제기

1989년 2월 16, 17일 동아일보사 주최로 '3·1운동 70주년 기념 심포지엄'이 개최되었다. 이날 심포지엄에서 신용하는 〈3·1운동의 민족사적 의의와 세계사적 의의〉라는 제목으로 발표를 했다. 그는 3·1운동이 선도적 입장에서 식민지 혹은 반식민지 상태에 있었던 아시아 여러 국가의 민족해방투쟁에 영향을 준 신기원을 열었다고 주장했다.[42] 이어서 그는 3·1운동이 중국 5·4운동뿐 아니라 인도의 비폭력투쟁, 필리핀과 아랍 민족운동의 선구자적 역할을 수행했다고 평가했다. 그는 10여 년 전《한국사상》과《신동아》, 그리고 1983년에 중국 측 사료를 보강해서《한국학보》[43]에 게재했던 글의 내용을 반복해서 주장했던 것이다.

신용하의 발표에 대한 약정토론은 외교사 전공자인 구대열이 맡았다. 그는 제1차 세계대전으로 유럽 열강이 주창했던 식민지 통치의 도덕성이 무너졌으며, 이를 대신한 것이 이상주의와 러시아혁명임을 지적했다. 다음으로 그는 식민지 각 민족의 해방운동이 3·1운동보다 늦었던 이유도 파리강화회의 결과에 대한 실망감 등에서 비롯한 것이 크다고 밝혔다. 결론적으로 그는 신용하가 제기한 세계사적 의의를 다음과 같이 반박했다.

3·1운동이 먼저 일어났다고 해서 다른 나라 운동에 영향을 주었다는 식의 논리는 곤란한 것이 아닌가 생각합니다. 각국의 민족해방운동이라고 하는 것은 각국의 구체적인 상황에서 그 나라에 가장 적합한 방식

42)   신용하, 〈3·1운동의 민족사적 의의와 세계사적 의의〉, 동아일보사 편,《3·1운동과 민족통일》, 동아일보사, 1989, 91쪽. "1919년 3월 1일 동아시아의 한반도에서 과감하게, 첫 봉화를 올린 3·1운동의 영향은 중국으로, 인도로, 동남아시아로, 필리핀으로, 아랍 지역으로, 물결처럼 파급되어 강대한 승전제국주의 열강에 대한 약소민족 해방투쟁을 불타오르게 한 것이었다. 그리하여 한국 민족의 3·1운동은 전 세계 약소민족 해방운동사, 전 세계 민족혁명사에서 새로운 시대, 신기원을 열어준 것이었다."
43)   신용하, 〈3·1독립운동의 사회사(하)〉,《한국학보》31, 1983.

으로 전개되는 것입니다. 당시 제1차 대전 이후 민족해방운동은 각국의 구체적인 상황을 일단 검토해야 되고, 다음에는 이 당시의 각국이 당면하고 있는 상황 중에서 공통적인 것을 몇 가지 언급해야 되지 않을까 생각합니다.[44]

구대열은 개별 국가가 당시 처해 있는 객관적 조건을 염두에 두면서 민족해방운동에 대한 비교사적 연구를 제안했다. 3·1운동과 다른 민족의 해방운동을 비교·검토함으로써 운동의 공통점을 추출할 수 있다고 보았던 것이다. 나아가 그는 "과연 한국 신문에 필리핀의 민주화운동에 대해서 수없이 났다고 한국의 민주화운동이 필리핀의 영향하에 일어났다고 할 수 있을지 생각해보아야 하겠습니다"라면서 1980년대 필리핀과 한국의 민주화 상황을 비교하기도 했다. 결론적으로 구대열은 신용하가 발표한 3·1운동의 세계사적 의의가 과장되었다고 평가했다.

구대열의 토론에 신용하는 다음과 같이 답변했다.

지금 이것을 극복해나가기 위해서 국내외에서 연구를 하고 있는 것인데, 이 문제를 잘 풀 수 있는 것은 3·1운동이 5·4운동에 영향을 끼쳤나 안 끼쳤나만 확고부동하게 증명이 되면 아주 쉽게 풀릴 것입니다. **왜냐하면 그 후에 일어난 모든 약소민족의 독립운동이 중국의 5·4운동에 영향을 받았다는 것을 대체로 인정하고 있기 때문입니다.**[45]

---

44) 동아일보사 편, 앞의 책(1989), 106쪽.
45) 위의 책, 136쪽.

신용하는 중국의 5·4운동이 아시아 여러 약소민족의 해방운동에 영향을 주었다는 점을 강조했다. 이어서 3·1운동과 5·4운동의 연관성을 밝힌다면, 자연스럽게 3·1운동의 세계사적 의의를 담보할 수 있다고 주장했다. 즉, 그는 중국의 5·4운동을 매개로 3·1운동과 인도, 필리핀, 동남아시아, 아랍 지역 민족운동의 연관성을 주장함으로써 3·1운동과 인도, 필리핀 등의 민족해방운동의 직접적 관련성을 우회적으로 부정했던 것이다.

'3·1운동 70주년 기념 심포지엄'은 '3·1운동의 세계사적 의의'에 대한 검토의 필요성을 확인하는 자리였다. 그런데 1989년 2월 20일자《동아일보》7면에는 신용하의 발표문 전문이 실렸다. '중국, 인도, 베트남 등에 지대한 영향'이라는 부제가 크게 실렸다. 심포지엄에서 합의되지 않은 내용이 언론을 통해 세상에 공개된 것이다.

1991년 국사편찬위원회에서는《한민족독립운동사 10: 제국주의와 아시아의 민족운동》을 출판했다. 그 책에는 〈한국독립운동의 역사적 의의와 평가〉라는 신용하의 글이 수록되었는데,[46] 2년 전 심포지엄에서 발표했던 '3·1운동의 세계사적 의의'가 거의 수정 없이 실렸다. 제6차 교육과정의 국정《국사》(1996)에서도 이전 교과서의 내용을 반복했다.[47] 사료적 근거가 미약했던 '3·1운동의 세계사적 의의'는 검토 시간도 없이 3·1운동의 '역사'로 고착화되는 듯했다. 하지만 '3·1운동의 세계사적 의의'에 대한 설명은 미세한 균열을 보이기 시작했다. 그 시작은 2002년 제7차 교육과정의 국정《국사》에서 나타났다.

---

46) 신용하, 〈한국 독립운동의 역사적 의의와 평가〉,《한민족독립운동사 10: 제국주의와 아시아의 민족운동》, 국사편찬위원회, 1991.

47) 국사편찬위원회 편,《(국정) 고등학교 국사(하)》, 국사편찬위원회, 1996. "3·1운동은 중국, 인도, 동남아시아 및 중동 지역에서 반제국주의 민족운동을 일으키게 한 선구적인 역할을 하기도 하였다."

2) '선도성'의 퇴조와 '동시성' 제기

2002년 제7차 교육과정에 따른 국정《국사》(2002)가 출판되었다.[48] 이 교과서의 목차는 제6차 교육과정의 국정《국사》와 유사했다. 그런데 국정《국사》(2002)에는 '3·1운동의 세계사적 의의'를 "세계 약소민족의 독립운동에 큰 자극"이 되었다는 정도로 간략하게 서술했다. '선구적 역할'에 의의를 부여했던 이전 교과서와는 다른 양상을 보여주었던 것이다.

교과서 집필 과정에서 '3·1운동의 세계사적 의의'에 대해 어떠한 논의가 오갔는지는 확인하기 어렵다. 다만 오늘날 검정 고등학교 한국사 교과서에서도 '영향' 또는 '자극'을 준 정도로 '3·1운동의 세계사적 의의'를 서술하고 있다. 아울러 교과서에서는 3·1운동 시위가 폭력적 양상을 띤 사례도 제시하고 있다. 3·1운동을 "일찍이 인디아의 성웅 간디가 영국에 대해 벌였던 비폭력 무저항운동을 능가"한다고 평가했던 1972년《시련과 극복》식의 인식도 사라졌다.

1992년 한중수교 이후 한국과 중국의 학자 간 교류가 확대되었다. 한국 학자들은 중국 측 사료를 폭넓게 접했으며, 중국 연구자들도 한국사 연구에 관심을 보이기 시작했다. 중국 사료의 추가적인 발굴을 기대했던 신용하의 바람이 현실화되었다.[49]

그렇다면 신용하의 주장처럼 3·1운동이 중국의 5·4운동에 영향을 주었다는 사료를 보강함으로써 궁극적으로 '3·1운동의 세계사적 의의'의 논리적 근거는 강화되었을까? 중국 신문, 잡지 등에 등장하는 3·1운동 관련 기사를 분석한 연구들은 3·1운동이 중국의 5·4운동 발발의

---

48) 국정도서편찬위원회 편,《고등학교 국사》, 국사편찬위원회, 2002.

49) 동아일보사 편, 앞의 책(1989), 136쪽.

원인을 제공했으며, 운동의 방향에 영향을 주었다는 사실을 입증해 주었다.[50]

하지만 한국과 중국 학자들은 3·1운동이 중국의 5·4운동에 영향을 주었다는 '일방적인 설명'에 이의를 제기했다. 쑹청유(宋成有)는 "5·4운동은 대단히 많은 요소의 영향을 받았으며, '3·1운동'은 그중 중요한 요소의 하나이지만 결코 유일한 요소인 것은 아니다"라고 밝혔다.[51] 그는 한국에서 강조해왔던 3·1운동의 선도성을 경계하고, 3·1운동과 중국 5·4운동의 공통점과 차이점을 함께 조망해야 한다는 필요성을 제기했다.

3·1운동 90주년을 맞이한 2009년에는 3·1운동과 중국 5·4운동을 '동시성'의 관점에서 조명하는 연구가 나왔다. 2009년 2월 13, 14일에 성균관대 동아시아학술원에서는 '3·1운동 및 5·4운동 90주년 기념 국제학술회의-1919년: 동아시아 근대의 새로운 전개'라는 주제로 학술대회를 개최했다. 여기서 임형택은 중국 5·4운동의 사상적 배경이 되었던 신문화운동에 주목했다.[52] 그의 분석에 따르면 3·1운동이 중국 5·4운동에 영향을 끼친 것은 사실이지만, 5·4운동을 거치면서 신문화운동이 한국의 지식인들에게 즉시 '심대한 영향'을 미쳤다는 것이다. 즉, 임형택은 신문화운동의 확산이라는 관점에서 3·1운동과 5·4운동의 관계를 '역사적 동시성' 속에서 파악해야 한다고 주장했다.

임형택이 3·1운동과 5·4운동의 '동시성'으로 강조한 중국의 신문

---

50) 육가평, 〈중국 5·4운동에 대한 조선의 3·1운동의 영향〉, 《아시아문화》 15, 2000; 강수옥, 〈근대 중국인의 한국 3·1운동에 대한 인식과 5·4운동〉, 《한국근현대사연구》 79, 2016.

51) 쑹청유(宋成有), 〈북대사생여(北大師生與) '3·1'독립운동〉, 《한중인문학연구》 8, 2002, 107쪽.

52) 이 글에서는 임형택이 학술대회 발표문을 기반으로 작성한 다음 논문을 참조했다. 임형택, 〈1919년 동아시아, 3·1운동과 5·4운동〉, 박헌호·류준필 편, 《1919년 3월 1일에 묻다》, 성균관대학교출판부, 2009, 23〜52쪽.

화운동은 중국 학계의 견해에서 비롯한 것으로 볼 수 있다.[53] 이와 관련해 김경석은 "한국의 근대사 서술에서 문제가 되는 것은 3·1운동과 5·4운동의 시간적 차이에 대한 집착"일 수도 있다면서, "두 달의 시간적 선후는 그다지 의미가 없다"는 견해를 제시했다.[54] 나아가 그는 3·1운동과 5·4운동을 별개의 운동이 아니라 동시대적인 맥락에서 근대 국민국가를 건설하기 위한 과제를 공동으로 인식하게 된 계기를 이루었다고 평가했다. 1919년을 중국이 "수백 년간 지속되어온 주종관계의 시각을 벗어나 동지적 협력관계로 한국을 인식하기 시작한 원년"으로 규정하기도 했다.[55]

한편, 2009년 3월 9일에 동북아역사재단은 '3·1운동과 1919년의 세계사적 의의'라는 제목의 국제학술강연회를 개최했다. 이날 행사에서는 〈다이쇼 데모크라시와 3·1독립운동〉이라는 주제로 마쓰오 다카요시(松尾尊兌)의 발표가 있었다. 발표의 대부분은 일본 국내 문제와 3·1운동의 관계를 다루었지만, 그는 4장 '동아시아 민족주의와 일본'에서 "3·1운동에 대한 일본의 반응 성격을 더 분명하게 하기 위해서 두 달 뒤에 중국에서 발생한 5·4운동에 대한 반응을 요약"[56]했다고 밝혔다. 마쓰오 다카요시가 두 운동의 '동시성'을 의식했는지 여

---

53) 전형준, 《동아시아적 시각으로 보는 중국문학》, 서울대학교출판부, 2004, 146쪽(김경석, 〈3·1 운동 이후 중국의 조선 인식〉, 《중국인문과학》 42, 2009, 286쪽에서 재인용). "중국 상하이의 푸단대학 중문과 교수 천쓰허(陳思和)는 한국의 독립기념관을 참관했을 당시, 3·1운동이 5·4 운동에 영향을 끼쳤다는 설명에 대해서 일본제국주의의 침략에 반대하고 민족 주권을 옹호한 측면에서 양 운동의 공통점이 보이지만, 과연 5·4운동 직전 중국의 지식계에서 전개되었던 백화문운동과 신문화운동이 3·1운동 직전 식민지 조선에서도 나타났는지에 대해서 의문을 표시하였다."

54) 김경석, 위의 논문, 286쪽.

55) 위의 논문, 297쪽.

56) 마쓰오 다카요시(松尾尊兌), 〈다이쇼 데모크라시와 3·1독립운동〉, 《3·1운동과 1919년의 세계사적 의의》, 동북아역사재단, 2010, 135쪽.

부는 분명하지 않다. 하지만 그의 연구 방법론은 일제가 조선에 대한 통치 방법을 '무단통치'에서 '문화통치'로 전환하는 과정을 입체적으로 조망하기 위해서는 '동시성'이란 관점에서 3·1운동과 중국의 5·4운동을 함께 살펴볼 필요가 있다는 시사점을 제시해주었다는 점에서 의의가 있다.

다만 아쉬운 점은 3·1운동과 약소민족 해방운동을 비교사적 관점에서 연구하는 흐름이 단절되었다는 사실이다. 1991년 국사편찬위원회에서 편찬한 《한민족독립운동사 10: 제국주의와 아시아의 민족운동》이후로는 3·1운동의 비교사적 연구는 거의 없다시피 했다.

그렇기에 최근 이집트의 '1919혁명'과 3·1운동을 비교한 연구는 주목할 만하다.[57] 송경근은 한국의 3·1운동과 이집트의 '1919혁명'이 제1차 세계대전 승전국의 식민지에서 비슷한 시기에 발생했다는 점에 주목했다. 신용하가 '3·1운동의 세계사적 의의'에서 제시한 조건에 부합한 경우였다. 하지만 송경근은 3·1운동이 이집트의 '1919혁명'에 영향을 주었다고 서술하지 않았다. 그는 비교사적 연구를 통해 3·1운동과 이집트의 '1919혁명'의 특징을 밝히고, 나아가 세계사에서 약소민족 해방운동이 차지하는 위상을 조망하고자 했던 것이다.

'3·1운동의 세계사적 의의'의 숨은 의미: 동시성과 선도성의 두 가지 길

'3·1운동의 세계사적 의의'는 여전히 교과서의 한 부분을 차지하고 있다. 사료적 근거가 미약하므로 삭제해야 할까? 필자는 3·1운동

---

57) 송경근, 〈이집트의 1919혁명에 관한 연구〉, 《한국중동학회논총》 38-2, 2017.

이 다른 약소민족 해방운동보다 우월하다는 '선도적' 관점을 제거한다면 새로운 얘기를 할 수 있을 것으로 기대한다.

그중 하나가 약소민족의 해방운동이라는 관점에서 본 '동시성'이다. 이성근은 여운형을 비롯한 한국의 독립운동가들이 3·1운동과 중국 5·4운동의 경험 속에서 중국 측과 연대하고 중국의 혁명에 의존하려 했던 측면을 밝힌 바 있다.[58] 식민지 조선인들은 중국 5·4운동과 중국의 혁명을 통해 일본으로부터 해방, 독립을 희망했던 것이다.

이는 비단 중국뿐이 아니었다. 식민지 조선인들은 언론을 통해 아일랜드 등 약소민족의 해방운동 사례를 접할 수 있었다. 이를 통해 약소민족으로서 공감과 연대의 희망을 가졌다. 연대의 궁극적인 지향점은 조선의 해방이었다. 즉, 3·1운동을 경험한 식민지 조선인들과 약소민족들 사이에는 역사적 경험에서 오는 객관적인 차이도 존재했지만, 약소민족이라는 '동시성' 속에서 각자의 독립운동 방략을 공유하고자 했다. 즉, '3·1운동의 세계사적 의의'는 '선도성'이 아니라 약소민족의 '동시성'이라는 관점에서 재정립될 수 있을 것으로 보인다.

그렇다면 다른 하나는 무엇인가? 바로 식민지 조선인들이 과연 '3·1운동의 세계사적 의의'를 어떻게 인식했으며, 해방 이후 남한과 비교해서 북한은 이를 어떻게 받아들였을까 하는 문제이다. 이 글에서는 필자의 부족한 능력으로 몇 가지 사례를 제기하는 것으로 대신하고자 한다. 1921년 2월 5일자 《독립신문》에는 상하이 임시정부의 학무총장 김규식의 연설이 실렸다. 김규식은 3·1운동이 약소민족에게 미친 영향을 다음과 같이 역설했다.

---

58) 이성근, 〈韓國の三·一運動が中國の五·四愛國運動こ及ぼしたインペクト〉, 《신한학보(新韓學報)》 15, 1969, 22～29쪽.

경성 탑동공원(지금의 탑골공원)에서 일어난 만세성(萬歲聲)이 사해를 진동하며 따라서 우리 만세성과 독립운동 방법은 세계의 규범이 되어, 인도, 이집트, 아일랜드 등 소약국(小弱國) 민족이 뒤를 따라 기 방법을 모본으로 운동을 시작하였오.[59]

김규식이 누구였단 말인가? 파리강화회의에서 〈한국독립청원서〉를 제출했지만, 제1차 세계대전 승전국 일본의 식민지라는 이유로 의제로 채택조차 되지 못한 비운을 몸소 겪은 이가 아니었던가? 그리고 김규식은 그 연설을 남기고 약 9개월 뒤인 1921년 11월에 모스크바에서 열린 극동민족대회에 참여했다. 강대국와 약소민족을 넘나든 그의 행적을 보노라면, 위의 발언은 외교 독립운동의 실패에 대한 '자기위안', 그리고 강대국에 더 이상 의존하지 않고 약소민족과의 연대를 통한 독립을 구상하면서 나온 것으로 이해할 수 있지 않을까?

해방 이후 남한과 북한에는 '자기위안'을 넘어선 '선도성'만 남았다. 남한과 마찬가지로 북한 역시 '3·1운동의 세계사적 의의'를 역사로 만들었다. 북한은 1959년에 《3·1운동 40주년 기념론문집》을 출판했다. 한천혁은 〈3·1운동의 성격과 그 력사적 의의〉라는 제목의 논문에서 3·1운동의 역사적 의의 중 하나를 다음과 같이 소개했다.

또 당시 중국인들의 반제반봉건투쟁인 5·4운동에도 일정한 영향을 주었으며, 기타 그 후 동방 식민지 예속국가 인민들의 민족해방투쟁의 장성에 적지 않은 영향을 주었던 것이다.[60]

---

59) 〈학무총장의 연설〉,《독립신문》, 1921년 2월 5일자.
60) 한천혁, 〈3·1운동의 성격과 그 력사적 의의〉,《3·1운동 40주년 기념론문집》, 과학원출판사, 1959, 63·64쪽.

한천혁은 3·1운동의 세계사적 의의가 중국 5·4운동과 아시아 약소민족의 해방운동에 영향을 끼쳤다고 주장했다. 그 이후로도 북한 역사학계는 사료적 근거가 빈약함에도 불구하고 1980년대까지 '3·1운동의 세계사적 의의'를 공식 역사로 서술했다.[61]

그렇다면 지금도 그럴까? 1987년 이후 북한 역사책에서는 3·1운동의 세계사적 의의가 더 이상 등장하지 않는다. 1980년대 초반 고등학교 국사 교과서를 시작으로 3·1운동의 세계사적 의의가 역사가 되었던 남한과는 상반된 길을 걸었다. 왜 그랬을까? 남북한 역사인식의 차이가 빚어낸 결과로 봐도 무방할까?[62] 3·1운동 100주년을 맞아 그 연구는 이제부터라는 생각 아래 후속 연구를 기대하면서 이 글을 마친다.

---

(61) 필자는 홍종욱의 논문(홍종욱, 〈북한 역사학의 3·1운동 인식—주요 통사류의 관련 서술 분석〉,《서울과 역사》99, 2018)을 토대로 북한 역사학계에서 편찬한 저서에서 '3·1운동의 세계사적 의의'를 다음과 같이 확인할 수 있었다. 백남운 외,《조선민족해방투쟁사》, 1949; 리나영,《조선민족해방투쟁사》, 조선로동당출판사, 1958; 림만·김맹모,《3·1운동》, 조선로동당출판사, 1963; 사회과학원역사연구소,《조선전사》15, 과학백과사전종합출판사, 1982.

(62) 홍종욱은 1987년 이후 북한 역사학에서 3·1운동의 세계사적 의의가 사라진 이유를 "민족적 주체성에 대한 강조가 고립적인 역사 서술을 낳은 것이다"라고 설명했다(홍종욱, 위의 논문, 196쪽). 필자는 홍종욱의 설명에 동의하며, 이에 덧붙여 남한에서는 세계사적 맥락에서 자국사의 특수성을 강조하는 가운데 '3·1운동의 세계사적 의의'를 부각시켰다고 본다.

북한 역사학계의 3·1운동 연구

홍종욱

북한 역사학 다시 보기

3·1운동은 20세기 한반도의 역사를 결정지은 중요한 사건이었다. 북한 역사학계는 일찍부터 3·1운동에 주목해 이에 관한 다수의 논문과 단행본을 발표했고, 주요 통사류에서도 관련 주제를 비중 있게 다루었다. 이 글에서는 북한 역사학을 대표하는 통사와 운동사에서 3·1운동을 어떻게 그려왔는가를 분석하겠다. 북한 역사학이 3·1운동에 대한 인식을 어떻게 체계화해 전체적인 역사 서술 속에 위치 지었는가를 밝히기 위해서다.

북한 역사학을 대표하는 통사인 《조선통사》는 1956년에 전근대를 다룬 상권이, 1958년에 근대를 다룬 하권이 각각 나온 후, 1962년과 1977년에 상권 개정판이 나왔고, 1987년에는 상·하권 모두 개정판이 나왔다. 2000년대 들어서는 상·중·하 체제로 바뀌어, 2009년에 상권, 2011년에 중권, 2016년에 하권이 나왔다. 중권은 조선왕조 성립에서

1920년대 초반까지를 다루었다. 현대사 서술이 늘어난 탓에 새롭게 세 권으로 나눈 것으로 판단된다. 결과적으로 3·1운동 관련 서술은 1958년의 하권과 1987년의 하권 개정판, 2011년의 중권에 실렸다. 그 밖에 1979년에서 1983년에 걸쳐 전 33권의《조선전사》가 간행되었는데, 3·1운동 관련 서술은 1980년에 나온 제15권에 실렸다. '민족해방투쟁' 혹은 '혁명운동'을 다룬 운동사로는《조선민족해방투쟁사》가 1949년과 1958년 두 차례 발행되었고, 1961년에는《조선근대혁명운동사》가 출간되었다. 통사와 운동사로 나뉘지만,《조선민족해방투쟁사》(1958)를 지은 리나영이《조선통사(하)》(1958)의 3·1운동 부분을 집필하는 등 3·1운동에 한해 본다면 두 계통의 책들은 서술의 주체와 구성에서 깊이 관련되어 있었다.

북한 역사학의 3·1운동 서술을 다룬 한국 역사학계의 선행 연구를 검토해보자. 3·1운동 70주년을 맞아 간행된 동아일보사 편,《3·1운동과 민족통일》(동아일보사, 1989)에는 서대숙의 〈3·1운동에 대한 북한사관〉이라는 글이 실렸다. 이 책 머리말에서 "남북교류가 활발히 거론되는 90년대의 문턱에서 '3·1운동과 민족통일'이라는 주제로 마련된 이번 학술회의는 3·1운동의 정신으로부터 민족통일의 원동력을 찾아본다는 점에서도 뜻깊지 않을 수 없다"고 밝혔듯이, 세계적으로 냉전이 붕괴 혹은 변용되고 한국 사회의 민주화가 진전되는 가운데 비로소 북한 역사학을 소개하고 그 성과와 한계를 본격적으로 논하는 글이 등장하게 된 것이다.

서대숙은 "민족진영의 결점이나 실패를 보고 3·1운동은 러시아의 10월 혁명의 영향으로 우리나라 노동자, 농민 그리고 학생 들이 한 무산자 인민혁명이라고 보는 데는 문제가 있다"(154쪽)고 지적하고, 3·1운동이 반봉건투쟁과 결합하지 못했다는 북한 역사학의 주장에 대해서도, "노동자, 농민이 이때 이런 무산자 혁명에 눈떠서 반제와 반봉건운동을 동시에 전개"하는 것은 어려웠다고 비판했다. 다만 북한 역사학은 3·1운동을 '무산자 혁명'이라고 규정하지 않았다는 점에서, 서대숙의 평가는 그다지 내재적인 비판은 아니었다.

북한 역사학의 3·1운동 인식에 대한 더욱 체계적인 소개와 검토로는 정용욱 외,《남북한 역사인식 비교강의(근현대 편)》(일송정, 1989)에 수록된 윤해동의 〈3·1운동과 그 전후의 부르조아 민족운동〉과 안병우·도진순 편,《북한의 한국사 인식 Ⅱ》(한길사, 1990)에 실린 윤덕영의 〈3·1운동과 1910·20년대 부르주아 민족운동〉이 있다. 두 연구에서 1910～1920년대 부르주아 민족운동과 3·1운동을 함께 다룬 것은, 3·1운동을 부르주아 민족운동으로 파악하는 북한 역사학의 서술을 의식한 것이었다. 두 연구 모두 북한 역사학의 전개를 세 시기로 나누어 3·1운동의 원인, 성격, 평가 등에 대한 서술의 변천을 추적했다.

이 글에서는 1990년대 이후 근대사 연구와 북한 연구의 성과를 받아들이는 한편, 북한 역사학을 의식한 남한 학계의 움직임도 분석 대상에 넣어, 구체적으로는 다음 네 가지 점을 염두에 두고 북한 역사학의 3·1운동 인식을 살피고자 한다. 첫째, 윤해동과 윤덕영의 구분법을 참고해 건국 초기, 1960년 전후, 1980년대 이후의 세 시기로 나누어 분석하겠다. 둘째, 몇 가지 쟁점 혹은 특징을 중심으로 분석하겠다. 부르주아 민족운동이라는 규정, 노동자·농민 등 민중의 참여 강조, 국제적 영향관계에 대한 언급, 평양 및 김일성 가계에 대한 주목이 시기에 따라 어떻게 드러나는지를 검토하겠다. 셋째, 내재적 발전론의 확립과 주체사관의 대두라는 북한 역사학 전체의 흐름 속에서 고찰하겠다.[1] 특히 근현대 시기 구분 논쟁, 민족부르주아지 논쟁, 민족개량주의 논쟁, 주체사관의 대두 등이 3·1운동 서술에 미친 영향을 중시하겠다. 넷째, 남한 역사학과의 공통점과 차이점 및 상호 영향관계도 시야에 넣고자 한다. 반공적 시각에서 행해진 비판뿐만 아니라, 사회과학적 분석 틀을 도입해 1970년대 이래 3·1운동 연구의 쇄신을 이끈 안병직, 신용하의 연구 및 마르크스주의 역사관을 강하게 의식하면서 서술된 1980년대 젊은 역사학자들의 연구와 북한 역사학의 관계를 검토하겠다.

1. 건국 초기: 유물사관에 충실한 서술

북한의 통사나 운동사 가운데 본격적으로 3·1운동을 다룬 책은 1949년에 나온 《조선민족해방투쟁사》가 처음이다. 집필진은 백남운, 박시형, 류문화, 김두용, 김광진, 김경인, 김승화, 최창익 등인데, 갓 설립된 김일성종합대학의 강의록이 바탕이 되었다. 이 책은 1910년 한국병합에서부터 1919년 3·1운동까지를 '일제 식민지 통치의 제1기', 1920~1930년을 제2기, 1931~1941년을 제3기로 구분했는데, 3·1운동이 포함된 제1기는 소련에서 귀국한 김승화가, 제2기 이후는 최창익이 집필했다. 3·1운동을 다룬 제4장은 1910년대 총독부 통치정책과 인민의 처지를 다룬 제1절, 1910년대 민족운동을 다룬 제2절, 3·1운동을 다룬 제3절 등 전체적으로 3단 구성을 취했다. 3·1운동은 1910년대 일본의 통치와 그에 맞선 민족운동의 연장선에 자리매김되었는데, 운동사 서술에 앞서 사회·경제적 배경을 살피는 마르크스주의 역

---

1) 건국 초기에서 오늘날에 이르는 북한 역사학의 전개에 대해서는 홍종욱, 〈反식민주의 역사학에서 反역사학으로−동아시아의 '戰後 역사학'과 북한의 역사 서술〉, 《역사문제연구》 31, 2014 참조.

사학의 전통적인 수법을 취했다. 이와 같은 3단 구성은 북한 역사학의 3·1운동 서술에서 오랫동안 답습되었다.

제1절에서는 먼저 1910년대 총독부의 경제정책에 대해 "일본제국주의는 당시 조선 경제의 근본 토대인 토지 강탈을 위한 소위 토지조사사업을 비롯해 산업, 교통, 운수, 체신, 무역, 금융 등 각 방면의 개편을 통해 종래 봉건적 자족경제를 파괴시키고 상품경제체계를 확립해 약탈과 착취를 마음대로 할 수 있게 하였다"(209쪽)고 개관했다. 그 밖에 전매법 실시, 식량 약탈 등으로 농민의 처지가 더욱 악화되어 소작쟁의가 빈발했고, "농민들의 반항투쟁은 1919년 3·1독립운동에서 전국적 규모로서 폭발"(218쪽)했다고 설명했다.

아울러 회사령, 조선광업령 등을 통해 "일제는 조선 경제를 전형적 식민지 경제로 편성하기 위해 민족자본을 억압 또는 예속시켰다"(218쪽)고 서술했다. "일제는 식민지 조선에 근대적 공업을 발전시킬 생각은 없었다"(218쪽) 혹은 "이러한 일제의 독점적 증가에 민족경제는 완전히 예속되었다"(219쪽) 등의 표현이 눈에 띈다. 또한 철도, 도로, 시장 등을 '정비'함으로써 착취의 기반을 조성하고 조선인의 성장을 '억제'했다고 서술했다. 그 밖에 강탈적 무역정책과 금융정책도 문제 삼았다. 경제정책에 대한 분석에서는 이후 남북한 역사학계에서 통설로 자리 잡게 되는 이른바 '수탈론'의 원형을 엿볼 수 있다.

정치와 관련해서는 "첫째는 경제적으로 조선을 자기들의 식민지화할 뿐만 아니라 정치적으로 완전히 '일본화'하려 하였으며, 둘째는 식민지 해방운동을 영영 말살하려 했다"(228쪽)고 서술했다. 정규 육군 3개 사단이 용산·나남·평양에 주둔했고(229쪽), 헌병사령관이 총독부 경무총감을 겸하게 하는 등 '군정적 헌병경찰의 무단정치'를 시행했다고 설명했다(228·229쪽). 중추원을 두었지만 '형식적인 존재'

였고, 일본은 "조선의 어느 계급과도 정권을 나누지 않았다"(229쪽)
고 분석했다. 각종 악법을 제정했다면서, 민사령과 형사령의 독소 조
항을 지적하고, 보안법과 신문지법을 문제 삼았다. '중세기적인 태형
제'(231쪽)도 고발했다. 모든 민족 구성원이 피해자였음을 강조하는
서술이다.

문화정책과 관련해서는 종교 비판이 눈에 띈다. 총독부가 서울과
평양의 기독교회와 종교단체에 장려금을 주어, "성서와 찬송가로써
망국과 학살과는 관계없이 천당왕생을 꿈꾸게 하며 웅대한 교회당
을 자기 통치에 대한 '인종(忍從)'의 성역으로 이용하려 하였다"면서,
"일제는 유심론적 반동사상으로 조선 인민을 노예화하려 하였다"고
비판했다(232·233쪽). 민족운동에서 종교가 수행한 긍정적 역할에 대
한 고려는 없고, 오로지 종교 비판을 통해 사회주의 이념의 순수성을
드러내고자 하였다. 그 밖에 "교육령은 전형적 식민지적 노예교육체
제를 확립하는 것이었다"(234쪽)고 지적했는데, 이에 맞서 조선인 교
육을 위해 노력한 '애국문화운동'은 긍정적으로 평가했다(235쪽).

제2절에서는 먼저 국제 정세를 자세히 살폈다. 동아시아에서 제국
주의의 역사, 중국의 신해혁명, 그리고 제1차 세계대전과 유럽에서
열강의 각축을 설명했다. 미국에 대해서는 "미제국주의 수괴인 '윌
슨'은 양두구육식인 전후 약탈물 분배안인 소위 '평화14원칙'을 선
포"(240쪽)했다고 부정적으로 묘사했다. 반파시즘 전쟁을 함께 치른
국제 민주주의 진영의 한 축으로서 미국을 바라보는 시각은 이미 찾
아볼 수 없다. 한편 '위대한 사회주의 10월 혁명'(241쪽), 유럽의 여러
혁명운동, 일본의 '미곡폭동' 등을 설명하고, 식민지 및 반식민지인
터키, 인도, 이집트, 이란의 민족해방투쟁, 중국의 5·4운동을 개관한
뒤, "이러한 러시아 사회주의 10월 혁명의 승리와 세계 혁명의 앙양

은 조선에 있어서도 일제의 식민지 통치로부터 해방하려는 조선독립 운동에 큰 영향을 주었다"(242쪽)고 분석했다. 이와 관련해 1919년 3월 5일 서울의 제2차 학생 독립시위에서 '붉은 기치', 즉 적기가 등장한 데 주목했다.

1910년대 '독립운동'에 대한 서술은 아직 연구의 축적이 적었던 탓인지 소략하다. '반일의병투쟁'에 대해서는 "애국적이며 해방적인 그 성격을 가짐에도 불구하고 그가 가지는 산만성과 중세기적이며 비과학적인 투쟁 형태"가 문제였다고 지적했다. '국내 독립운동'으로서는 '비밀결사운동'과 '계몽사상운동'을 들었다. '비밀결사운동'에 대해서는 "부르주아 민족주의자들의 지도에 의한 투쟁"으로서 '수공업적 방식'을 띠면서 "인민과의 연결이 적었고" '계급적 제한성' 탓에 "부르주아 인도주의에서 벗어날 수 없었다"고 비판했다. '계몽사상운동'에 대해서는 "조선 인민 교육 발전을 위한 투쟁"을 벌이는 등 "자본주의적 선진문화를 흡수함으로써 반침략적·반봉건적 애국사상을 보급하며 민족문화를 수립하려는 것이었다"고 긍정적으로 평가했다(244·245쪽). 소작쟁의, 노동쟁의 등 '대중적 반일운동'도 간단하게 소개했다. '종교적 운동 형태'에 대해서는 3·1운동에서 기독교, 천도교, 불교 대표를 언급하면서, "결국 패배당하였고 그들의 일부는 제국주의자들에게 매수될 뿐"이었다고 비판했다. 그 밖에 북간도, 연해주, 중국 관내, 미주, 일본 등에서 벌어진 운동을 소개하고, "국내외 운동자들의 사상은 부르주아 민족주의에 국한"되었다고 지적했다(247쪽). 제1절에서 '애국문화운동'을 평가한 데 이어 여기서도 국내의 '계몽사상운동'을 긍정적으로 서술한 것이 눈에 띈다.

제3절에서는 먼저 3·1운동의 발생과 원인을 다뤘다. '소부르주아 민족주의 지식층 종교인 대표 33인'이 학생 대표와 연락을 취하며 독

립시위를 준비한 사실을 소개했다. 발생 원인을 내적 원인과 외적 원인으로 나누어 설명했는데, 이를 정리하면 "10년간 망국의 설움과 일본 통치의 쓰라린 도탄의 구렁 속에서 신음하여온 조선 인민은 더 참을 수 없었고 국내외의 대중적 반일운동과 애국문화운동은 위대한 러시아 사회주의 10월 혁명의 승리와 제국주의를 반대하는 세계 혁명의 앙양 속에서 전 민족적 궐기를 이루게 하였다"(248쪽)가 될 것이다. 러시아혁명의 영향을 강조하고 다양한 갈래의 국내외 운동 가운데서는 '대중적 반일운동'과 '애국문화운동'을 중시했음을 알 수 있다.

3·1운동은 소수의 친일세력을 제외하고 "각계각층이 연합되어 남녀노소 없이" 참가한 '인민봉기'라고 정의되었다. "곤봉, 식도, 낫, 괭이, 몽치, 돌 등을 들고 일제 경관들과 피의 항전을 전개"한 점이 강조되었다(253·254쪽). 운동 주체를 농민→노동자→학생 순으로 설명했다. 먼저 '농촌 프롤레타리아트와 전 농민'의 투쟁은 3월 하순부터 폭력투쟁으로 전화해 '피의 폭력투쟁을 전개'했다고 설명했다. "조선 노동계급은 그 당시의 사회·역사 조건의 제약으로 독자적인 투쟁은 못하였으나 농민과 함께 이 운동의 주동적 역량"(254쪽)이었다고 설명하고, 1919년 발생한 노동쟁의를 표로 정리했다. 학생의 역할을 평가하고, 특히 3월 5일 제2차 독립시위에서 태극기와 함께 등장한 '적기'에 주목했다. 전체적으로 노동자, 농민 등 민중의 참여와 폭력투쟁의 전개를 강조했다.

'독립선언서와 지도층의 이데올로기'라는 소절에서는 '소위 33인 지도층'에 대해 "완전히 인민을 배반"(259쪽)했다고 비판하고, '소부르주아 지식층'의 '계급적 제한성'을 지적했다. 독립선언서에 대해서도 첫째, 독립이 투쟁이 아닌 한마디 말로써 되리라고 믿은 점, 둘째, 투쟁이 아닌 종교적 무저항주의를 취하고 국제적 동정을 얻고자 외교적 수단을 꾀한 점, 셋째, 이른바 민족을 대표한다면서 구체적인 계급적 이해를 구명하지 못한 점 등을 지적했다. '일본제국주의의 잔인한 학살정책'으로서는 제암리 학살사건, 경성 '십자가 학살' 등을 고발했다. '사상적 전선에서도 공세'가 있었다면서 미국인 목사 스미스가 "조선독립이 불가능하다"고 반동적 선전을 했음을 소개했다.

'민족주의자의 소위 상해 임시정부' 조직이라는 소절에서는 국외투쟁의 두 방향으로서 서일·홍범도의 무장투쟁 및 '해외 독립운동자들과 소위 망명자'들이 상하이에 모여 벌인 정부조직운동을 들었다. 임시정부에 대해서는 '반인민적 정부'로서 "매국노 민족반역자 이승만 분자들로 구성"(264쪽)되었다고 비판하고, 봉오동 전투와 청산리 전투가 벌어질 때 고작 파리강화회의에 청원서를 제출했다고 지적했다(265쪽). 이승만은 이른바 '미국위임통치운동'을 벌였고, 임시정부는 '중국 반동두목 장개석의 주구'로 활동하다가, 해방 후 귀국해 '미제의 주구'로서 이른바 '법통'을 주장했다고 비판했다(266쪽). 냉전이 격화된 상황에서 이승만뿐 아니라 장개석에 대해서도 매우 부정적으로 평가했다.

또한 "3·1운동은 실패하였다"(266쪽)고 단정 짓고 그 원인을 제시했다. 내적 조건으로는 첫째, 지도층이 소자산계급 혹은 지주에서 변신한 자산계급 출신으로서 무저항과 비투쟁 속에 평화적·외교적 청원으로 독립을 달성하려고 기도한 점, 둘째, 군중 무장이 없었던 점, 셋째, 반봉건투쟁과 결부되지 못한 점을 들었다. 외적 조건으로는 첫째, 국제적으로 고립무원이었던 점, 즉 소련이 혁명 직후라 여력이 없었고 제국주의자가 말한 민족자결은 제1차 세계대전 패전국 식민지에만 해당된 점, 둘째, 일본 프롤레타리아트가 허약했던 점, 셋째, 일본이 제1차 세계대전 승전국이자 5대 강국의 일원으로 파리강화회의의에 참가해 식민지 분할에 참가한 점을 들었다.

운동의 성격과 관련해서는 당시 식민지 반봉건사회라는 사회·역사적 조건에서 규정되는바 '부르주아 민주주의 혁명 단계'였지만, 민족자본계급은 성장하지 못해 혁명을 영도하지 못함으로써 운동의 동력은 농민, 노동자, 학생, 소시민이었고, 3·1운동은 '세계 혁명의 일환'인 '반일본제국주의 반봉건해방투쟁'이었다고 규정했다. 3·1운동을 부르주아 민족운동의 흐름 속에서 파악하는 시각은 아직 확립되지 않은 셈이다.

역사적 의의로서는 첫째, ① 전위적 정당의 지도 아래 반일민족통일전선의 토대에서 전개되어야 하고, ② 평화적 청원이 아닌 무장조직과 무장폭동에 의해서만 가능하고, ③ 자산계급, 소자산계급의 반동성과 동요성이 폭로되고 노동자, 농민 근로대중의 혁명성이 드러났고, ④ 민족문제와 토지문제의 불가분의 연계와 그 해결이 필요하고, ⑤ 식민지 해방은 국제적 연결에서만 가능하다는 등의 많은 경험과 교훈을 얻은 점, 둘째, "3·1운동에 봉기한 북방 무장부대는 소련을 공격하는 일본제국주의에게 큰 타격"(275쪽)을 주었고, 중국의 5·4운동이 3·1운동의 '진행 과정에서 발발'하는 등 기타 식민지 해방운동에도 영향을 준 점을 들었다.

2. 1960년 전후: 민족적 주체성을 강조

1958년 9월에는 리나영의 《조선민족해방투쟁사》가 조선로동당출판사에서 간행되었다. 1949년판을 대신해 같은 제목의 책이 출판된 데는 이유가 있었다. 1958년판에 실린 〈저자로부터〉는 "최창익 등 기타 일부 반당 종파분자들은 자기들의 추악한 종파적 목적으로부터 출발하여 이 부문 력사 연구 사업에 많은 왜곡과 해독을 끼쳐놓았다"고 비판했다. 1949년판에서 1920년대 이후를 전담 집필한 최창익이 1956년 '8월 종파사건'의 우두머리로 지목된 상황에서 새로운 '민족해방투쟁사'를 집필할 필요가 생긴 것이다. 더욱이 1949년판에서 3·1운동을 집필한 김승화도 같은 사건에 연루되어 소련으로 돌아간 상황이었다.

1958년판 《조선민족해방투쟁사》의 구성은 1949년판과 비슷했다. 최창익 등의 역사 서술에서 문제가 된 것은 공산주의운동의 정통성을 둘러싼 부분이어서 3·1운동과는 직접 관련이 없었기 때문일 것이다. 문장 표현을 포함해 서술 방식이나 사료도 많은 경우 답습했다. 예컨대 두 판 모두 한국병합으로 통감부가 총독부로 '문패'를 바꿔 달았다는 표현을 쓰고, 1910년 10월 1일 데라우치 마사타케(寺內正毅) 총독이 발표한 포고문을 인용했다. 중추원은 유명무실했고 대부분의 관직을 일본인이 독차지함으로써 일본은 "어떤 계급과도 자기의 정치적 권력을 나누지 않았다"고 서술한 것, 헌병경찰제도를 설명하고 악법을 비판하면서 태형제를 고발한 것은 1949년판과 동일하다.

물론 변화도 눈에 띈다. '일제의 식민지 통치'를 다룬 제6장 제1절의 경우, 1949년판의 경제→정치→문화 순서와 달리 1958년판에서는 정치→경제(→문화) 순으로 경제적 토대보다 정치적 상황에 대한 분석을 앞세웠다. 저자인 리나영이 1957년 5월부터 시작된 근현대 시대 구분 논쟁에서 '계급투쟁설'을 취함으로써 경제적 토대 분석을 중시한 '사회구성설'을 비판한 사실을 떠올리게 된다. 또한 초대 총독 "데라우치는 노골적으로 '조선 사람들은 우리 일본 법률에 복종하든가 그렇지 않으면 죽어야 한다'고 폭언"을 했다는 서술이 새롭게 추가되었다. 이 구절은 무단정치의 억압성을 상징하는 말로 오늘날 한국 사회에서도 널리 유포되고 있다. 전거가 제시되지 않아 어디서 인용했는지는 불명확하지만, 1955년에 발표된 리청원의 〈3·1운동과 조선민족해방운동〉에서 역시 전거를 밝히지 않고 같은 내용을 소개한 사실이 확인된다.[2] 1957년 재일조선인 역사학자 박경식과 강재언이 펴낸《조선의 역사》에도 같은 내용이 실려 있는데,[3] 시기적으로 리청원의 논문이 앞선다.

'식민지 경제정책'과 관련해 신고주의에 의한 '토지 략탈'을 강조한 것, 광업령, 지하자원 수탈, 약탈적 금융기관 설치, 교통··운수·체신기관의 독점과 정비, 무역정책 등을 비판한 것은 1949년판과 같다. 회사령에 대한 비판도 유사하지만, 새롭게 "1910년대 일제의 '회사령' 실시로 인한 조선 민족산업 장성의 억제는 이 시기 조선 민족부르주아지들의 반일감정을 증대시켜 그들의 대부분을 소극적이나마 반일운동진영에 나서게 하였"다는 서술이 등장한다(223쪽). 민족부르주아지가 반일운동에 나설 가능성에 주목한 것인데, 1949년판에서 민족자본 혹은 민족부르주아지의 존재에 그다지 관심을 두지 않았던 것과는 차이가 있다.

문화적 침탈에 대한 비판은 분량이 줄어 따로 소절을 두지 않고 경제 부분 뒤에 포함시켰으나, 1949년판에는 없던 기술이 등장했다. "조선 력사를 위조하며 조선 력사 교육을 금지하며 과거의 일체 애국적인 조선 출판물들은 모조리 압수 소각"(225쪽)했다는 부분이다. 역시 전거는 제시되어 있지 않은데, 1915년 6월에 상하이에서 출판

---

2)   리청원, 〈3·1운동과 조선민족해방운동〉,《력사과학》1955-3, 1955. 3.

3)   朴慶植·姜在彦,《朝鮮の歷史》, 三一書房, 1957, 221쪽. 이 책에 해당 기술이 있다는 정보는 이 형식 님이 알려주었다.

된 박은식의 《한국통사》에 담겨 있는 유사한 내용을 참고한 듯하다.[4] '분서사건'은 조선총독부가 1910년 11월에 51종의 도서를 금서로 지정하고 압수한 사실이 과장된 것인데, 3·1운동 50주년을 맞아 1969년 동아일보사가 간행한 논문집에 실린 한우근, 이선근 등의 연구에서는 더 구체적인 형태로 '분서사건'을 소개하고 비판했다.[5] 남북한의 민족주의가 공명하는 상황을 엿볼 수 있다. 그 밖에 1949년판에서 강조되었던 종교 비판은 1958년판에서는 약해졌다.

'반일독립운동'을 다룬 제2절을 보면 1949년판에서는 유럽 등의 국제 정세를 자세히 다루었으나, 1958년판에서는 관련 기술이 사라졌다. 민족적 주체성이 강조된 나머지 세계사와 관련지어 민족사를 설명하려는 관심이 조금 옅어진 것으로 볼 수 있다. '반일의병투쟁'에 대해서는 투쟁 상황을 좀 더 자세히 소개했다. '애국문화계몽운동'은 "반일애국사상을 고취하며 민족적 각성을 깨우쳤다"(227쪽)고 평가했다. '독립운동 비밀단체', 즉 1949년판에서 말한 '비밀결사운동'에 대해서도 언급했다. 국외 독립운동으로서는 '독립군 양성운동'과 '애국문화운동'을 들었다. 이와 같은 '국내외 반일독립운동'은 "일부 개별적인 부르주아 및 소부르주아 인텔리들의 지도하에서 전개된 불철저한 부르주아 민족운동들"이었다고 규정했다.

1910년대 '반일독립운동'을 '부르주아 민족운동'으로 규정한 것은 앞서 살핀 '민족부르주아지'에 대한 관심과도 맥을 같이하는 것으로, 한국사에 대한 정체론적 인식을 비판하고 일국사적 발전단계론을 확

---

4)   장신, 〈한국 강점 전후 일제의 출판 통제와 '51종 20만 권 분서(焚書)사건'의 진상〉, 《역사와 현실》 80, 2011 참조.

5)   韓㳓劤, 〈三·一運動의 歷史的 背景〉, 《三·一運動 50周年 紀念論集》, 동아일보사, 1969; 李瑄根, 〈三·一運動을 前後한 日本植民政策의 變貌過程〉, 같은 책.

립하려는 의도에서 나온 것이었다. 1958년 3월 김일성은 "다른 나라에는 모두 부르주아 혁명이 있었는데 왜 우리나라의 력사에는 그것이 없는가? 중국에는 강유위나 양계초와 같은 부르주아 혁명가가 있었는데, 우리나라에는 그러한 사람들이 없었는가라는 문제를 역사가들에게 제기합니다"[6]라고 해 김옥균에 대한 재평가를 재촉했다. 그리고 《조선민족해방투쟁사》(1958)에서는 갑신정변을 "조선 사회 발전의 객관적 합법칙성에 의거"한 '부르주아 민족운동의 서막'(84쪽)으로 규정했다. 1910년대를 '부르주아 민족운동' 단계로 평가한 것도 같은 맥락에서 이해할 수 있다.

'로동자들의 첫 파업투쟁'을 제목으로 내세운 소절에서는 열악한 노동환경을 고발했다. 1910년 이전부터 주요 파업투쟁을 소개하고, 식민지 시기에 일어난 파업의 통계를 소개했다. 다만 "이 시기에 조선 로동계급은 아직 발생기에 처하여 있어 자위적 계급으로 형성되지 못하였고 자기의 혁명적 단체를 가지지 못하였으며 혁명적 리론으로 무장되지 못한 데서 그들의 투쟁은 초기의 자연발생적인 경제적 투쟁에 머물러 있었다"고 지적했다. 농민투쟁도 소개했으나 역시 "자기의 혁명적 지도자를 가지지 못한 조건하에서 그 투쟁은 미약하였다"고 한계를 지적했다. 결국 3·1운동 전까지의 반일독립운동은 '불철저한 부르주아 민족운동'이 기본이었다고 정리했다(231쪽).

제3절 제목은 '위대한 사회주의 10월 혁명의 승리와 3·1운동'이다. 러시아혁명의 영향은 1949년판에서도 충분히 강조되었지만, 1958년

---

6) 김일성, 〈인민군대 내 당 정치사업을 개선 강화하기 위한 과업-조선로동당 중앙위원회 전원회의에서 한 결론 1958년 3월 8일〉, 《김일성전집 제21권》, 조선로동당출판사, 1998, 355쪽(주진오, 〈북한에서의 '갑신정변' 연구의 성과와 문제점-《김옥균》을 중심으로〉, 《김옥균》, 역사비평사, 1990, 464쪽에서 재인용).

판에서는 이를 절 제목으로 사용했다. 10월 혁명의 영향을 받은 나라들을 열거했는데, 1949년판에 등장한 중국, 터키, 인도, 이집트에 몽골, 베트남, 인도네시아, 아프가니스탄이 더해졌다. 1955년 반둥회의를 전후해 반식민주의를 내건 아시아·아프리카 나라들에 관심이 높아진 상황을 반영한 것이었다.[7] 1949년판에 등장했던 이란이 빠진 이유는 1953년에 미국의 간섭으로 친미정권이 들어선 때문이다. 또한 10월 혁명의 영향을 언급하는 부분 등에서 김일성의 저작을 여러 번 인용했는데, 1949년판에는 없던 변화다.

3·1운동의 '폭발' 전사로서 10월 혁명 이후 노동자와 학생 들의 진출, 그리고 2월 8일 도쿄에서 "수천 명이 집합하여 '독립선언서'를 발표"한 것이 강조되었다. 이른바 민족 대표, 즉 '부르주아 민족주의자들'은 '인민들의 고조된 반일 기세'에 떠밀려 독립선언을 하게 되었다고 그려졌다(235쪽). 그리고 "인민들은 조국의 자유와 독립은 부르주아 민족주의자들이 준비한 청원이나 평화적 시위 방법으로써가 아니라 혁명적 투쟁의 방법으로써만 쟁취할 수 있다는 것을 더욱 깨달았다"고 적었다. 1949년판과 동일하게 3월 5일 시위에서 '붉은 기치'가 등장한 것에 주목했다.

1958년판에서는 "3월 1일 서울에서와 함께 벌써 평양을 비롯하여"(237쪽)라며 평양의 3·1운동을 강조했다. 연해주로 확산된 조선인 운동이 "소비에트 공화국을 압살하려던 일제에게 큰 손해를" 주었고, "10월 혁명의 산아인 소비에트 공화국을 수호하는 투쟁과 련결시켜 소련 인민과 굳게 손을 잡고 공동의 적을 반대하는 공동투쟁을 전개했다는 데 큰 의의가 있었다"(240쪽)고 더욱 강조했다.

---

7)　金泰丸 《北韓의 第3世界 外交政策》, 國際問題研究所, 1987; 홍종욱, 〈1950년대 북한의 반둥회의와 비동맹운동 인식-잡지 《국제생활》 기사를 중심으로〉, 《동북아역사논총》 61, 2018. 9 참조.

운동의 성격과 관련해서는 1949년판과 동일하게 '전 인민적 봉기'로 평가했지만, 농민을 먼저 설명한 1949년판과 달리 노동자→농민→학생 순으로 참가 양상을 살폈다. "3·1운동에 있어서 청소한 조선 로동계급이 민족적 해방을 위한 정치적 투쟁무대에 진출하기 시작하였다는 것은 아주 중요한 의의를 갖는다"(242쪽)고 적어 노동계급의 진출을 강조했다. 여기에 더해 농민대중을 '기본 력량'으로 청년 학생을 '선봉적 역할'로 각각 평가했다. 나아가 "이 운동의 성격이 반제 민족해방적 투쟁이었다는 것은 더 론할 여지가 없다. 뿐만 아니라 3·1운동은 미약하나마 반봉건적 성격도 내포되어 있었다"(245쪽)며 반봉건적 성격도 평가했다.

3·1운동의 실패 원인으로는 '일제의 극악스런 탄압, 학살정책' 외에 다음과 같은 '주·객관적 제 약점'을 들었다. ① 노동계급의 미약과 혁명적 당의 부재, ② 부르주아 민족주의자의 지도, ③ 토지문제를 해결할 구체적인 강령 부재, ④ 조직적인 무장투쟁 결여, ⑤ 소련의 지지를 받을 수 없는 등 불리한 국제 정세. 특히 ②와 관련해 민족자결론 비판과 미국의 기만성 폭로에 많은 분량을 할애했다. 아울러 미국무성 관계자가 조선의 독립에 부정적인 의견을 보인 사실을 고발했다.

역사적 의의로는 ① 일제의 식민지 통치에 심대한 타격을 입혀 무단정치를 '폐지'하고 이른바 문화정치를 표방하는 양보를 얻어낸 점, ② 부르주아 민족주의자들의 연약성과 동요성을 폭로하고, 노동계급과 당의 영도가 필요하며, 혁명적 무장투쟁이 필요하고, 토지문제와 민족해방투쟁의 결합을 위한 구체적 강령이 필요하고, 미 제국주의자에 속지 말고 소련의 국제민주역량과 긴밀한 연계를 확립해야 한다는 등의 많은 교훈을 얻은 점, ③ 3·1운동이 10월 혁명의 영향 아래 일어남으로써 조선민족해방투쟁이 세계 프롤레타리아 혁명운동의 일부분이 된 점, ④ 일본의 시베리아 간섭에 타격을 주어 10월 혁명의 승리를 고수하는 데 기여하고, "중국 인민들의 반제반봉건투쟁인 5·4운동에도 일정한 영향"을 미치고, 기타 동방 식민지 예속국가 인민들의 민족해방투쟁의 장성에 적지 않은 영향을 미친 점을 들었다.

1949년판에서 5·4운동이 3·1운동의 '진행 과정에서 발발'했다고 애매하게 처리한 데 반해, 여기서는 3·1운동이 5·4운동에 '일정한 영향'을 미쳤다고 분명히 서술했다. 또한 김일성의 저작 〈위대한 10월의 사상은 승리하고 있다〉[8]에서 "10월 혁명의 승리는 일제의 참을 수 없는 민족적 억압과 착취를 반대하여 투쟁하는 조선 인민을 고무하였으며 1919년에 전 민족적인 반일 3·1봉기에로 궐기시켰다. 3·1봉기를 계기로 부르주아 민족운동의 시기는 종결되고 맑스 – 레닌주의 기치하에 로동계급을 선두로 하는 조선 인민의 민족해방투쟁은 새로운 단계에 들어서게 되었다"는 부분을 인용해, 러시아혁명이 3·1운동에 영향을 끼친 점, 그리고 3·1운동을 계기로 부르주아 민족운동 시기가 종결된 점을 강조했다(250·251쪽).

다음은 1958년에 과학원 력사연구소에서 낸 《조선통사(하)》를 살펴보자.[9] 이 책은 1956년에 나온 《조선통사(상)》의 속편인데, 3·1운동 관련 부분은 리나영이 집필했다. 따라서 1958년판 《조선민족해방투쟁사》와 목차와 내용이 거의 같다. 여기서는 몇 가지 눈에 띄는 점만 짚어보겠다.

《조선민족해방투쟁사》(1958)에서 민족부르주아지가 반일운동에 나

---

8) 김일성, 〈위대한 10월의 사상은 승리하고 있다〉, 《근로자》, 1957-11, 1957.

9) 과학원 역사연구소, 《조선통사(하) –1958년판》, 오월, 1989.

8장 북한 역사학계의 3·1운동 연구 **259**

설 가능성을 제기한 데 이어, 《조선통사(하)》(1958)에서는 "극소수의 예속자본가를 제외하고 대다수의 민족자본가들은 일제 통치에 불만을 가지고 비록 미약하였으나 이에 항거해 반일투쟁을 전개하게 되었다"(134쪽)고 민족자본가의 투쟁성을 더욱 강조했다.

북한 학계에서는 민족부르주아지를 둘러싼 논쟁이 전개되었다.[10] 1955년에 리청원이 '민족자본'을 '예속적이며 매판적인 자본'으로 규정하고 프롤레타리아트 헤게모니는 "예속적 민족부르주아지들을 인민대중으로부터 고립시키는 문제에 귀착된다"고 본 데 대해[11] 1957년 김상룡은 민족부르주아지와 예속부르주아지는 '확연히 구별되는 것'이라고 비판하고 전자를 동맹의 대상으로, 후자를 타도의 대상으로 규정했다.[12] 결국 1957년 10월에 열린 '반일민족해방투쟁에 있어서 민족부르주아지에 관한 과학토론회'는 '민족부르주아지와 예속부르주아지는 엄격히 구별되는 별개의 과학적 개념'이라는 '일정한 결론에 도달'했다.[13] 《조선민족해방투쟁사》(1958)와 《조선통사(하)》(1958)에서 민족자본가를 주목한 것은 이러한 민족부르주아지 논쟁을 의식한 결과라고 생각된다. 한편, 남한의 안병직도 1975년에 발표한 글에서 3·1운동에 참여한 계층을 분석하면서, '예속자본가'와 '민족자본가'를 명확히 구별하는 입장을 취한 바 있다.[14]

아울러 3·1운동의 성격을 "일정하게 반봉건투쟁이 결합"된 '반제

---

10) 도진순, 〈북한학계의 민족부르조아지와 민족개량주의 논쟁〉, 《역사비평》 4, 1988. 9 참조.

11) 리청원, 〈부록: 조선 민족부르죠아지의 특질〉, 《조선에 있어서 프로레타리아트의 헤게모니를 위한 투쟁》, 조선민주주의인민공화국과학원, 1955.

12) 김상룡, 〈반일민족해방투쟁에서의 프로레타리아트의 헤게모니를 위한 투쟁과 민족부르죠아지에 대한 문제〉, 《력사과학》, 1957-2, 1957. 4 참조.

13) 〈반일민족해방투쟁에 있어서 민족부르죠아지에 관한 과학 토론회〉, 《력사과학》, 1957-6, 1957. 12 참조.

14) 安秉直, 《三·一運動》, 韓國日報社, 1975.

반봉건 민족해방투쟁'이었다고 규정했다(144쪽).《조선민족해방투쟁사》(1949)에서 '반일본제국주의 반봉건해방투쟁'이라고 규정하면서도 반봉건적 측면에 대한 언급이 없었고,《조선민족해방투쟁사》(1958)에서 "미약하나마 반봉건적 성격도 내포"되었다고 평가하는 데 그쳤던 점에 비추어볼 때, 3·1운동이 지닌 반봉건투쟁의 측면을 더욱 적극적으로 평가한 셈이다.

한편,《조선민족해방투쟁사》(1958)에 등장했던 근거가 불분명한 데라우치 발언 및 분서사건은 언급하지 않았다. 나라를 대표하는 '정사'로서 신중함을 유지하고자 한 것으로 짐작되나 자세한 사정은 알 수 없다.

1961년에는 '과학원 력사연구소 근세 및 최근세사 연구실'이 엮어낸《조선근대혁명운동사》가 간행되었다.《조선근대혁명운동사》는 "전석담 실장과 김희일 연구사가 총편집"했는데, 3·1운동 부분은 전석담이 집필했다. 전석담은 1946년 서울에서 출간된 조선과학자동맹의《조선해방과 삼일운동》에서 〈천도교의 정체와 삼일운동〉을 집필한 바 있지만, 두 글 사이의 특별한 영향관계는 발견되지 않는다.

《조선근대혁명운동사》의 3·1운동 서술에서 가장 눈에 띄는 것은 '3·1인민봉기'라는 표현이다. '인민봉기'라는 표현은 1949년판《조선민족해방투쟁사》부터 줄곧 사용되었지만, 3·1운동의 명칭 자체를 '3·1인민봉기'로 바꾼 것은 이 단계에 와서다. 직전에 발간된《3·1운동 40주년 기념론문집》(1959)과《3·1운동 자료집》(1960)에서도 '3·1운동'이라는 명칭이 사용되었다. 명칭을 바꾼 이유로는 여러 가지를 생각할 수 있지만,《조선민족해방투쟁사》(1958)에서 인용한 김일성의 저작 〈위대한 10월의 사상은 승리하고 있다〉에서 이미 '3·1봉기'라는 표현을 쓴 점도 영향을 미쳤을 것으로 짐작된다.

제1절에서는 "조선인은 일본 법률에 복종하든가 그렇지 않으면 죽어야 한다"는 데라우치의 발언이 다시 등장했다. 《조선민족해방투쟁사》(1949)에서 이미 등장한 "일제는 조선의 어떤 계급과도 정치적 권력을 나누지 않았"다는 언급도 반복되었다. '민족자본'의 성장을 언급했지만 《조선민족해방투쟁사》(1958)나 《조선통사(하)》(1958)와 달리 민족부르주아지의 반일투쟁에 대한 언급은 없었다.

제2절에서는 '반일운동'을 크게 '반일의병투쟁'과 '애국문화계몽운동'으로 나눈 뒤 해외 독립운동도 덧붙였다. '1910년대의 반일운동'에 대해서는 '로동자, 농민 들의 민족적 및 계급적 각성' 그리고 '도시 소시민들의 반일감정' 제고에 주목하면서, '부르주아 민족주의자들의 나약성과 분렬 행위'를 비판했다(190쪽). 전석담, 김희일은 《조선근대혁명운동사》에서 '부르주아 민족운동'의 정당한 평가에 힘썼다고 스스로 정리했지만, 이는 '1884년 정변'에서 '19세기 말~20세기 초'에 이르는 시기에 해당하는 것이었고, 1910년대 '반일독립운동'에 대해서는 "민족부르주아지가 민족운동의 지도 력량으로 되지 못한 그 제한성들을 력사적으로 분석함으로써 3·1인민봉기를 계기로 하여 부르주아 민족운동의 시기가 끝나게 되는 력사적 필연성"을 밝히는 데 초점이 맞춰졌다.[15]

3·1운동을 다룬 제3절에서는 새롭게 박은식의 《한국독립운동지혈사》에서 "러시아 공산당은 선두에서 붉은 기치를 들어 전제정치를 전복하고 인민에게 자유와 평등을 실시하며 각 민족에 대하여 자유와 자결을 선포했……"는 부분을 인용했다. 다만 절 제목에서는 '위대한 사회주의 10월 혁명' 운운이 사라졌다. 러시아혁명의 영향은

---

15) 전석담·김희일, 〈(서평 및 서적 해제) 조선 인민의 근대 혁명운동사 연구에서의 새로운 성과, 《조선 근대 혁명운동사》 발간과 관련하여〉, 《력사과학》 1962-3, 1962. 5, 76쪽.

여전히 강조되었지만, 3·1운동의 주체성 역시 강조하려는 의도였다고 판단된다. 3월 5일 서울의 학생시위에서 적기가 등장했다는 서술도 사라졌다. 아울러 3·1운동의 '동인'을 설명하면서 19세기 중반 이래 "일본 침략자들을 반대한 애국선렬들의 붉은 피"에 주목하고 심지어 더욱 거슬러 올라가 '1592~1598년 조국전쟁', 즉 임진왜란을 언급했다. 계급보다는 민족을 중시하는 시각이 엿보인다.

3·1운동의 '태동'과 관련해서는 2·8독립선언서를 길게 인용하는 등 학생들의 준비 과정을 평가하고, 이와 대비해 '조선 민족 대표'의 기만성을 폭로했다. 서울 시위 군중의 사진이 처음으로 실렸다. "3월 1일 평양에서의 독립시위운동은 비록 그 규모와 그것이 다른 지방에 미친 영향은 서울만 못하였다 할지라도 서울을 포함한 다른 어느 도시보다도 훨씬 더 치렬하였다"(197쪽)고 서술해, 평양 시위에 주목하면서도 운동의 중심이 서울이었다는 점은 아직 인정했다. 미국의 기만성은 줄곧 지적되었지만, 처음으로 소절 제목에 '미제의 적대적 태도'라는 표현이 포함되었다.

3·1운동에는 "한 줌도 못 되는 친일파, 민족반역자 들을 제외하고는 각계각층 조선 인민들이 다 망라되었으며, 특히 로동자, 농민, 청년 학생 들은 가장 헌신적으로 투쟁"했다고 설명했다. 《조선민족해방투쟁사》(1958)나 《조선통사(하)》(1958)에서 여러 계층을 열거하면서 일본에 영합한 '예속자본가'와 투쟁에 나선 '민족자본가'를 대비시킨 것과 차이가 있다. 1910년대 민족부르주아지의 '제한성'을 강조한 사실을 떠올리게 되는데, 이러한 서술은 '3·1인민봉기'라는 명칭과도 관련이 있을 것이다. 윤해동은 '3·1인민봉기'라는 명칭은 "부르주아 민족주의자들의 주도성을 거부"한 것이라고 평가한 바 있다(169쪽).

운동을 지도한 세력과 관련해서는 '로동계급'과 '자산계급'이 모두 미약했던 탓에 "3·1봉기는 자연발생적으로 진행"되었다고 보았다. 그리고 이를 '종국적 승리를 쟁취하지 못한 가장 기본적인 요인'이라고 지적했다. 이전 연구와 달리 3·1운동의 '실패'라는 표현을 소절 제목은 물론이고 본문에서도 쓰지 않은 점이 흥미롭다. 역사 서술에서 보이는 '허무주의적 편향'[16]에 대한 비판과 관련이 있었을 것으로 생각된다.

《조선민족해방투쟁사》(1958)나 《조선통사(하)》(1958)와 달리 반봉건투쟁이라는 측면은 부정되었다. "반일투쟁은 반드시 반봉건투쟁과 밀접히 결부되어야" 하는데, '부르주아 민족주의자'는 오히려 '봉건 귀족들과 관료들'에게 추파를 던졌고, '애국적 인민들' 역시 봉건지주를 반대하는 투쟁으로 나아가지 못했다고 평가했다(208쪽).

3·1운동의 역사적 의의에 대한 서술은 크게 바뀌지 않았는데, 중국의 5·4운동과의 관계를 설명할 때 《조선민족해방투쟁사》(1958)와 《조선통사(하)》(1958)에서 '일정한 영향'을 주었다고 했던 것을 여기서는 '큰 영향'을 주었다고 표현을 강화한 것이 눈에 띄는 정도이다.

3. 1980년대 이후: 평양과 김일성 가계에 주목

1968년부터 발행이 중단되었던 《력사과학》은 1977년 연 4회 발행의 계간으로 복간되었는데, 1980년 들어 주체사관을 이론화하기 위한 일련의 글들이 수록되었다. 김석형의 〈주체의 빛발 아래 개화 발전한 우리나라 력사과학〉(1980-4), 허종호의 〈주체의 력사관 연구의

---

16) 위의 글, 77쪽.

몇 가지 문제〉(1981-4), 전영률의 〈위대한 수령 김일성 동지와 영광스러운 당중앙의 현명한 령도 밑에 우리나라 력사를 주체적으로 체계화하는 데서 이룩한 빛나는 성과〉(1981-4) 등이 그것이다. 1980년 조선로동당 제6차 대회에서 주체사상이 마르크스-레닌주의를 대체하는 유일한 지도사상으로 승격된 것에 발맞춘 행보였다.

후일 황장엽은 주체사상이 사회적 운동을 일으키고 추진해나가는 주체를 계급이 아닌 인민대중으로 보았다는 점에서 마르크스-레닌주의와 가장 크게 구별된다고 주장한 바 있다.[17] 다만 김정일은 1982년에 발표한 유명한 〈주체사상에 대하여〉의 제3장 '주체사상의 사회력사원리'에서 "인민대중은 력사의 창조자이지만 옳은 지도에 의하여서만 사회력사발전에서 주체로서의 지위를 차지하고 역할을 다할 수 있습니다", "혁명운동, 공산주의운동에서 지도문제는 다름아닌 인민대중에 대한 당과 수령의 령도문제입니다"[18]라고 해, 인민대중의 주체성은 당과 수령의 지도를 통해서만 발현될 수 있음을 명확히 했다.[19]

이러한 가운데 1979년에서 1983년에 걸쳐 모두 33권의 《조선전사》가 간행되었다. 3·1운동은 제15권(근대 편 3)에 실렸다. 대략 《조선통사》 한 장이 《조선전사》 한 권에 대응되는 관계이므로 3·1운동 관련 부분의 서술도 양적으로 크게 늘었다. 다만 1949년판 《조선민족해방투쟁사》 이래의 3단 구성에는 변함이 없었다. 《조선전사》에서는 소절

---

17) 황장엽, 《나는 역사의 진리를 보았다》, 한울, 1999; 서재진, 《주체사상의 이반-지배이데올로기에서 저항이데올로기로》, 박영사, 2006, 164쪽.

18) 김정일, 〈주체사상에 대하여, 위대한 수령 김일성 동지 탄생 70돐 기념 전국 주체사상 토론회에 보낸 론문, 1982년 3월 31일〉, 《친애하는 지도자 김정일 동지의 문헌집》, 조선로동당출판사, 1992.

19) '주체의 력사관'이 지닌 의미에 대해서는, 홍종욱, 앞의 논문(2014) 참조.

이 시작될 때마다 첫머리에 김일성 저작을 인용하는 서술 방식을 취했다.

《조선전사》의 3·1운동 서술에서는 먼저 '무단정치'라는 용어가 '무단통치'로 바뀐 점이 눈에 띈다. 3·1운동 이후에 관한 서술에서도 '문화정치'는 '문화통치'로 바뀌었다. 남한 학계에서도 1980년대를 지나면서 '문화정치'라는 용어가 '문화통치'로 바뀌는 현상이 확인되는데,[20] 식민지 경험에서 멀어지면서 오히려 기억이 경화되는 현상이 남북한 모두에서 일어난 셈이다.

제1장에서는 "조선 사람은 일본 법률에 복종하든가 그렇지 않으면 죽어야 한다"(13쪽)는 데라우치의 말이 여전히 인용되었다. 문화정책에 관한 서술은 경제정책 뒤에서 정치 상황 뒤로 옮겨졌고 분량도 크게 늘었지만 '분서사건'에 대한 기술은 빠졌다. 일본의 '경제적 략탈'에 따른 '조선 인민의 생활 처지'를 설명한 뒤, "일제와 지주, 예속자본가를 한편으로 하고 로동자, 농민을 비롯한 인민대중을 다른 편으로 하는 둘 사이의 모순이 기본모순"(56쪽)이었다고 설명했다. '민족자본가'는 '파산 몰락'(55쪽)했다는 언급이 있을 뿐, 부분적으로나마 성장했다거나 반일투쟁에 나섰다는 평가는 눈에 띄지 않는다.

제2장에서는 1910년대에 벌어진 '반일독립운동'으로서 '반일무장활동'(반일의병운동, 독립군운동의 준비), '반일정치활동', '애국문화운동'의 셋을 들고, "당시의 력사적 조건 밑에서는 모두가 애국적인 투쟁들이었으며 반일민족해방운동 발전에 일정한 기여를 하였다"(58쪽)고 평가했다. 동시에 "상층의 계급적 및 사상적 제한성과 관련하여

---

20) 한국 학계에서 '무단정치/문화정치'라는 용어가 '무단통치/문화통치'로 바뀌어가는 맥락에 대해서는, 김정인, 〈3·1운동 이후 문화정치의 반동성에 대한 인식〉,《사회와 역사》 117, 2018 참조.

이러한 운동들은 일련의 본질적 약점들을 가지고 있었다"(58쪽)고 지적했는데, 예컨대 '반일정치활동'에 대해서는 "반일민족해방운동의 탁월한 지도자이시며 민족주의운동으로부터 공산주의운동에로의 방향 전환의 위대한 선구자이신 김형직 선생님께서 조선국민회를 조직·지도하심으로써 그 빛나는 해결의 전망이 활짝 열리게 되었다"(86쪽)고 서술했다. 김형직은 김일성의 아버지다.

한편, "반일독립운동에서 중요한 자리를 차지하는" '반일정치운동'에는 '일제의 강점 이전 시기'의 '애국문화운동 계렬'과 '의병운동 계렬'이 함께 참가한 점이 강조되었다(72쪽). '독립군운동의 준비'에서도 비슷한 움직임이 지적되었다(64쪽).《조선근대혁명운동사》(1961) 간행 직후 전석담과 김희일은 "우리나라 부르주아 민족운동 발전의 합법칙성을 밝히기 위하여서는 개항 이후 력사적으로 형성된 두 조류, 즉 밑으로부터의 대중의 혁명투쟁과 부르주아적 개화운동의 호상관계를 구명함과 함께 반일독립운동 시기에 들어가서 그 조류들의 융합 과정을 해명하여 전 민족적 운동으로 전개되는 3·1인민봉기의 력사적 전제를 구명하는 것이 필요하다"[21]고 논한 바 있다.《조선전사》의 1910년대 '반일독립운동' 서술은 이러한 1960년대 이래의 문제의식을 구현한 것으로 평가할 수 있다.

아울러 제2장에서는 부르주아 민족주의자들이 주도한 '반일독립운동'과 구별해 '생존의 권리를 위한 로동자, 농민의 투쟁'이라는 절을 따로 두었다. "부르주아 민족주의 기치 아래 벌어진 반일민족운동과는 달리" "식민지적 략탈과 착취를 반대하며 생존의 권리를 지키기 위한 로동자, 농민의 투쟁"(102쪽)이 싹트고 있었음을 소개하고 높

---

21) 전석담·김희일, 앞의 글, 76쪽.

이 평가했다.

'3·1인민봉기'를 다룬 제3장에서는 '거족적인 반일항쟁 기운의 성숙' 과정으로서 노동자, 농민 투쟁에 주목했다. '애국적인 청년 학생들'의 '대중적 독립운동 준비사업'에 대해서도 2·8독립선언을 중심으로 상세히 소개했다. 무엇보다 러시아혁명의 영향에 대한 언급이 없어진 것이 가장 큰 변화이다. 제2장에서 1910년대 노동자 파업투쟁 증가와 관련해서 "러시아에서의 사회주의 10월 혁명 승리의 영향"을 지적했지만, 3·1운동의 발생과 관련해서는 전혀 언급되지 않았다. 3월 5일 서울 학생시위 소개에서 적기의 등장에 대한 언급이 없는 것도 같은 맥락이라고 생각된다. 모두 3·1운동의 민족적 주체성을 강조하려는 의도로 판단된다.

또 하나의 변화는 평양의 만세시위를 3·1운동의 '첫 봉화'(120쪽)로 규정한 점이다. 이전에도 평양의 역할을 강조했지만, 서울을 제치고 평양을 앞세운 것은 통사류에서는《조선전사》가 처음이다. 평양 중심성에 대한 강조는 김일성 가계의 역할에 대한 주목과 동시에 진행되었다. 평양의 3·1운동을 "반일민족해방운동의 탁월한 지도자이신 김형직 선생님께서 일찍이 혁명의 씨앗을 뿌리시고 반일독립운동의 믿음직한 거점의 하나로 꾸려놓으신 평양숭실학교의 애국적 청년 학생들이 주동"(120쪽)했다고 적고, 3월 3일 만경대 시위에서는 "경애하는 수령 김일성 동지께서는 여덟 살 되시는 어리신 몸으로 거족적인 반일봉기 대렬에 참가하시어 보통문까지 가시었다"(136쪽)고 설명했다.

서울의 이른바 민족 대표에 대해서는 부정적인 평가를 내렸다. 세 쪽에 걸쳐 평양의 시위 상황을 상세히 소개한 뒤, "서울에서는 평양에서보다 좀 뒤늦게 애국적인 청년 학생들이 부르주아 민족운동 상층 분자들의 투항주의적인 행동을 박차고 반일항쟁에 떨쳐나섰다"(123쪽)고 해, 민족 대표의 움직임을 '민족자결'주의에 기댄 '독립 청원운동'이라고 비판적으로 바라보았다.

1960년대 중반 북한에서는 민족개량주의 논쟁이 벌어졌다.[22] 허장만은 1966년의 논문에서, 민족개량주의는 민족부르주아지 상층을 계급적 기초로 하며 예속부르주아지의 대변자로 변절하는 것은 1930년대 이후라면서, 민족개량주의는 타도의 대상이 아니라 고립화의 대상이라고 주장했다.[23] 이에 반해 김희일은 같은 1966년의 논문에서 민족개량주의의 계급적 기초는 예속부르주아지이며 따라서 전면적으로 반대해 타도할 것을 주장했다.[24] 《조선전사》에서는 3·1운동에서 민족 대표를 '부르주아 민족운동 상층 분자'라고 규정했고, 1920년대를 설명하면서 "민족운동 지도자들이 민족개량주의자로 변질한 사실은 그들이 민족자본가의 리익의 대변자로부터 일제 및 그와 한 짝이 되어 있는 예속자본가의 대변자로"(216쪽) 전락한 것이라고 평가했다. 민족개량주의의 계급적 기초를 예속부르주아지로 보는 김희일의 주장을 따른 셈이다.

'3·1인민봉기의 실패'라는 표현이 다시 등장했다. '실패'한 원인은 "일, 미 제국주의자들의 악랄한 교살 책동과 주체적인 혁명 력량이 튼튼히 준비되지 못한 탓"(183쪽)이라고 설명했다. 신용하는 《조선전사》의 3·1운동 서술을 검토한 글에서, 3·1운동은 "독립운동의 기운을 크게 일으키어 후일 독립 쟁취의 기초를 튼튼히" 했다는 점에서 '성공한 작전'이었다며 북한 역사학의 '실패'론을 비판했다.[25] 《조선근대혁

---

22) 도진순, 〈북한학계의 민족부르조아지와 민족개량주의 논쟁〉, 《역사비평》 4, 1988 참조.

23) 허장만, 〈1920년대 민족개량주의의 계급적 기초 해명에서 제기되는 몇 가지 문제〉, 《력사과학》 1966-3, 1966. 5 참조.

24) 김희일, 〈민족개량주의의 계급적 기초는 예속부르조아지이다〉, 《력사과학》 1966-4, 1966. 7 참조.

명운동사》(1962)에서 '실패'라는 표현을 피한 사실은 있지만, 3·1운동이 실패했다고 규정하는 것은 북한 역사학의 일관된 입장이었다. 부르주아 민족운동이 '쇠퇴·몰락'하고 민족해방투쟁이 새로운 단계에 접어드는 계기로서 3·1운동을 위치 짓기 때문이다.

3·1운동의 역사적 의의로는 첫째 "슬기롭고 용감한 조선 인민의 열렬한 애국적 투지와 혁명적 정력을 뚜렷이 시위"한 점, 둘째 "일제의 식민지 통치에 커다란 타격을 주었으며 조선 인민의 민족적 각성을 크게 높여"준 점, 셋째 "식민지 예속국가 인민들의 민족해방운동 발전에 적지 않은 고무적 영향"을 준 점을 들었다. "중국 인민의 반제투쟁을 고무하였다"고 적고 3·1운동을 높이 평가한 1919년 3월 26일자 《베이징신보》의 기사를 인용했지만, 5·4운동 자체에 대해서는 언급하지 않았다. 일본의 시베리아 간섭을 견제함으로써 소련 방위를 도왔다는 내용도 사라졌다. 민족적 주체성을 강조하다 보니 중국, 소련과의 영향관계에 대한 서술이 신중해진 것으로 판단된다. 한편, "'인도국민대회당'의 한 지도자는 자기 딸에게 보낸 편지에서" 3·1운동을 높게 평가했다고 서술했다. 네루의 《세계사 편력》을 가리키는 듯하다.

3·1운동의 '교훈'으로서는 첫째, 거족적인 반일항쟁이 탁월한 수령의 영도와 혁명적인 계급, 혁명적인 당의 영도를 받지 못하고 반봉건 투쟁과 밀접히 결합되지 못함으로써 실패한 점, 둘째, 부르주아 민족주의자들이 이미 민족해방운동의 지도세력이 될 수 없으며 부르주아 민족주의가 민족해방운동의 사상적 기치가 될 수 없다는 점, 셋째, 민족적 독립과 사회적 진보를 위한 혁명운동의 승리를 이룩하기 위해

---

25) 신용하, 〈북한 《조선전사》의 3·1운동론 검토〉, 《한국사 시민강좌》 21, 1997. 8.

서는 사대주의를 철저히 배격하고 주체적인 혁명 역량을 튼튼히 마련해야 한다는 점, 넷째, 무장한 '원쑤'들과는 조직적인 무장투쟁으로 맞서야 한다는 점을 들었다.

1987년에는 《조선통사(하)》 개정판이 발간되었다. 상권 개정판은 여러 번 나왔지만, 하권 개정판이 나온 것은 처음이었다. 《조선통사(하)》(1987)는 전체적으로 《조선전사》의 서술을 요약한 형태였다. 다만 경제 수탈을 중심으로 한 1910년대 총독부의 통치와 그에 따른 인민의 처지를 논하던 내용이 '각계각층 인민들의 처지'라는 이름의 소절로 축소됨으로써, 1949년판 《조선민족해방투쟁사》 이래 유지되어 오던 3단 구성이 2단 구성으로 바뀌었다. 주체사관 확립 이후 경제적 토대에 대한 분석이 경시되고 '정치' 혹은 '운동'이 강조되던 상황의 반영이라고 생각된다. 허종호는 1981년에 쓴 〈주체의 력사관 연구의 몇 가지 문제〉라는 글에서, "지난 시기 력사가들은 혁명투쟁을 계급들의 경제적 리해관계의 대립에 의한 충돌로, 사회 발전을 생산도구의 변혁과 생산관계의 교체 과정으로만 보고 계급투쟁의 기본 동인은 무엇이며 생산도구와 생산관계의 변혁 자체는 또 무엇에 의하여 일어나는가 하는 데 대하여서는 충분한 리해를 가지고 있지 못하였다"[26]고 비판한 바 있다.

'반일독립운동'에 대한 평가는 《조선전사》의 서술을 답습했다. '반일독립운동'과 구분되는 '생존의 권리를 위한 투쟁'이라는 소절을 둔 것도 그대로다. 3·1운동의 구체적 준비와 관련해서는 《조선전사》에서는 민족 대표와 학생 대표의 교섭 및 갈등을 그렸지만, 이 단계에 오면 "이들의 '독립청원운동'과는 달리 1919년 3월 1일 대중적인 봉

---

26) 허종호, 〈주체의 력사관 연구의 몇 가지 문제〉, 《력사과학》 1981-4, 10쪽.

기가 폭발되었다"는 식의 서술이 이루어졌다. 특히 평양의 운동은 민족 대표와의 관계가 전혀 드러나지 않는다. 시위 확산 과정에서 김일성과 김형직의 활동이 여전히 강조되었다. 역사적 의의와 교훈도 비슷하나 국제적인 영향에 대한 언급이 삭제되어 완전히 일국적인 설명이 되어버린 점이 눈에 띈다.

《조선통사》는 2000년대 들어 상·중·하 체제로 바뀌는데, 3·1운동 부분이 담긴 중권은 2011년에 간행되었다. 《조선통사(중)》(2011)의 3·1운동 서술은 목차와 내용에서 1987년의 《조선통사(하)》와 거의 동일하지만 몇 가지 차이점이 눈에 띈다. 1987년판에는 없어졌던 "조선 사람은 일본 법률에 복종하든가 그렇지 않으면 죽어야 한다"라는 데라우치의 말이 다시 등장했다. 1987년판에서 사용하던 '3·1봉기'라는 표현이 다시 '3·1인민봉기'로 돌아온 것도 확인된다. 3·1운동의 시위 상황을 설명하면서 서울을 '경성(서울)' 혹은 '경성'으로 표기한 것도 흥미롭다. 경성은 식민지 시기에 사용된 명칭이다. 서울이 지닌 수도, 즉 '서울'이라는 의미를 지우려는 의도가 엿보인다.

3·1운동 서술과는 직접적인 관련이 없지만, '일제강점'이라는 표현이 '한일합병'으로 바뀐 점도 눈에 띈다. 목차뿐 아니라 본문에서도 예컨대 1987년판에서 '조선을 강점한 일제는'(58쪽)이라고 되어 있던 부분이 2011년판에서는 '조선을 합병한 일본제국주의자들은'(281쪽)으로 바뀌었다. 1990년대 후반부터 본격적으로 제기된 한국병합조약 무효론의 영향으로 오히려 남한 학계에서는 '일제강점기'라는 용어가 일반화되어간 것에 비추어볼 때 상당히 흥미로운 변화다.

교차하는 남과 북의 역사학

이상에서 북한 역사학의 3·1운동 인식을 세 시기로 나누어 살펴보았다. 각 시기는 크게 보아 유물사관에 충실한 건국 초기, 민족적 주체성을 강조한 1960년 전후, 평양의 운동과 김일성 가계의 활약에 주목한 1980년대 이후로 설명할 수 있다. 북한 역사학의 3·1운동 인식에서 보이는 특징과 시기에 따른 변천은 다음과 같이 정리할 수 있다.

첫째, 북한 역사학은 3·1운동을 끝으로 1910년대 부르주아 민족운동 시기가 막을 내린 것으로 평가했다. 《조선민족해방투쟁사》(1949)에서는 아직 3·1운동을 부르주아 민족운동의 흐름 속에서 파악하지 않았다. 1950년대 후반 식민지와 주변부의 경험을 세계사의 보편성 속에 설명하려는 노력이 일면서, 먼저 갑신정변이 부르주아 개혁운동으로 재평가되었다. 《조선민족해방투쟁사》(1958)와 《조선통사(하)》(1958)는 1910년대 '반일독립운동'을 부르주아 민족운동으로 규정했고, 민족자본이 성장해 반일투쟁에 나선 점을 강조했다. 예속자본과 구분되는 민족자본의 존재에 주목한 1950년대 후반 민족부르주아지 논쟁의 영향이 엿보인다. 그리고 갑신정변에서 시작된 부르주아 민족운동 시기가 3·1운동에서 막을 내린다는 인식 틀이 확립되었다.

《조선근대혁명운동사》(1961)에서는 민족자본의 성장과 투쟁성에 대한 언급이 없어졌고, 1910년대 부르주아 민족운동에 대해서도 부정적인 평가가 두드러졌다. 이어 《조선전사(15)》(1980)에서는 민족자본을 대변하는 부르주아 민족운동 상층 분자가 3·1운동을 계기로 예속자본을 대변하는 민족개량주의로 전락했다고 설명했다. 1960년대 중반의 민족개량주의 논쟁의 결과가 반영된 서술이었다. 그리고 3·1운동 직후인 1920년대 초·중반을 근대의 종점이자 현대의 기점으로 보는 새로운 시기 구분이 등장했다.

민족자본과 예속자본을 구분하고 민족개량주의를 비판하는 시각은 남한의 연구에서도 확인된다. 3·1운동 70주년을 맞아 1989년에 한국역사연구회와 역사문제연구소가 엮은 《3·1민족해방운동연구》[27]를 보면, 임경석은 예속자본과 달리 민족자본은 '투항주의'와 '비타협적 투쟁'이라는 양 측면 사이에서 동요한다고 분석했고(225쪽), 지수걸은 "부르주아 민족주의자는 3·1운동을 기점으로 하여 비타협 민족주의자와 민족개량주의자로 뚜렷이 분열되며, 또 그 세력도 급격하게 약화되기에 이른다"(29쪽)고 분석했다. 한편, 일찍이 자본 규모에 따라 예속자본과 민족자본을 나누는 틀을 제시했던 안병직은 1989년 시점에는 자신의 연구를 되돌아보며 오히려 "너무 교조주의적이고 탁상공론이지 않았느냐"라고 자기비판을 하기도 했다.[28]

《3·1민족해방운동연구》(1989)의 〈책을 내면서〉에서는 "공동연구과정에서 연구자들 간에 가장 많은 논란이 있었던 쟁점은 3·1운동에서의 민족부르주아지의 역할 문제였다"(5쪽)고 밝힌 바 있는데, 글을 통해 확인되는 논쟁의 결과는 북한 역사학의 인식과 궤를 같이하는 것이었다. 1980년대까지 남한 학계에서는 이른바 민족 대표의 역할을 대체로 긍정적으로 보았는데, 《3·1민족해방운동연구》에서는 이러한 태도를 강하게 비판했다. 김철은 예컨대 "민족자본가층의 참가가 뚜렷"[29]했다는 신용하의 분석에 대해 "'3·1운동을 전후로 한 민족부르주아 역할'이란 말에 대해 엄밀한 제한을 가할 필요를 느낀다"고

---

27) 한국역사연구회·역사문제연구소 편, 《3·1민족해방운동연구》, 청년사, 1989.

28) 동아일보사 편, 〈제1분과 토론〉, 《3·1운동과 민족통일》, 동아일보사, 1989, 102쪽.

29) 愼鏞廈, 〈3·1독립운동 발발의 경위−초기 조직화 단계의 기본 과정〉, 尹炳奭 외 편, 《韓國近代史論 2−日帝植民地時代의 民族運動》, 知識産業社, 1977, 107쪽.

지적하고, 민족자본가의 역할에 일정한 의미를 부여한다면 "민족주의의 우파의 반민족적 행위를 호도하게"(473쪽) 된다고 비판했다.

1910년대 여러 운동과 그 축적 위에서 벌어진 3·1운동을 부르주아 민족운동으로 규정하면서 동시에 민족부르주아지의 허약성을 지적하는 것이 모순처럼 느껴질 수 있다. 다만 레닌이 식민지나 주변부의 운동을 부르주아지 없는 부르주아 혁명이라고 규정한 사실을 떠올린다면, 1910년대 다양한 실천을 부르주아 민족운동으로 파악하는 북한 역사학의 관점도 이해할 수 있다. 《3·1민족해방운동연구》에 실린 종합토론에서 사회자가 공동연구자들 사이의 소수 의견으로 소개한 "운동의 주체가 꼭 부르주아 계급이 아니라 농민이라 하더라도 부르주아 민족운동으로 보아야 하며 그 이념도 부르주아 민족주의 범주 안에 넣어서 보아야 한다"(543쪽)는 주장, 그리고 "애국계몽운동은 부르주아 민족주의자들의 운동이고, 의병전쟁은 그것이 아니라는 방식으로 분류하는 것은 옳지 않다"(544쪽)는 정용욱의 의견은 마르크스주의 역사학의 부르주아 민족운동 인식에 충실한 것이었다.

둘째, 북한 역사학은 3·1운동의 발생과 전개에서 노동자·농민의 역할을 강조했고, 노동자계급의 미성숙을 운동이 실패한 원인으로 지적했다. 《조선민족해방투쟁사》(1949)에서는 1910년대 벌어진 소작쟁의와 파업투쟁에 주목하고, 3·1운동에서 시위 참가 양상을 농민·노동자·학생 순으로 살폈다. 《조선민족해방투쟁사》(1958)에서는 노동자를 농민보다 앞서 다룸으로써 노동자계급의 진출을 강조했다. 《조선전사(15)》(1980) 이후에는 1910년대 상황을 서술하면서 노동자, 농민의 '생존권투쟁'을 부르주아 민족주의자에 의한 '반일독립운동'과 구별해 독자적인 절로 다루었다.

한편, 《조선민족해방투쟁사》(1949)는 1910년대 서술의 첫머리에서 경제적 토대 분석을 했으나, 《조선민족해방투쟁사》(1958)부터는 정치적 상황에 대한 설명을 경제보다 앞세웠다. 그리고 《조선통사 (하)》(1987)에 이르면 정치적 상황과 경제적 토대에 대한 분석이 대폭 축소되면서, 《조선민족해방투쟁사》(1949)에서 확립된 '1910년대 상황-1910년대 운동-3·1운동'이라는 3단 구성이 '1910년대 운동-3·1 운동'의 2단 구성으로 바뀌었다. 이러한 변화는 1950년대 후반 근현대 시기 구분 논쟁에서 '계급투쟁설'이 '사회구성설'을 누른 데서 예고되었으며, 마르크스주의 역사학이 지닌 경제결정론을 비판하고 인민대중의 투쟁에 주목하는 주체사관이 확립되는 과정과 궤를 같이하는 것이었다.

《조선근대혁명운동사》(1961)부터 '3·1인민봉기'라는 명칭을 사용한 데는 이른바 민족 대표로 상징되는 부르주아 민족주의자의 주도성을 부정하는 의미가 담겨 있었다. 다만 당시의 객관적 상황을 볼 때 노동자, 농민이 운동을 주도했다고 하기는 어려웠다. 따라서 《조선근대혁명운동사》(1961)에서는 노동계급과 자산계급이 모두 미약한 탓에 3·1운동은 '자연발생적'으로 진행되었다고 보고, 이를 운동이 종국적 승리를 쟁취하지 못한, 즉 실패한 원인으로 꼽았다. 비슷한 인식은 남한 역사학계에서도 확인된다. 《3·1민족해방운동연구》(1989)에서는 민중의 참가를 줄곧 강조했지만, 박찬승은 3·1운동에 이르는 과정을 '부르주아 민족운동'과 '민중운동'이 '서로 주도권을 다투고 있는 시기'로 보고, 3·1운동에서 두 흐름이 합류한 것으로 평가했다 (543쪽).

아울러 노동자계급의 지도가 관철되지 못함으로써 운동이 반봉건 투쟁과 결합하지 못했다는 점이 지적되었다. 《조선민족해방투쟁사》 (1958)와 《조선통사(하)》(1958)에서는 민족자본의 성장과 반일투쟁 참여를 강조하면서, 3·1운동이 반봉건투쟁의 성격도 지녔다고 서술했다. 그러던 것이《조선근대혁명운동사》(1961)에서는 민족부르주아지에 대한 부정적 평가가 두드러지면서 반봉건투쟁의 결여가 지적되기에 이른다. 반봉건의 핵심은 토지문제 해결인데, 이것은 논리적으로 보자면 본래 부르주아지가 떠맡아야 할 과제이다. 그러나《조선근대혁명운동사》(1961)에서 지적했듯이 식민지에서는 '부르주아 민족주의자'가 '봉건귀족'과 타협하기 때문에 문제가 복잡해진다. 여기서 부르주아지 없는 부르주아 혁명, 즉 민족부르주아지 없는 부르주아 민족운동이라는 과제가 등장하게 되고, 따라서 1920년대 노동자계급의 성장을 기다려 비로소 반제반봉건투쟁이 궤도에 오른다는 도식이 성립하는 것이다.

셋째, 3·1운동의 국제적 영향관계를 중시했으나 어느덧 관련 서술이 사라졌다.《조선민족해방투쟁사》(1949)는 러시아혁명의 승리와 세계적인 반제국주의 투쟁 가운데 '세계 혁명의 일환'으로서 3·1운동이 일어났다고 서술했다. 이와 관련해 3월 5일 서울 시위에서 적기가 등장한 사실이 주목되었다.《조선민족해방투쟁사》(1958)에서는 아예 절 제목이 '위대한 사회주의 10월 혁명의 승리와 3·1운동'이었다.《조선근대혁명운동사》(1961)에서는 절 제목에서 러시아혁명도 빠지고 적기가 등장했다는 언급도 없어지지만, 러시아혁명의 영향은 여전히 강조되었다. 거꾸로 3·1운동이 러시아혁명을 도왔다는 서술도 보인다. 1949년판과 1958년판《조선민족해방투쟁사》는 러시아령까지 퍼져나간 3·1운동이 일본의 시베리아 출병을 견제함으로써 러시아혁명을 지키는 데 기여했다고 평가했다.

중국 5·4운동과의 영향관계에 대한 서술의 변천도 흥미롭다.《조선민족해방투쟁사》(1949)는 5·4운동이 3·1운동의 '진행 과정에서 발발'했다고 조금 애매하게 처리했지만, 《조선민족해방투쟁사》(1958)에서는 3·1운동이 5·4운동에 '일정한 영향'을 미쳤다고 적었고, 다시 《조선근대혁명운동사》(1961)에서는 '큰 영향'을 주었다고 단정했다.

1960년을 전후한 시기까지는 러시아혁명에서 받은 영향과 중국 5·4운동에 끼친 영향이라는 양 측면을 모두 강조한 셈이다. 그러나 1980년대가 되면 변화가 눈에 띈다. 《조선전사(15)》(1980)에서는 러시아혁명이 3·1운동 발발에 영향을 주었다는 언급이 사라졌다. 동시에 3·1운동이 일본의 시베리아 간섭을 견제했다는 서술도 보이지 않는다. 또한 3·1운동이 "중국 인민의 반제투쟁을 고무"한 측면은 언급했지만 5·4운동이라는 단어는 사용하지 않았다. 대신 네루의 《세계사 편력》에서 3·1운동을 평가한 점을 언급했다. 한발 더 나아가 《조선통사(하)》(1987)에서는 국제적으로 영향을 받은 사실도 영향을 끼친 사실도 완전히 사라진다. 민족적 주체성에 대한 지나친 강조가 고립적인 역사 서술을 낳은 것이다.

한편, 남한 학계에서도 3·1운동의 '세계사적 의의'를 강조하는 연구가 발표되었다. 신용하는 1983년의 글에서 3·1운동이 전 세계 약소민족 독립운동에 미친 영향을 열거했는데, 특히 당시 중국의 신문, 잡지 등의 사료를 상세하게 소개하면서 3·1운동이 5·4운동의 발발에 '큰 영향'을 끼쳤다고 주장했다.[30] 신용하는 비슷한 내용을 1989년 동아일보사가 주최한 심포지엄에서도 발표했는데, 여기에 대해서는 구대열이 "3·1운동이 먼저 일어났다고 해서 다른 나라 운동에 영향을 주었다는 식의 논리는 곤란"하다고 비판하기도 했다.[31]

---

30) 愼鏞廈, 〈三·一獨立運動의 社會史(下)〉, 《韓國學報》 31, 1983.

31) 동아일보사 편, 앞의 글(1989), 106쪽.

넷째, 평양에서 벌어진 시위를 중시하는 시각이 점차 강화되었고, 급기야 김일성 가계의 활약을 과장하는 서술이 나타났다. 《조선민족해방투쟁사》(1958)부터 평양의 3·1운동을 강조하는 서술이 등장했다. 다만 평양을 비롯한 북부 지역에서 3·1운동이 적극적으로 벌어진 것은 역사적 사실이므로 이러한 서술이 문제될 것은 없다. 《조선근대혁명운동사》(1961)에서는 평양의 시위에 주목했지만, 여전히 서울이 운동의 중심이었다는 것을 인정했고 '수도 서울'이라는 표현도 사용했다. 그러나 《조선전사(15)》(1980) 이후로는 평양의 3·1운동이 서울보다 시간적으로도 앞섰고 중요성도 더 높았던 것으로 서술되었다. 《조선통사(중)》(2011)에서는 서울을 '경성'이라고 표기해 서울이 지닌 상징성을 낮추고자 하기에 이른다.

이러한 서술은 운동의 주도권 혹은 중심성 문제를 넘어 역사의 무대에 대한 지리적 상상력의 단절로 이어지지 않을까 우려된다. 남한 역사학계는 민주화운동과 호흡을 같이하면서 냉전적인 역사인식을 극복하기 위해 노력했다. 김명섭은 《해방 전후사의 인식》이 일국사적 관점에 머물렀다는 비판을 "일면 정당하다"고 인정하면서도, 그것이 "당시의 반국(半國)사적 관점보다는 진일보한 것"이었다고 주장한 바 있다.[32] 냉전이 가져온 '반국사적 관점'을 벗어나려는 노력이 북한 역사학계에서도 필요하다.

평양에서 벌어진 시위에 대한 주목과 더불어, 《조선전사(15)》(1980)부터는 시위를 주도하고 또 적극적으로 참가한 인물로서 어린 김일성은 물론 아버지 김형직, 외삼촌 강진석 등이 중요하게 다뤄졌다. 서

---

32)　김명섭, 〈문명사관 내세우면서 '해방' 단어 왜 쓰나〉, 《조선일보》, 2006년 2월 15일자; 洪宗郁, 〈書評: 朴枝香·金哲·金一榮·李榮薰 編, 《解放前後史の再認識》〉, 《言語文化》11-3, 同志社大学言語文化学会, 2009. 1 참조.

대숙은 1989년의 글에서 평양과 김일성 중심의 서술을 '북한사관'으로 명명하고 "사회주의 사관도 인민사적인 사관도 그들의 수정주의적 사관도 이해"할 수 있지만, "북한 위주의 사관이란 문제가 많을 뿐 아니라 이해하기에는 진실성이 너무 희박"하다고 비판했다.[33] 역사에 덧씌워진 신화를 해체할 필요가 있다.

1989년에 정창렬은 3·1운동에 이르는 과정을 '부르주아 민족운동'으로 평가하는 젊은 역사학자들과의 토론에서, "서유럽적 발전사관을 한국 사회에 기계적으로 적용하는 것"을 비판하고 '민중적 민족주의' 혹은 '민중적 민족운동'을 중심으로 우리 역사를 바라보자고 주장했다.[34] 30년이 지난 오늘날 돌이켜보면 정창렬의 역사관은 일국사적 발전단계론에 대한 격렬한 비판을 거친 지금의 문제의식과 통하는 점이 있다. 한편, 3·1운동 인식을 통해서도 확인할 수 있었지만, 북한의 주체사관은 마르크스주의 역사학에 담긴 경제결정론을 비판하고 인민대중의 투쟁을 중시하는 데서 출발해, 사대주의를 배격하고 민족적 주체성을 옹호한다는 시대적 과제를 수행하고자 했다. 억지로 덧씌워진 신화를 벗겨낸다면, 오늘날 남북한 역사학은 서구중심주의와 근대지상주의 극복이라는 과제 앞에 함께 서 있는 셈이다. 공통의 화두는 민중과 민족이 될 것이다.

33) 徐大肅, 〈3·1운동에 대한 北韓史觀〉, 동아일보사 편, 앞의 책(1989), 165쪽.
34) 한국역사연구회·역사문제연구소 편, 앞의 책, 536쪽.

9장

전후 일본 조선사학계의 3·1운동 연구

박준형

3·1운동 50주년과 메이지유신 100주년

3·1운동 50주년이 되는 해인 1969년에 동아일보사에서는 3·1운동과 관련한 국내외 학자들의 글을 모아 《3·1운동 50주년 기념논집》을 간행했다.[1] 수록된 논문 수만 해도 76편에 달하는 거대한 기획이자 그 자체로도 충분히 기념비적이라 할 만한 연구 성과였다.[2]

일본에서도 3·1운동 50주년을 맞아 이와나미(岩波)서점이 간행하는 학술잡지 《사상(思想)》에서 특집을 꾸렸다. 그런데 당시 일본에서는 3·1운동이 아니라 다른 사건에 관심이 쏠리고 있었다. 특집의 필

---

1)   동아일보사 편, 《3·1운동 50주년 기념논집》, 동아일보사, 1969.

2)   이 논문집은 부록을 제외하면 총 7개 부로 구성되어 있다. 각 부에는 별도의 제목이 붙어 있지 않지만 수록된 논문들의 내용에 따라 구분을 해보자면, 대체로 제1부는 '3·1운동의 역사적 배경'(10편), 제2부는 '3·1운동의 주체와 전개'(20편), 제3부는 '3·1운동에 대한 일본 측의 대응'(6편), 제4부는 '3·1운동에 대한 외국의 반향'(8편), 제5부는 '3·1운동의 의의'(7편), 제6부는 '3·1운동 이후 국내외 민족운동의 전개'(20편), 제7부는 '세계사적 관점에서 본 3·1운동'(5편)과 관련된 글들이 함께 묶여 있다.

자 중 한 명인 나카쓰카 아키라(中塚明)는 3·1운동 50주년을 맞이한 일본의 상황을 다음과 같이 서술했다.

작년은 해의 시작과 동시에 '메이지 100년'이 신문·텔레비전을 비롯한 모든 매체에서 선전되었고, 정부나 지방자치체에 의해 다양한 '메이지 100년 기념사업'이 진행되었다. 올해는 1919년 조선에서 일어난 3·1운동과 그에 이어 중국에서 일어난 5·4운동의 50주년이 된다. 나는 여기에 우연히 1년 차이로 돌아온 '메이지 100년'과 3·1운동, 5·4운동의 50주년을 단순히 병렬적으로 늘어놓을 생각은 조금도 없다. 양자를 단지 100년, 50년이 지났다고 해서 나열하는 것은 전혀 의미가 없다. '메이지 100년'의 고취자들이 주장하는 '메이지의 영광'에 대한 찬미 논리는 이미 저 태평양전쟁의 패배로 인해 완전히 파산하였다. 그 파산한 '영광'을 수식하여 일본인을 제국주의적 팽창에 다시 한 번 동원하려는 것이 '메이지 100년'의 꿈수이다. 그러나 20여 년 전에 파산한 논리로는 당연하게도 현대의 일본인들을 동원할 수 없다. 이에 반해 3·1운동, 5·4운동의 50주년의 의의를 묻는 것은 완전히 다른 의미를 지닌다. 3·1운동, 5·4운동에서 조선, 중국 인민이 지향했던 바는 여전히 과거의 일로 치부되지 않고 조선이나 중국뿐만 아니라 세계로 확산되고 있다. 특히 아시아에서의 민족해방투쟁은 금일 세계의 초점이 되고 있으며 앞으로의 세계에도 결정적인 의미를 지닌다. 3·1운동, 5·4운동의 정신은 금일 여전히 약동하고 날로 새로운 생명을 얻고 있다. 20세기 후반의 '메이지 100년'과는 근본적으로 다르다.[3]

---

3) 中塚明, 〈朝鮮の民族運動と日本の朝鮮支配〉, 《思想》 537, 1969, 32쪽.

즉, 일본에서 주목한 사건은 1868년의 메이지유신이었다. 51년의 시차를 두고 일어난 메이지유신과 3·1운동은 공교롭게도 앞서거니 뒤서거니 하듯 각각 50년 단위의 기념일을 맞이하게 된 것이다. 나카쓰카의 말처럼 우연의 결과로 찾아온 메이지유신 100주년과 3·1운동 50주년을 단순 병렬하는 것은 의미가 없다. 그러나 하나의 사건에 쏠린 관심이 다른 한편의 부재를 떠올리게 함으로써 결과적으로는 양자 사이의 관계성을 묻게 만들었던 것일까? 나카쓰카는 메이지유신 100주년과 3·1운동 50주년을 각각 '파산한 영광'과 '새로운 생명'에 비유했다. 이러한 대조를 통해 허위적 현실을 비판하고 미래의 변화를 꿈꾸었던 것이겠으나, 그의 전망과 달리 그가 묘사한 1969년의 상황은 다시 50년이 지난 현재 재현의 조짐을 보이고 있다.

이 글에서는 위와 같은 배경에서 전후 일본 조선사학계의 3·1운동 인식을 검토하고자 한다. 그를 위해 3·1운동 50주년을 하나의 기준점으로 삼을 것이다. 왜냐하면 '50주년'이 갖는 무게감으로 인해 그를 전후해 주목할 만한 연구 성과들의 집적이 이루어졌을 뿐만 아니라, 또 한 번의 '50주년'이 더해진 현재와의 비교도 용이할 것으로 생각하기 때문이다. 검토 대상은 조선사 연구 입문서, 개설서, 통사류 등을 주로 삼되, 필요에 따라 개별 논문과 저서도 참고했다. 특히 전후 일본의 조선사학계에서 전전의 반성을 통해 새로운 역사학을 시도함으로써 이후 연구에도 커다란 영향을 끼친 일본조선연구소나 조선사연구회의 성과물을 다수 포함시켰다. 이를 통해 최종적으로는 3·1운동 100주년을 맞이해 무엇을 어떻게 기념할 것인가를 고민해보고자 한다.

1. 3·1운동 50주년 이전의 3·1운동 인식: 식민주의 극복의 과제

　1920년에《조선 소요의 진상》이 간행되었다. 이 책은 가토 후사조 (加藤房藏)가《경성일보》와《매일신보》에 게재했던 글들을 모은 것으로, 당대 일본인의 3·1운동 인식을 확인할 수 있는 대표적인 자료이다. 이 책에서 가토는 조선인의 자각에 의해 3·1운동이 일어난 것이 아니라 거꾸로 3·1운동이 일어난 후에야 민심 변동이 일기 시작했으며, 더구나 참가자 대다수가 운동의 이유도 목적도 알지 못한 채 "부화뇌동"한 것이라고 주장했다.[4] 그리고 사태의 책임을 "유식자라든가 선각자라고 지칭하는 독립운동 주창자들"에게 따져 물었다.[5] 한마디로 3·1운동은 일부 선동가들에 의해 촉발된 우발적 폭동에 지나지 않다는 것이다.[6]

　그러나 이러한 3·1운동 인식은 전전의 비판 위에 새 출발을 시도한 '전후 조선 사학'에서는 크게 수정될 수밖에 없었다. 그 시작을 알린 것은 전후 최초의 조선 통사인 하타다 다카시(旗田巍)의《조선사》 (1951)였다. 원시시대부터 시작되는 총 8개 장 중 제6장~제8장까지가 근현대 시기, 그중에서도 제7장이 식민지 시기에 해당한다. 하타다는 병합 이후 조선에서는 일본에 의한 '개발'이 이루어졌고, 그로

---

4)　加藤房藏,《朝鮮騷擾の眞相》, 京城日報社, 1920, 1쪽.

5)　위의 책, 117쪽.

6)　다카사키 소지(高崎宗司)는《경성일보》의 3·1운동 관련 기사를 분석한 끝에, 통치자 측의 3·1 운동관에 나타나는 특징을 다음과 같이 열거했다. ① 세계 각국, 특히 미국에 의존한 독립 지향성 부각, ② 폭동 피해의 강조, ③ 운동 지도자에 대한 인신공격, ④ 독립운동 혹은 민족운동으로서의 성격에 대한 몰이해, ⑤ 독립 불가를 전제로 한 운동의 비합리성 공격, ⑥ '일선동조론(日鮮同祖論)'에 입각한 병합의 정당화, ⑦ 운동에 대한 가차없는 탄압 요구, ⑧ '무단통치'의 옹호, ⑨ 실력양성의 권유 등이 그것이다(高崎宗司,〈日本人の三・一運動觀〉,《季刊 三千里》17, 1979, 54~56쪽).

인해 한편으로는 구사회의 해체가 진행되었지만, 다른 한편으로는 토지 소유권 같은 근대적 제도가 도입되었다고 서술했다. 그러나 3·1운동이 토지조사사업 종료 후 불과 몇 개월 뒤에 일어난 점을 부각시키면서 3·1운동의 직접적인 원인을 '무단정치'에서 찾았다. 3·1운동은 기본적으로 실패한 것으로 간주되었다. 실패의 원인으로는 당국의 강력한 탄압 외에도 외국의 호의만을 기대한 민족 대표의 인식적 한계, 민족자본가나 노동자계급의 미성숙으로 인한 조직화된 지도세력의 부재, 그리고 일반 민중의 생활 문제까지 뿌리 내리지 못한 운동의 방식 등을 거론했다. 그러나 3·1운동이 거족적인 저항운동을 통해 '무단정치'라는 통치 방침의 변경을 이끌어낸 점은 인정했다. 그리고 이를 통해 확보한 '자유' 속에서 이후 지주·자본가를 대신해 노동자·농민·학생·인텔리가 주축이 된 새로운 운동이 전개될 수 있었다고 평가했다.[7]

하타다는 분명 서문에서 전전의 역사학을 인간 부재의 학문으로 규정하고, 조선인의 역사를 연구하기 위해 먼저 조선인의 고뇌를 자신의 고뇌로 삼는 자세를 요구했다.[8] 나아가 외적의 침입이 많았던 역사로 인해 조선 민중 사이에서는 외적에 굴하지 않는 강고한 저항이 하나의 전통이 되어 전하고 있음을 강조했다.[9] 그러나 3·1운동과 관련해 참고문헌으로 제시된 책들이 치바 료(千葉了)의 《조선독립운동비화(朝鮮獨立運動秘話)》(1925)와 아오야나기 난메이(靑柳南冥)의 《조선독립소요사론(朝鮮獨立騷擾史論)》(1921)과 《조선통치론(朝鮮統治論)》(1923)인 사실에서도 알 수 있듯이, 전전의 연구 성과에 대한 의존도

---

7)   旗田巍, 《朝鮮史》, 岩波書店, 1951, 제7장 참조.
8)   위의 책, 5쪽.
9)   위의 책, 251·252쪽.

는 여전히 높았다. 그 때문에《조선사》의 근현대 시기 서평을 맡은 야마베 겐타로(山邊健太郞)의 비판은 매우 혹독했다. 3·1운동 관련 서술에 대해서도 "부정확하다"는 한마디로 시작해, 병합 이후 시베리아나 만주로 이동한 독립운동 세력이 3·1운동에 끼친 영향, 그리고 새로운 운동 주체로서의 공산당 성립에 대한 이야기가 완전히 누락되거나 애매하다는 점을 지적했다.[10]

그러나 야마베의 혹독한 비판에도 불구하고, 1958년에 간행된 김달수(金達壽)의《조선-민족·역사·문화》에서는 조선사를 개괄적으로 알기 위해 참고할 만한 책으로 여전히 하타다의《조선사》를 들었다.[11] 실제로 이 책의 제2부 역사 부분은 3·1운동을 비롯한 상당 부분의 서술에서 하타다에 의존하고 있다. 다만 이 책에서는 '3·1사건'과 같이 전전의 '소요사건(혹은 만세사건)'의 범주 안에 포함되는 용어는 더 이상 등장하지 않는다. '3·1운동'이나 '3·1독립운동'이 완전히 그를 대체했다.

1960년대에 들어서는 보다 근본적인 변화의 조짐들이 나타났다. 1950년에 이미 텐리대학(天理大學)의 지원 속에 전후 최초의 조선 관

10) 末松保和·周藤吉之·山邊健太郞, 〈書評 旗田巍著《朝鮮史》〉,《歷史學硏究》156, 1952, 9쪽. 그러나 나카쓰카 아키라는 야마베의 비판과도 관련해 이 시기 조선근대사 연구를 다음과 같이 평가했다. 즉, "1950~1960년대 전반 일본의 조선근대사 연구가 갑오농민전쟁, 항일의병전쟁, 3·1독립운동 등 대중적으로 고양된 민족운동 연구에 역점을 두고, 조선근대사의 총체성을 다양한 측면에서 밝히려는 방향을 아직 취하지 못했던 것은 일본 역사학계 특히 강좌파의 학문적 유산이 크게 작용했던 상황과도 결코 무관하지 않다"고 말했다. 또한 "조선 독자의 부르주아적 발전·부르주아적 변혁의 역량을 그 맹아조차 평가하지 않는 시점과 민족해방투쟁에 대해 일면적으로 보이는 낙관적 시점은 동아시아 근대사에 대한 정체론적 견해와 이른바 동전의 양면을 이루는 것으로, 이러한 시각으로는 제국주의의 의도가 일방적으로 관철되는 침략과 그에 반항하는 피압박 민족의 반항투쟁이라는 도식에서 조선근대사를 단조롭게 사고하는 결과에 빠질 수밖에 없었으며, 근대사에서 조선을 비롯한 피압박 민족의 역사를 내재적 총체로부터 사고하는 시점을 결여하게 되었다"는 것이다(中塚明, 〈日本における朝鮮史硏究の軌跡と課題〉,《朝鮮史硏究會論文集》17, 1980, 26쪽).

11) 金達壽,《朝鮮-民族·歷史·文化》, 岩波書店, 1958, 218쪽.

련 학회로서 조선학회가 창립된 상태였지만, 초창기 그 임원의 대부분이 텐리대학 관계자이거나 경성제대 출신인 사실에서도 알 수 있듯이, 연구 활동은 전전의 연속선에 있었다.[12] 그러나 1959년에는 조선사의 과학적 연구를 통해 일본과 조선 민족의 우호·친선을 목적으로 하는 조선사연구회가 발족했고,[13] 1961년에는 일본인 입장에서 조선 문제를 연구하기 위한 일본조선연구소가 설립되었다.[14] 이뿐만 아니라 1960년에는 세계적으로도 큰 변화가 일어나고 있었다. 다시금 나카쓰카 아키라의 정리에 따르면, 한국에서는 4·19혁명과 함께 통일운동의 획기적 진전이 있었고, 남베트남에서는 민족해방전선이 결성되었으며, 아프리카에서는 '아프리카의 해'라고 일컬을 정도로 식민지 지배로부터 독립을 이룬 나라들이 연이어 탄생했다. 같은 해 일본 내에서도 미일안보조약 개정에 반대하는 공전의 정치투쟁이 전개되었다. 일본인들은 이때 처음으로 아시아·아프리카의 피압박 민족과 함께 제국주의의 억압에 반대해 싸운다는 공감을 느끼게 되었다고 한다.[15] 하타다가 《원구(元寇)》에서 여몽연합군의 일본 정벌을 몽골의 거대 제국과 아시아의 피지배 민중 간의 대립구도로 새롭게 파악하면서, 피지배 민중의 연대 및 저항을 통한 자주적 국가의 재건을 강조했던 것이 5년 뒤인 1965년의 일이다.[16]

위와 같은 국제 정세에서 일본 내 조선에 대한 관심 또한 높아져 갔다. 전후 일본 역사학의 대표적 인물인 도야마 시게키(遠山茂樹)는

12) 長森美信,〈戰後日本における朝鮮中近世史硏究—1970年代までを中心に—〉,《朝鮮史硏究會論文集》48, 2010, 62~64쪽.

13) 梶村秀樹·宮田節子·渡部學,《朝鮮近代史の手引》, 日本朝鮮硏究所, 1966, 22쪽.

14) 旗田巍 外,《アジア·アフリカ講座Ⅲ—日本と朝鮮》, 勁草書房, 1965, ii쪽.

15) 中塚明, 앞의 논문(1980), 27쪽.

16) 旗田巍,《元寇》, 中央公論社, 1965.

1963년 5월에 열린 역사학연구회 대회에서 "조선에 대한 일본인의 사고방식은 일본인의 의식의 당부를 시험하는 리트머스시험지"라고 발언했고,[17] 같은 해 9월에 열린 좌담회 '조선 연구의 현상과 과제'에서 후쿠시마 마사오(福島正夫)는 "현재의 국제 정세에서 전쟁과 평화의 문제에 대해 조선은 하나의 초점이 되어 있다"는 말로 사회의 변을 시작했다.[18] 특히 1965년의 한일조약 체결과 그를 반대하는 투쟁은 조선에 대한 일본인의 관심을 크게 끌어올렸다.[19] 그리고 이러한 관심에 부응하듯 같은 해에 간행된《아시아·아프리카 강좌Ⅲ—일본과 조선》의 서문에서는 아시아·아프리카 문제가 사회 전 분야에서 커다란 비중을 차지하게 되었다고 말하면서도, "(일본제국주의의 식민지) 지배는 조선에서 보다 길었고 보다 전면적이었으며 보다 완벽하였"기 때문에, "우리 일본인에게는 아시아·아프리카 문제 일반이 갖는 의미 내용과 아시아의 일각에 위치한 조선의 문제가 갖는 의미 내용은 전혀 다른 것"이어야 한다고 강조했다.[20]

이듬해에는 가지무라 히데키(梶村秀樹), 미야타 세쓰코(宮田節子), 와타나베 마나부(渡部學)의 공저로《조선근대사의 길잡이》가 간행되었다. 전년의《아시아·아프리카 강좌Ⅲ—일본과 조선》에서 하타다 다카시는 한일조약 체결을 계기로 한 일본제국주의의 부활을 우려한 바 있는데,[21]《조선근대사의 길잡이》에서도 "다시금 남조선으로 진출하고자 하는 일본 정부 및 독점자본은 과거의 제국주의 지배를 흡사 조

17) 旗田巍 外,〈朝鮮研究の現狀と課題〉,《東洋文化》36, 1964, 81쪽.

18) 위의 논문, 80쪽.

19) 朝鮮史研究會·旗田巍,《朝鮮史入門》, 太平出版社, 1970, 363쪽.

20) 旗田巍 外, 앞의 책(1965), i쪽.

21) 위의 책, 4쪽.

선인에 대한 은혜인 것처럼 왜곡·미화함으로써 다시 한 번 일본 국민을 불명예스러운 침략에 동원하고 일본의 역사에 먹칠을 하"려 한다고 비판했다.[22] 실제로 1961년에 부임한 주일 미국대사 라이샤워(Edwin. O. Reischauer)는 일본 근대화의 긍정론을 의식적으로 유포하고 있었고, 〈대동아전쟁 긍정론〉이라는 제목의 논고가 1963년부터 1965년까지 종합잡지인 《중앙공론(中央公論)》에 아무렇지도 않게 연재되는 분위기였다.[23] 바꾸어 말한다면 일본인들은 조선근대사를 알지 못하는 것이 아니라 배우지도 못하는 상황이었으며, 따라서 불명예의 역사를 반복하지 않기 위해서라도 역사의 진실을 알리는 것이 여전히 최우선의 과제로 간주되고 있었다.[24]

그런데 《조선근대사의 길잡이》에서는 지금까지의 논의에서는 볼 수 없거나 명확하지 않았던 새로운 방법론이 거론되었다. 당시 일본의 역사학계에서는 전후 국가독점자본주의의 지배를 받고 있는 일본의 현상에 대응하기 위해 조선사 연구에도 큰 영향을 미치고 있던 '강좌파' 이론에 대한 변혁의 요구가 제기되었다. 이 책에서는 이때의 논점이 결국 세계 자본주의와의 구조적 연관을 아시아 각국의 역사에서는 어떻게 설명할 것인가에 있다고 말하면서, 이 문제의 해결에 적극적으로 나선 예로 북한 학계를 소개했다. 즉, 해방 후 북한에서는 조선사의 내재적 발전을 합법칙적으로 파악하는 일을 중심 과제로 삼았으며, 이때 조선사는 특수성보다는 보편적 요소가 중시되었다는 것이다. 이는 곧 "왜곡되어 불완전하지만 부르주아적인 것"이라고 할 때 '부르주아적'에 중점을 두는 방식으로, 따라서 '불완전

---

22)   梶村秀樹·宮田節子·渡部學, 앞의 책, 2쪽.

23)   中塚明, 앞의 논문(1980), 27쪽.

24)   梶村秀樹·宮田節子·渡部學, 앞의 책, 2·3쪽.

한' 특수성에 착목해온 종래 일본 학계의 통설과는 차이가 발생할 수밖에 없다는 설명이다.[25]

《조선근대사의 길잡이》에서 3·1운동과 관련한 서술은 제3부의 시기별 해설 중 일제강점기 개설에서 확인할 수 있다. 서술 방식을 간단하게 도식화하면 조산된 일본제국주의→그로 인한 야만적 '무단정치' 실시→그 아래에서의 정치·경제적 억압→만주·시베리아에서의 독립투쟁 전개→제1차 세계대전과 그 종결을 둘러싼 국제적 계기→3·1운동의 폭발→민족해방투쟁에서의 헤게모니 전환(민족부르주아지에서 노동자·농민으로) 순서이다. 기본적인 틀에서는 앞서 살펴본 하타다의 그것과 큰 차이는 없지만, 야마베의 비판이 수용되어 부분적으로 보완·수정되었다고 볼 수 있다.[26]

3·1운동 50주년을 1년 앞둔 1968년에는 일본조선연구소가 1963년부터 주재해온 좌담회 '일본에서의 조선 연구의 축적을 어떻게 계승할 것인가'를 결산하는 자리가 마련되었다. 이 마지막 좌담회에는 하타다 다카시, 안도 히코타로(安藤彦太郎), 와타나베 마나부, 우부카타 나오키치(幼方直吉), 가지무라 히데키, 미야타 세쓰코 등이 참석했다. 논의 주제는 결산의 자리인 만큼 일본인의 조선관을 비롯해 조선관과 중국관의 차이, 조선 연구의 의의, 전후의 조선관, 현대의 조선 연구 방법, 조선사 연구의 과제 등 다양한 현안들이 논의되었다. 그런데 이 논의에서 가장 주목되는 것은 가지무라 히데키의 발언이다.

가지무라는 앞서 언급한 북한에서의 '일국사적 내재적 발전의 관

---

25) 위의 책, 49~51쪽.

26) 이 책의 저자들은 하타다의 《조선사》에 대해 다음과 같이 평가했다. 즉, "고대부터 전후까지의 통사로 근대사 부분은 전문가가 보면 가볍게 써 내려간 점에서 불만이 있지만, 인민에 시점을 두고 사회·경제사적 구성을 의도하고 있어 적어도 과거의 아카데미즘 사학을 넘어선 도정비(道程碑)라고 할 수 있다"(위의 책, 48쪽).

점'을 전적으로 지지한다고 밝혔다.[27] 조선사학계 밖에서는 조선사를 세계사 속에 자리매김해야 한다는 비판도 제기되었지만 그는 그를 받아들이지 않았다.[28] 조선사학계와 그 비판을 제기하는 일본 역사학계 사이에는 엄연히 학문 발전의 단계적 차이가 존재한다는 이유에서였다. 즉, 일본 역사학계에서 일국사적 관점에 대한 비판은 이미 메이지유신론을 내재적 문제로 보고, 또 사회구성체론을 가지고 검토할 만큼 검토했기 때문에 세계사적 규정성이라는 요소의 결락도 새롭게 발견될 수 있었다는 말이다. 그런데 이 논의는 내재적 발전과 세계사적 시점이라는 추상적 도식화를 통해 양자택일을 요구하게 되었고, 나아가 내재적 요소의 추구를 시대에 뒤떨어진 것으로 보는 부당한 단순화가 조선사를 파악하는 데 개입했다는 것이 가지무라의 분석이다. 가지무라 또한 일국사의 발전이 세계사적 상황을 사상하는 것이 아님을 강조했다. 그러나 그와 동시에 "조선의 경우 내부 사회구성의 변동으로부터 접근하는 시점이 이전에는 없었기 때문에 우선 거기서부터 시작할 수밖에 없다"는 입장이었다.[29] 더구나 식민지 지배에 대한 책임 문제가 아직도 정리되지 않은 상황에서 그것은 반드시 지나가야 할 통과 지점이라고 강조했다.[30]

그러나 가지무라의 이와 같은 발언은 다른 참석자들의 호응을 얻지 못한 것으로 보인다. 우부카타는 자본주의 맹아론의 전제가 되는 발전단계설이란 서유럽의 경제사일 뿐이라고 지적했다. 안도 또한 발전의 법칙성이란 자본주의 이후 사회주의가 도래한다는 공식이 아

27) 旗田巍 外,《シンポジウム 日本と朝鮮》, 勁草書房, 1969, 196쪽.
28) 위의 책, 193쪽.
29) 위의 책, 199쪽.
30) 위의 책, 196·197쪽.

니라 세계 자본주의의 공세 속에서 가장 큰 피해를 입은 이들에게 자본주의를 넘어설 권리가 부여되는 것이어야 한다고 말했다. 결국 두 사람은 보편적 원리에 특수성을 끼워 맞추는 것이 아니라 특수성 속에서 보편적 원리가 형성되고 있음을 발견해야 하며, 민중의 저항운동이 서양과 다른 새로운 기준을 찾아내고 또 그로부터 세계사도 고쳐 쓰게 될 것이라고 전망했다.[31]

이를 볼 때, 1960년대 후반 들어 일본의 조선사학계에서는 내재적 발전론이 새로운 방법론으로 부각되었으나, 이미 1960년대 말에 이르면 일국/세계, 보편/특수, 경제/문화 중 어느 한쪽만을 강조하는 대립적인 논의구도를 넘어 똑같은 내재적 발전론이라도 그 내용의 심화를 꾀하는 움직임이 나타나고 있었음을 엿볼 수 있다. 그리고 위의 좌담회가 열렸던 1968년에 간행된《조선근대사》는 그와 같은 움직임의 구체적인 양상을 보여주는 하나의 사례이다.[32]

《조선근대사》의 내용을 잠시 살펴보면, 서장〈조선사에서의 '근대'〉를 집필한 와타나베는 전전의 조선사학계가 야기한 두 가지 '단절'로부터 이야기를 시작했다. 하나는 조선의 전근대와 근대 사이의 단절로, 전근대 시기의 조선은 근대를 태동하지 못한 채 쇠락의 길을 걷다가 일본에 의해 비로소 '근대 결여'(혹은 '역사 결여') 상태에서 벗어나게 되었다는 논리에 근거한다. 다른 하나는 조선의 땅과 조선인 사이의 단절이다. 이는 한반도를 조선인의 역사적 활동무대가 아니라 텅 빈 지리적 공간인 '반도'로 간주함으로써, 한반도에서 한민

---

31) 위의 책, 201~203쪽.
32) 집필진은 다음과 같다. 와타나베 마나부, 가지무라 히데키, 나카쓰카 아키라, 요시오카 요시노리(吉岡吉典), 미야타 세쓰코, 야나이 쓰요시(矢內剛), 요시나가 나가오(吉永長生), 오자와 유사쿠(小澤有作) 등 총 8명이다(渡部學 外,《朝鮮近代史》, 勁草書房, 1968, 314·315쪽).

족을 증발시키고 일본인의 진출 가능성만 남겨놓은 결과였다.[33] 전후 역사학은 이러한 단절들의 극복을 선행 과제로 삼았던 셈인데, 그간의 연구 성과를 바탕으로 이 책에서 제시한 새로운 역사상이란 "일정의 사회·경제 과정상에서의 '생동/침략' 사태의 자족적 자기전개사"였다.[34] 이에 따르면 저항은 단순히 침략에 대한 반사작용이 아니었다. 저항 이전에 침략이 있듯이 침략 이전에는 자연법적 요구가 있었다. 조선인의 정당한 요구야말로 일본으로 하여금 '반도 진출'의 가면을 벗기고 '파국을 품은 침략'으로 나아가게 만든 결정적 요인이었다. 요컨대 역사는 외부의 침략이 아니라 내부의 능동적 행동을 출발점으로 삼아 전개된다는 것이며, 그렇다면 제국주의 침략사도 민족해방의 투쟁사적 관점에서 재서술될 수 있었다.[35]

와타나베의 이러한 관점은 이듬해 《사상》의 3·1운동 50주년 특집에서 보다 구체화되었다.[36] 특집의 총론 격에 해당하는 〈3·1운동의 사상사적 위상〉에서 와타나베는 우선 일본의 3·1운동관을 ① 백지론(=조선 민족의 근대정신 결여론)과 ② 부화뇌동론(①에 연유하는 행동론)으로 특징짓는 한편, 당시의 3·1운동 서술에 대해서도 3·1운동을 이미 지나간 시간적 통과 지점으로 취급함으로써 사건 후와의 연계 가능성을 단절시켰다고 주장했다. 이에 반해 현재 남한의 3·1운동 서술은 운동의 전 세계적 파급과 전개를 중시하고 있으며, 유물사관에 입각한 사회·경제적 요인의 강조가 특징적인 북한에서도 3·1운동을 새로운 민족해방투쟁의 시기를 여는 결절 지점으로 높이 평가하고 있다고 전했다. 그러나 와타나베는 이러한 논의들 속에서도 전제 조건(=

---

33) 위의 책, 6쪽.
34) 위의 책, 20쪽.

일제의 탄압정책)과 행동(=3·1운동) 사이에 '인간'이라는 매개변수가 사상되어 있다고 지적했다. 다시 말해서 3·1운동에 참여했다고 해서 그 행동의 원인이 모두 일제의 탄압이라는 동일한 조건에서 연유하는

---

35) 위의 책, 127∼130쪽. 이와 같은 사실은 아래의 목차 구성 비교를 통해서도 확인된다. 하타다 다카시의《조선사》에서 근대사 부분의 장 제목은 '근대 열강의 조선 침략'에서 '일본 통치하의 조선'으로 이어진다. 하타다 또한 민중의 저항적 전통을 강조했지만, 기본적으로 제국주의 침략사의 구성이며, 이때 저항은 침략에 대한 대응의 의미라고 할 수 있다. 이에 반해 와타나베 마나부 외의《조선근대사》는 제1장 제목을 '개국에 의한 사회변동과 갑오농민전쟁'이라고 한 사실에서도 알 수 있듯이, 침략에 앞서 저항(정당한 요구)을 배치하고 그 뒤에 일제의 침략과 조선 민족의 저항이라는 대결구도가 따라오도록 했으며, 결과적으로 인민의 투쟁이 역사 서술의 중심을 이루는 형태로 바뀌었다.

《조선사》	《조선근대사》
제6장 근대 열강의 조선 침략 제1절 쇄국 조선 제2절 조선의 개국 제3절 임오정변과 갑신사변 제4절 구미 열강의 등장과 일본의 경제적 진출 제5절 동학당의 난 제6절 일청(日淸)전쟁과 갑오개혁 제7절 일로(日露)의 항쟁 제8절 일한(日韓)병합	**제1장 개국에 의한 사회변동과 갑오농민전쟁(∼1894)** 제1절 개국 전야의 조선 사회 제2절 개국과 일본의 침입 제3절 개국에 의한 조선 사회의 변동 제4절 갑오농민전쟁과 '갑오개혁' **제2장 제국주의의 성립과 조선(1894∼1904)** 제1절 제국주의와 아시아 제2절 일본의 조선 침략과 사회구성의 변동 제3절 조선 침략을 둘러싼 일로의 대립 제4절 조선에서의 민족운동의 앙양 **제3장 조선 민족의 일본제국주의와의 대결(1905∼1910)** 제1절 민족 요구 억압체제의 확립 제2절 일본의 경제 진출 제3절 조선 민족의 광범위한 반일투쟁에의 결기 제4절 일본 국내 제 계급의 사상 상황
제7장 일본 통치하의 조선 제1절 무단정치 제2절 3·1운동과 통치 방침의 전환 제3절 만주사변과 조선 공업의 약진 제4절 일화(日華)사변·태평양전쟁과 조선의 병참기지화 제5절 3·1사건 이후의 민족운동	**제4장 무단정치의 맹위와 3·1봉기** 제1절 '헌병정치' 지배기구와 교육에 의한 싸움 제2절 토지조사사업과 조선 경제의 예속화 제3절 계속되는 불굴의 항일투쟁 제4절 3·1운동의 전 민족적 봉기 **제5장 '문화정치'하의 식민지적 수탈의 강화와 민족해방투쟁의 신발전(1919∼1931)** 제1절 '문화정치' 제2절 일본제국주의의 식민지적 수탈의 강화와 노동자·농민의 상태 제3절 민족해방투쟁의 새로운 발전 **제6장 침략전쟁하의 조선 인민** 제1절 '만주사변'과 '대륙병참기지'화 정책 제2절 항일무장투쟁 제3절 일중·태평양전쟁기의 조선

표 . 하타다 다카시의 《조선사》(1951)와 와타나베 마나부 외, 《조선근대사》(1968)의 목차 비교

것은 아니며, '인간'이라는 매개변수가 그 사이에 개입해 다양한 변주를 낳을 수 있다는 것이다.[37] 그런데 3·1운동이 전국에서 거의 같은 형태로 전개되었다고 한다면 그 원인은 어디에서 찾아야 하는 것일까? '인간'이라는 매개변수 설정을 통해 일제의 탄압정책과 3·1운동 사이의 직접적인 인과관계를 끊어버린 와타나베는 조선 민중 사이를 관통해온 일관된 사상을 통해 위의 질문에 답하고자 했다.

이와 같은 관심에서 와타나베는 뜻밖에도 이선근의 《화랑도(花郞道) 연구》(1951)와 김석기의 《현대정신사》(1957)를 '노작'으로 소개했다. 이 책들의 논리를 전적으로 수용하지는 않았지만, 조선 민중의 일관된 사상의 존재를 인정함으로써 와타나베의 3·1운동관은 다음과 같이 정신사적 측면에서도 내재성의 논리를 구축할 수 있게 되었다.

3·1운동은 응시 없는 정서적 뇌동 폭발이 결코 아니었다. 그러므로 또한 사상 없는 그것도 아니었다. 단지 2차적인 사상의 증폭은 수없이 있었으며, 오히려 바로 그 때문에 조선 민중의 모든 사념이 가속·가중적으로 3·1운동 속에 결절(結節)해 들어갈 수 있었고, 그 결절이 또 그 이후의 가속·가중을 촉진해갔던 것이다.[38]

---

36) 3·1운동 50주년 특집인 〈近代朝鮮と日本〉에는 다음과 같은 글들이 수록되었다. 渡部學, 〈三·一運動の思想史的位相〉; 梶村秀樹, 〈申采浩の歷史學－近代朝鮮史學史論ノート－〉; 中塚明, 〈朝鮮の民族運動と日本の朝鮮支配〉; 姜德相, 〈三·一運動における〈民族運動〉と朝鮮人民〉; 姜在彦, 〈東學＝天道敎の思想的性格〉; 李丙洙, 〈朝鮮女性の五十年(上)-法史を中心に-〉; 今村与志雄, 〈日韓倂合と中國の日本觀〉; 旗田巍, 〈世界史敎科書にあらわれた近代朝鮮〉 등 총 8편이다.

37) 渡部學, 〈三·一運動の思想史的位置〉, 《思想》 537, 1969, 1~7쪽.

38) 위의 논문, 15쪽.

2. 3·1운동 50주년 이후의 3·1운동 인식: 역사 연구와 현실 문제의 거리

《사상》의 3·1운동 50주년 특집에 수록된 글들 곳곳에서는 1965년 한일조약 체결 이후 일본의 신제국주의 등장이라는 현실 문제에 대한 민감한 정세 인식이 발견된다. 전술한 와타나베의 글 또한 마닐라 발 AP통신을 인용한 《아사히신문(朝日新聞)》 석간 보도의 소개로 시작하고 있는데, 그것은 일본의 아시아에 대한 경제적 지배와 군사적 재기를 경계해야 한다고 필리핀 외상이 밝혔다는 내용이었으며, 와타나베는 이를 3·1운동 50주년의 맥락에서 다시 읽어내고자 했다.[39] 앞서 인용한 나카쓰카의 글에서도 닉슨 미국 대통령은 일본에 아시아에서 미국을 대신할 수 있는 역할을 종래보다 더 강력하게 요구할 것이라는 보도를 전했다. 그와 함께 "현대 일본의 독점자본은 이에 편승하여 조선을 비롯하여 아시아 제국에 대해 재차 제국주의적 팽창의 꿈을 꾸고 있으며 일부는 이미 실행하고 있다. 그러나 조선인이나 중국인을 비롯한 아시아 제국의 인민을 멸시하고, 지금 또 그들을 향해 침략의 고삐를 쥐려 하는 것은 과거의 역사로부터 아무것도 배우지 못한 것이며, 따라서 또 당연하게도 역사의 엄한 징벌을 면치 못할 것"이라고 예측했다.[40] 이뿐만 아니라 하타다는 전후 일본의 세계사 교과서를 분석한 글에서 일본인이 과거의 식민지 지배 역사와 현재의 아시아·아프리카 민족해방운동에 대해 생각할 때 가장 절실하게 제기되어야 할 문제가 바로 조선의 역사임에도 불구하고 교과

---

39) 위의 논문, 1쪽.
40) 中塚明, 앞의 논문(1969), 46쪽.

서에서 조선의 역사는 거의 말소되어 있다고 지적했다.[41]

이와 같이 신제국주의의 발호 문제가 현재성을 띠는 문제라고 한다면, 그에 대한 저항으로서의 민족해방투쟁사 또한 계속해서 유효할 수밖에 없다. 따라서 조선의 민족해방투쟁사는 현재적 과거로서 탐구되었는데, 1970년에 조선사연구회에서 펴낸 《조선사입문(朝鮮史入門)》의 다음과 같은 내용은 그 전형을 보여준다.

'8·15'(1945)에 의해 '역사적 승리를 거둔' 조선 민족은 그러나 현대에서도 민족통일과 진정한 해방을 위해 계속해서 싸우고 있다. '일한회담'을 둘러싸고 1964~1965년에 특히 격렬하게 전개된 남조선 학생들의 투쟁이 '반외세', '반식민지주의(미국·일본)'의 슬로건을 내세우고 나아가 조국의 통일을 외친 사실은 조선민족해방투쟁이 지금 여전히 계속되고 있음을 보여준다. 그리고 그들의 이 투쟁은 근대 조선의 민족해방투쟁사 속에서 길러진, 강력한 민족적 저항력과 고귀한 애국심을 계승하고 있다. …… 제국주의자는 과거에도 그랬던 것처럼 외국을 침략하고 국내의 민주주의 발전을 가로막으려는 의도를 감추지 않고 있다. 또한 일본을 정치·경제적으로 종속시키고 일본의 아시아 외교를 제어하는 미국제국주의자와 일본의 반동세력에 반대하여 일본의 민주주의 발전과 진정한 자주성을 추구하는 투쟁은 위에서 본 조선 민족의 투쟁과 공통점을 가지고 있다.[42]

다만 1960년대 아시아·아프리카의 정세를 반영하듯, 조선의 민족

41) 旗田巍, 〈世界史教科書にあらわれた近代朝鮮〉, 《思想》 537, 1969, 116쪽.
42) 朝鮮史研究會·旗田巍 編, 《朝鮮史入門》, 太平出版社, 1970, 316~318쪽. 인용한 부분이 포함된 13장 '근대의 민족해방투쟁'의 집필자는 구스바라 도시나오(楠原利治)이다.

해방투쟁사도 일국사적 틀을 넘어설 것이 요구되었다. 위의 인용문에서 3·1운동의 의의로 ① 조선 민족이 무단통치의 압제를 뚫고 재차 자기해방의 길을 개척했다는 점, ② 일제가 무력탄압정책을 취하게 함으로써 식민지 지배의 본질을 폭로했다는 점과 함께, ③ 러시아혁명 이후 세계적인 노동자계급의 해방투쟁사 속에 조선 민족의 해방투쟁이 자리하게 되었다는 점을 든 것[43]은 그와 같은 시도의 일환이라고 생각된다. 야마베 또한 《일본 통치하의 조선》(1971)에서 3·1운동을 계기로 공산주의자가 민족주의자를 대신해 지도적 위치에 서게 되면서 조선의 독립운동이 눈부신 국제관계를 갖게 되었다고 강조하고, 또 그 위에서 3·1운동을 "혁명운동의 출발점"으로 규정했다.[44] 이와 같은 경향은 1984년에 간행된 강덕상(姜德相)의 《조선독립운동의 군상》에서도 "(3·1운동은) 민족의 독립이라는 내셔널한 시점으로부터 피억압 민족의 해방이라는 세계사적 흐름에 보조를 맞추는 방향으로 전개되었다"는 설명에서 반복적으로 확인된다.[45]

그런데 1970년대 들어 새로운 문제가 제기되었다. 3·1운동 관련 전후 최초의 단독 연구서인 《조선 3·1독립운동(朝鮮三·一獨立運動)》(1976)에서 저자인 박경식(朴慶植)이 민족주의자에 대한 재평가를 요구하고 나선 것이다. 그는 현재의 시점에서 보면 당시 운동의 사상이라든가 지도력, 조직 형태 등에 결함이 있었던 것은 당연하지만, "일본제국주의의 식민지 지배에 의한 민족말살정책을 좌시할 수 없었던 애국적 지식인, 학생, 종교가 들을 선두로 하는 민족주의자가 자신들이 처해 있는 불리한 정치적·사회적 제 조건을 극복하고 민족의 지

---

43) 위의 책, 330~332쪽.

44) 山邊健太郎, 《日本統治下の朝鮮》, 岩波書店, 1971, 100쪽.

45) 姜德相, 《朝鮮獨立運動の群像》, 靑木書店, 1984, 255쪽.

성을 발휘해 계급적·종교적 이해관계를 넘어 최대한의 민족적 역량으로 싸운 일은 높이 평가해야 한다"고 주장했다.[46] 33인의 민족 대표를 비롯해 민족주의자에 대해 부정적 평가로 일관해온 기존 연구에 대해서는 "조선민주주의인민공화국 역사학계의 견해에서 보이는 것처럼, 역사적·사회적 제 조건을 무시한 교조주의적 경향이 강"한 연구들이라고 평가절하했다. 그리고 그 대표적 인물로 다름 아닌 야마베 겐타로와 강덕상을 언급했다.[47]

그러나 3·1운동 자체의 성격을 규정하는 데 근본적인 해석 차이가 있다고 보기는 어렵다. 박경식에 따르면, 3·1운동은 민족주의자가 지도하고 농민, 학생, 시민 등이 주력이 된 조선 인민의 민족독립운동이면서 위로부터의 개혁운동과 아래로부터의 혁명투쟁이 결합한 전 민족적·전국적 규모의 반제민족해방운동이었다. 또한 3·1운동을 통해 근대적인 민주공화제로의 목표가 명확해졌고, 3·1운동 이후 계급적 관점의 부상과 함께 민족운동 또한 계급투쟁과 결합해 전개되었다고 설명했는데,[48] 이상의 내용들은 기존의 3·1운동 서술에서 반복적으로 언급되어온 사항들이다. 그렇다면 그는 왜 민족주의자에 대한 재평가를 주장했을까? 그리고 그것의 의의는 무엇이었을까?

박경식은 '역사적 교훈'이란 것을 강조했다. 그에게 과거와 현재는 역사적 교훈을 매개로 연결되는 것이었으며, 따라서 역사의 역할은 곧 '올바른' 역사적 교훈을 제공하는 데 있었다.[49] 그가 역사적 교훈을 통해 해결하기를 원했던 것은 바로 남북통일 문제였다. "현재

---

46) 朴慶植,《朝鮮三·一獨立運動》, 三省堂, 1986, 13·14쪽.

47) 위의 책, 308쪽.

48) 위의 책, 294·295쪽.

49) 위의 책, 13쪽.

의 조선 민족에게 있어서 최대의 문제는 남과 북으로 분단되어 있는 민족의 통일이며, 민족적 역량을 결집하여 통일을 방해하는 외부세력과 그를 지지하는 국내의 반민족적 세력을 배제하지 않고서는 그 과제의 달성은 어려운 상황"이라는 것이다.[50] 3·1운동은 바로 이러한 상황을 타개하기 위해 중요한 의미가 있는 사건이었다.[51] 3·1운동은 전 조선 인민에게 민족적 자각과 국민적 단결을 광범하게 환기시킴으로써 근대적 민족주의를 확립한 사건이자 정의와 인도의 실현을 위해 계급적·계층적 이해를 뛰어넘은 전 민족적 투쟁이었기 때문이다.[52] 그러나 남과 북은 3·1운동 정신의 공통된 계승의식에도 불구하고 그에 대한 평가가 엇갈렸다. 남에서는 민족주의자를 높이 평가한 데 반해, 북에서는 인민투쟁을 중시하는 입장에서 민족주의자의 부정적 측면만을 강조한 것이다.[53] 이 점에서 박경식의 3·1운동 연구는 분단의 현실을 극복하기 위해 현실의 남북통일에 앞서 3·1운동 평가에서 남북 간의 합의점을 찾으려는 시도였다고 할 수 있다.

1979년은 3·1운동 60주년이면서 조선사연구회 창립 20주년이 되는 해였다. 따라서 조선사연구회는 20주년 기념대회를 열면서 '조선의 국가 형성과 동아시아'라는 주제와 함께 '3·1운동의 역사적 의의'를 심포지엄 주제로 정했다. 대회에서 발표된 논문들은 이듬해《조선사연구회논문집》에 수록되었는데, 3·1운동 부분은 현대 역사학에서 3·1운동의 의의를 물은 마부치 사다토시(馬淵貞利)의 논문 외에 3·1운동과 중국·일본의 연관성을 검토한 논문이 각각 한 편씩이다.

---

50) 위의 책, 14쪽.
51) 위의 책, 310쪽.
52) 위의 책, 295쪽.
53) 위의 책, 12·13쪽.

마부치는 논문에서 먼저 3·1운동 연구의 논쟁점으로 3·1운동의 발발 원인과 '민족 대표' 평가 문제를 들었다. 또한 3·1운동 연구에 역사의식이 어떻게 반영되었는가를 '민족해방'에서 '민족통일'로의 변천으로 정리했다. 그런데 여기에서 주목되는 것은 역사 연구와 현실 문제의 구분이 요구되고 있다는 점이다. 마부치는 야마베에게서 민족주의자에 대한 부정적인 평가가 나온 원인을 다음과 같이 설명했다. 즉, 야마베는 3·1운동을 조선의 민족해방운동의 원점으로 삼고 그로부터 민족해방의 이념을 끌어냈는데, 이는 당시 아시아 종속의 현실 및 그로부터 해방을 추구하는 운동론과 연관되어 있었다는 것이다. 북한의 연구 또한 '조선의 해방'이라는 현실적 과제로부터 3·1운동을 대중적 민족해방운동의 출발점이자 노동자·농민의 계급적 성장의 계기로 규정하고, 이를 기준으로 다시 3·1운동을 평가하려다 보니 부르주아 민족주의자에 대한 부정적 평가가 나온 것으로 보았다. 마부치는 이와 같이 "3·1운동과 현대의 과제를 동일 차원에서 접합하는 것은 역사 발전의 양상을 구체적으로 파악하고 그로부터 역사의식을 검증해가는 역사학 방법과는 무연(無緣)"한 것이라고 지적했다. 나아가 "이러한 3·1운동 인식은 민중에 가장 입각해 있는 것처럼 보이지만, 실은 역으로 민중의 역사적 발자취를 파악할 가능성을 제거"하는 것이며, 또 "그것은 민중을 역사적 실태로 파악하지 않고 민중의 감성적·정신주의적 이해로 추락하게 만"든다고 비판했다.[54] 그러나 그가 주장한 것은 어디까지나 "민중의 입장에 선 역사상의 재구성"이었다. 다만 그에게 중요한 것은 민중의 이념적 정의가 아니라 민중의 의미의 역사적 변화를 추적하는 것이었으며, 이를 통해서만 전 세

---

54) 馬淵貞利,〈現代歷史學における三·一運動〉,《朝鮮史研究會論文集》 17, 1980, 108~110쪽.

계적 규모로 대두하는 새로운 민중세력과 그들이 포착해내는 문제를 역사학이 취급할 수 있을 것이라고 전망했다.[55]

요컨대 마부치는 '민중'의 이념적 정의로부터 구체적인 역사를 서술하는 연역적 방법이 아니라, 구체적인 사실들로부터 '민중'의 내용을 포착하는 귀납적 방법론의 확립을 요구했던 것이다. 이러한 요구 자체가 사실은 새로운 민중의 대두라는 현실 인식으로부터 비롯되고 있던 만큼, 논의의 목적이 현실 문제를 외면한 역사 연구의 구축에 있던 것은 아니며, 오히려 현실 문제를 올바로 파악하고 해결하기 위해서는 민중이 걸어온 발자취를 역사적 사실로부터 접근해야 한다는 주장이었다고 이해해야 할 것이다.

그러나 1980년대 들어 연이어 발생한 현실 문제는 과연 그것에 '새로움'이 있는가를 의심케 했다. 1986년에 조선사연구회에서 간행한 《입문 조선의 역사》 머리말에서는 일본의 아시아 '침략'을 '진출'로 수정 권고한 1982년의 역사 교과서 검정 문제부터 시작해, 1985년 나카소네 야스히로(中曾根康弘) 총리의 야스쿠니신사 공식 참배, 1986년 침략전쟁 긍정사관의 《신편일본사》 검정 통과, 그리고 같은 해 후지오 문부대신의 한국병합 한국 책임 발언 등을 열거했다.[56] 사건들의 발생 원인과 관련해서는 일제의 패망과 함께 반성의 기회가 찾아왔음에도 불구하고 식민지 지배하에서 축적되었던 편견과 차별의식이 청산되지 않은 채 그대로 고정관념화된 것을 지적했다. 따라서 일본의 '조선 문제' 개입은 또 다른 문제를 야기했다. 예컨대 남의 군사정권 지지와 북에 대한 적대시는 분단을 고착화하고 있다는 것이다. 더

---

55) 위의 논문, 112·113쪽.
56) 朝鮮史研究會 編, 《入門 朝鮮の歷史》, 三省堂, 1986, 1·2쪽.

구나 일본의 방위력 증강과 교육 통제 강화 등이 언제나 '조선 문제'와 연관 속에서 진행되어온 사실을 볼 때, 조선의 평화적 통일이 일본의 평화와 민주주의를 위해서도 매우 긴요한 문제임을 거듭 강조했다.[57]

조선사연구회는 1995년에 《조선의 역사》를 펴냈다. 이는 일찍이 '일본인으로서 조선의 역사를 어떻게 이해해야 하는가'라는 질문에 답하기 위해 1974년에 간행되었던 같은 제목의 책의 신판에 해당한다. 신판의 분량은 그간의 다양한 연구 성과를 반영하듯 초판 330쪽에서 392쪽으로 크게 늘었다. 근대 시기의 목차 구성에서도 확연한 변화를 확인할 수 있다. 〈표 1〉을 보면 초판의 경우 1860년대부터 3·1운동까지 다루고 있는 제6장과 제7장의 제목에서 '부르주아'라는 단어를 볼 수 있으나 신판에는 등장하지 않는다. 초판에서 '부르주아'를 강조한 것은 전술한 박경식의 논의와 같이 민족주의자를 재평가하기 위함이 아니었다. 오히려 박경식이 비판했던 논리, 즉 민족주의운동의 한계를 지적하고 인민투쟁으로의 운동 방식 전환을 강조하기 위한 것으로 보인다. 이에 반해 신판에서는 '부르주아'라는 단어의 배제와 함께 민족주의자에 대한 책임 추궁도 상대적으로 약화되었다. 흥미로운 사실은 책 전체의 분량이 늘었음에도 불구하고 3·1운동 관련 서술을 포함해 근대 시기 분량은 오히려 줄어들었다는 사실이다. 초판과 신판의 근/현대 분량은 각각 113쪽/41쪽과 100쪽/68쪽으로, 여기에서 현대 시기의 증가는 초판과 신판 사이의 시간 경과를 반영

---

57) 위의 책, 244~247쪽. 이듬해 간행된 《朝鮮の近代史と日本》은 《入門 朝鮮の歷史》의 문제의식의 연장선에서 후지오(藤尾正行) 문부대신의 망언의 기원을 1953년 구보타(久保田貫一郎) 발언까지 거슬러 올라가 일본 사회에 그와 같은 인식의 뿌리 깊음에 대해 서술하기도 했다 (旗田巍 外, 《朝鮮の近代史と日本》, 大和書店, 1987, 1·2쪽).

초판(1974)	신판(1995)
제6장 민중의 성장과 부르주아 혁명운동의 태동 (근대Ⅰ) 1. 역사를 움직이는 농민 2. 개국과 조선 민중 3. 갑오농민반란과 그 압살 제7장 부르주아 민족운동의 전개(근대Ⅱ) 1. 의병투쟁과 계몽운동 2. 일본의 식민지 지배 3. 3·1독립운동 제8장 민족해방투쟁의 발전(근대Ⅲ) 1. 민족운동의 새로운 물결 2. 독립운동의 발전 3. 해방의 날을 지향하는 조선 인민의 투쟁	제6장 대외적 위기와 근대로의 모색 1. 양이와 개화 2. 민족운동의 태동 3. 식민지화와 국권회복운동 제7장 식민지 지배와 민족운동 1. 무단정치와 3·1독립운동 2. '문화정치'와 민족운동의 전개 3. 전시체제하의 조선

표 1. 조선사연구회 편, 《조선의 역사》 초판과 신판의 근대 시기 목차 비교

한 것이라고 할 수 있지만, 근대 시기의 축소는 과연 무엇을 의미하는가? 그 이유는 확실히 알 수 없다. 다만 초판에서는 동학농민전쟁과 3·1운동이 근대 시기의 장을 구분하는 기준점이 되었으나, 신판에서는 1910년의 '한국병합'이 그를 대신하고 있다는 점은 주목할 필요가 있다. 이는 초판의 민족해방투쟁사적 관점에서 벗어나기 위한 하나의 시도였다고 생각된다.[58]

《조선의 역사》 신판에서는 조선사를 배우는 의미와 관련해 "국제화를 외치는 금일" 조선과의 관계를 어떻게 구축하는가가 일본이 세

---

58) 덧붙여 말해두자면, 초판 집필진은 가지무라 히데키, 고이즈미 지카타네(小泉親種), 마부치 사다토시(이상 제6장), 이구치 가즈키(井口和起)(제7장), 나카쓰카 아키라(제8장) 등이었고, 신판은 쓰루조노 유타카(鶴園裕), 요시노 마코토(吉野誠), 조경달(趙景達), 쓰키아시 다쓰히코(月脚達彦)(이상 제6장), 하시야 히로시(橋谷弘), 나미키 마사히토(並木眞人)(이상 제7장) 등으로 그 면면이 완전히 바뀌었다.

계 속에서 어떻게 살아갈지를 보여주는 시금석이 될 것이라고 밝혔다.[59] 동시에 "조선사를 일조(日朝) 관계사적 이해에 그치지 않고, 하나의 외국의 역사로서 이해할 수 있도록" 힘을 쏟았다고 하는데,[60] 이러한 서술로부터 떠오르는 국제관계상이란 국민국가의 집합체로서의 국제사회이다.

그런데 1999년 역사학연구회 전체회의 주제는 '재고 방법으로서의 전후 역사학'이었고, 이듬해 이때의 논고를 모아 펴낸《전후 역사학 재고》의 부제는 "'국민사'를 넘어서"였다. 여기에는 니시카와 나가오(西川長夫)의 〈전후 역사학과 국민국가론〉이라는 글도 포함되어 있다.[61] 이로부터 11년이 지난 2011년에 조선사연구회가 간행한《조선사연구입문》은 조선사 연구의 과제 중 하나로 "'조선사'를 '일국사'의 틀에 가두지 않고 세계사·아시아사·동아시아사 속에 자리매김하여 파악할 것"을 제시하고, 특히 "'일국사'적 방법의 극복이 가장 필요한 것은 근현대사 연구"라고 강조했다.[62]

1990년대 포스트모더니즘의 수용에 의해 촉발된 이와 같은 문제 설정의 전환을 통해, 1980년대에 융성기를 맞이했던 민중운동사 연구는 더 이상 주목받지 못하게 되었다.[63] 가스야 겐이치(糟谷憲一), 나미키 마사히토(並木眞人), 하야시 유스케(林雄介)가 공동집필한《조선현대사》(2016)의 3·1운동 서술을 봐도 알 수 있듯이, 적어도 통사에서의 3·1운동 서술에는 큰 변화가 보이지 않는다.[64] 말하자면 운동사적

---

59) 朝鮮史硏究會 編,《朝鮮の歷史》, 三省堂, 1995, 4쪽.

60) 위의 책, 372쪽.

61) 歷史學硏究會 編,《シリーズ歷史学の現在 戰後歷史学再考》, 靑木書店, 2000.

62) 朝鮮史硏究會 編,《朝鮮史硏究入門》, 名古屋大學出版會, 2011, 2쪽.

63) 전후 일본의 민족운동사, 사회운동사와 관련한 사학사적 정리는 朝鮮史硏究會 編, 위의 책, 236~239쪽 참조.

9장 전후 일본 조선사학계의 3·1운동 연구   **305**

관점은 옛것이 되었고, 3·1운동 서술은 이미 화석화되어버렸다. 그러나 전술한 가지무라의 논리를 빌려 말하자면, 일국사적 관점과 국민사를 넘어선 관점이라는 추상적 도식화를 통해, 전자의 입장을 시대에 뒤떨어진 것으로 보는 것은 부당한 단순화가 아닐까? 더구나 여전히 식민지 지배 책임 문제가 해결되고 있지 않은 상황에서, 반드시 지나야 할 '통과 지점'을 이미 지났다고는 말할 수 없을 것이다.

《조선사연구입문》에서 제시한 또 다른 연구 과제는 ① '조선사'가 역사적 형성물이라는 것을 실제 역사의 전개 과정에 따라 사실에 근거해 밝힐 것, ② '조선사'의 틀·체계의 내용을 충실히 할 것 등이다. 그런데 실증적 방법론의 강조와 학문체계의 수립이라는 과제의 제시는 오히려 새로운 과제 설정의 어려움을 대변하고 있는 것으로 보인다. 이와 같은 어려움을 타개하기 위해서는 학문 연구에 대한 몰입이 아니라 현실 문제에 대한 재인식에서 출발해야 하는 것은 아닐까?

메이지유신 150주년과 3·1운동 100주년

2018년은 메이지유신 150주년이 되는 해이기도 했다. 일본의 아베 총리는 연두소감에서 메이지시대를 예찬하고 그 시대정신을 다시 구현하자고 일본 국민에게 호소했다. 이에 호응하듯 정부기관은 물론 지방자치체에 이르기까지 메이지유신 150주년을 기념하기 위한 다양한 행사를 준비·실시했다. 일본의 한 신문 사설이 지적한 것처럼 "아베 정권이 지향하는 것은 당시의 부국강병·식산흥업, 그를 통한

---

64) 糟谷憲一·並木眞人·林雄介, 《朝鮮現代史》, 山川出版社, 2016, 104~108쪽.

대일본제국의 재현"이 아니었을까? 그런 까닭에 1년의 시차를 두고 찾아온 3·1운동 100주년은 처음부터 그러한 망상의 허위를 폭로하기 위해 기다리고 있었던 것처럼 보인다.

가지무라는 재조 일본인, 곧 식민자들의 자기부정적 사상이 화석화된 채로 전해오고 있음을 지적한 바 있는데,[65] 전술한 바와 같이 그를 비판하는 논의도 현재는 화석화 현상을 면치 못하고 있다. 그러나 때로는 다음과 같이 거의 알려지지 않은 자전적 소설 속에서도 자기비판의 목소리를 확인하게 된다.

그날 밤, 역소(役所)에서 돌아온 아버지는 어머니로부터 그 일에 대해 듣자,

"훌륭하다. 이걸 자기 나라 일로 생각해보란 말이다. 메이지유신의 지사 같은 것이 아니냐. 이탈리아의 가리발디 부하 중에도 저 정도의 아이가 분명 있었을 것이다."

라고 가득 찬 술잔을 들면서 말했다.

"당신."

어머니는 놀라서 나무라듯 말했다.

제국의 관리로서 말해도 좋은 것과 말해서는 안 되는 것이 있다고…….

"됐어. 진리는 하나란 말이야. 나 같은 사람도 신분을 숨기고 조선 같은 변두리에서 경부나 하고 있는 비겁함 때문에 꺼림칙한 게 있다고."

---

65) 梶村秀樹, 〈植民地朝鮮での日本人〉, 金原左門 編, 《地方文化の日本史 第9卷 地方デモクラシーと戰爭》, 文一總合出版, 1978, 357쪽. 가지무라는 화석화를 면한 유일의 예외적 인물로 3·1운동 당시 용산의 78연대에 소속되어 '폭동 진압'에도 동원되었으나 결국 탈옥을 시도했다고 하는 나가이 요시(永井叔)를 들었을 뿐이다(위의 논문, 333~335쪽).

옆방에서 예습을 하고 있던 미키치는 호흡을 가다듬고 귀를 기울였다.

그럼 그건 진짜인가 보다……. 심상 5년 때, 도쿄에 돌아가 혼고의 모토마치학교에 다닐 즈음 당시 게이오 보이었던 사촌 형이

"너의 아버지는 일본에서 가장 처음 스트라이크를 선동한 사람이야. 오사카에서 일전증기(一錢蒸氣)에 반대하여 인력차부들이 스트라이크를 했을 때 차부감찰(車夫鑑札)을 치켜들고 연설을 했다잖아. 친구인 변호사의 개인 차부로 가장해서 말이야. 도쿄에서도 시전(市電)의 스트라이크에서 뭔가 했단 말이지. 참 터무니없어. 그런 사람이 지금 조선에서 경부라니."

라고 줄곧 이야기한 적이 있다.

어머니가 말해주었는데, 아버지는 상관과 맨날 싸워서 좋은 곳으로 가지 못한다고 한다…….

'불령선인(不逞鮮人)'과 지사(志士)를 똑같이 취급하다니……. 미키치는 아버지에 대한 환멸을 느꼈다.[66]

위 소설《경성·진해·부산》은 1951년 한국전쟁 중에 간행되었는데, 작가는 어린 시절에 경찰인 아버지를 따라 식민지 조선을 전전했던 다마가와 이치로(玉川一郞)이다.[67] 위 인용문에서 '그 일'이란 소설 속 주인공인 미키치의 이웃집 친구 유완용이 3·1운동에 가담했다는 이유로 그의 집에 가택수사가 이루어진 사건을 말한다. 미키치의 아버지는 유완용의 행동을 훌륭하다고 칭찬하면서 그를 메이지유신의 지

---

66) 玉川一郞,《京城·鎮海·釜山》, 新小說社, 1951, 84·85쪽.

67) 다마가와 이치로(玉川一郞)의 소설《경성·진해·부산》에 대해서는 박준형,〈경계의 저편, 타자의 발견─다마가와 이치로의 소설《경성·진해·부산》(1951)에 나타난 공간의 특성과 타자 인식을 중심으로〉,《사이間SAI》17, 2014 참조.

사와 동일시했다. 메이지유신의 지사들이 훌륭하다면 자국의 독립을 위해 몸을 던진 조선인들 또한 훌륭한 게 아니냐는 논리이다. 비록 미키치는 그런 아버지의 사고를 받아들일 수 없었던 듯하지만, 아버지의 이야기는 메이지유신과 3·1운동을 그저 1년의 차이를 두고 매년 기념을 반복하는 병렬적 사건이 아니라, 상호 간의 관계를 묻고 그로부터 각각의 사건의 의미를 되물을 수 있는 하나의 가능성을 제시하고 있다는 점에서 시사하는 바가 크다.

다만 이러한 시도는 가지무라에 의해서도 '조선을 통해 본 메이지유신'이라는 시점으로 선행된 바 있다. 그는 스스로의 말처럼 일찍부터 "근대 일본의 허망을 드러내는 일에 몰두"해왔으나, 그의 반성적 역사인식은 오히려 조선인으로부터는 자주적 근대화의 실패라는 또 다른 반성적 태도는 "도움이 되지 않는다"는 비판을 받고, 또 일본인으로부터는 "일본인에게 절망했다"는 퇴행적 반응밖에 얻지 못하는 딜레마에 부딪혀야 했다. 이를 극복하기 위해 그가 주목했던 '미발(未發)의 계기'라는 개념, 그리고 제국주의 지배이데올로기에 포획된 채로 살아가면서도 불만을 품었고, 동시에 그 불만을 터뜨리지 않은 채로도 살아갈 수 있었던 일반 민중에 대한 질문들은 위에서 언급한 가능성을 실현시키기 위한 구체적인 방법일 수 있다.[68] 나아가 이러한 방법을 통해 '일본을 통해 본 3·1운동'이라는 시점 또한 세워질 수 있다면, 강재언의 지적대로 3·1운동은 "서로 구제하고 서로 인간적이기 위한 운동"[69]으로 기념될 것이다.

---

68)　梶村秀樹, 〈朝鮮から見た明治維新(1980年作)〉, 《梶村秀樹著作集》 1, 明石書店, 1992 참조.

69)　姜在彦, 〈一九一九年の三·一朝鮮獨立運動〉, 《季刊 三千里》 17, 1969, 27쪽.

머리말 고태우

연세대학교 사학과 박사과정 수료, 한국생태환경사연구소 연구위원. 식민지 개발과 유산 문제, 20세기 한국의 생태환경사를 연구하고 있다. 주요 논저로 〈식민지 토건업자의 '과점동맹'〉, 〈한국 근대 생태환경사 연구의 동향과 과제〉, 《한국사, 한 걸음 더》(공저), 《일제강점기 경성부윤과 경성부회 연구》(공저) 등이 있다.

1장 최우석

독립기념관 한국독립운동사연구소 연구원. 3·1운동을 통해 식민지 시기에 대한 새로운 정치·사회사적 의미를 밝히고자 연구하고 있다. 주요 논문으로 〈3·1운동기 김윤식·이용직의 독립청원서 연구〉, 〈함흥지방법원 검사의 기소 자료에 나타난 함경도 지역 3·1운동〉 등이 있다.

2장 박종린

한남대학교 역사교육과 부교수. 한국 근현대 사회주의 사상사 연구에 주력하고 있으며, 반자본주의 사상과 한국 근현대 학술사 등으로 연구의 폭을 확장하고 있다. 저서로 《사회주의와 맑스주의 원전 번역》이 있고, 공저로 《한국 근현대 인문학의 제도화: 1910~1959》, 《미래를 여는 한국의 역사 5》, 《한국 근현대 정치와 일본 1》, 《반전으로 본 동아시아: 사상·운동·문화적 실천》, 《역사 속의 미래 사회주의》 등이 있다.

3장 김정인

춘천교육대학교 사회과교육과 교수. 민주주의의 시각에서 한국 근현대사를 재구성하는 연구를 하고 있다. 저서로 《민주주의를 향한 역사》, 《독립을 꿈꾸는 민주주의》, 《오늘과 마주한 3·1운동》, 《대학과 권력》, 《역사전쟁, 과거를 해석하는 싸움》 등이 있다.

4장 이지원

대림대학교 인문사회계열 교수. 한국 근현대 사상과 문화에 관한 연구를 하고 있다. 저서로 《한국 근대 문화사상사 연구》, 《세계 속의 한국의 역사와 문화》, 《미래세대의 동아시아 읽기》 등이 있고, 공저로 《3·1민족해방운동연구》, 《일제하 지식인의 파시즘체제 인식과 대응》, 《식민지 근대의 뜨거운 만화경》, 《일제 강점 지배사의 재조명》, 《한민족독립운동사 9》 등이 있다.

5장 도면회

대전대학교 역사문화학과 교수. 한국의 일본 식민지화 원인, 문화 변용, 20세기 사학사 및 개념사에 대해 연구하고 있다. 주요 논저로 〈일제강점기 일본인과 한국인의 한국 근대사 서술〉, 〈한국에서 근대적 역사 개념의 탄생〉, 《한국 근대 형사재판제도사》, 《역사학의 세기》(공저) 등이 있다.

6장 배석만

고려대학교 한국사연구소 연구교수. 20세기 한국 경제사의 다양한 모습에 주목하여 연구를 하고 있다. 주요 논저로 〈어느 주물기술자의 일기로 본 기업경영사-대동(大東)공업(주), 이천(利川)전기공업(주)의 사례〉, 〈일제 시기 입전(立廛)상인 백씨 집안의 경제활동〉, 《한국 조선산업사: 일제 시기 편》등이 있다.

7장 한승훈

고려대학교 독일어권문화연구소 연구교수. 세계사적 관점에서 한국 근대 국제관계사를 연구하고 있다. 주요 논저로 〈변경의 접촉지대 삼도(三島), 그리고 거문도(巨文島)의 탄생〉, 〈'조미수호통상조약(1882)' 체결 당시 미국의 '공평함'이 갖는 함의〉, 《조일수호조규, 근대의 의미를 묻다》(공저) 등이 있다.

8장 홍종욱

서울대학교 인문학연구원 부교수. 식민지 시기 좌파 지식인의 전향 문제, 내재적 발전론의 등장과 전개 등을 연구했고, 최근에는 북한의 역사학에 관심이 있다. 주요 논저로 《戦時期朝鮮の転向者たち-帝国 / 植民地の統合と亀裂》, 《가지무라 히데키의 내재적 발전론을 다시 읽는다》(공저), 〈反식민주의 역사학에서 反역사학으로-동아시아의 '戰後 역사학'과 북한의 역사 서술〉 등이 있다.

9장 박준형

서울시립대학교 국사학과 조교수. 한반도 공간의 식민지적 분할과 재편, 전후 일본의 조선사학 등을 주제로 연구하고 있다. 주요 논저로 〈청일전쟁 이후 잡거지(雜居地) 한성(漢城)의 공간 재편 논의와 한청통상조약〉, 〈재한 일본 '거류지'·'거류민' 규칙의 계보와 '거류민단법'의 제정〉, 〈'조계(租界)'에서 '부(府)'로: 1914년, 한반도 공간의 식민지적 재편〉, 《이와나미강좌(岩波講座) 일본역사(日本歷史) 20》(공저) 등이 있다.

3·1운동 100주년 총서

3·1운동 100년

1 메타역사

한국역사연구회 3·1운동100주년기획위원회 엮음

1판 1쇄 발행일 2019년 3월 1일

발행인 | 김학원
편집주간 | 김민기 황서현
기획 | 문성환 박상경 임은선 김보희 최윤영 전두현 최인영 정민애 이문경 임재희 이효온
디자인 | 김태형 유주현 구현석 박인규 한예슬
마케팅 | 김창규 김한밀 윤민영 김규빈 김수아 송희진
제작 | 이정수
저자·독자서비스 | 조다영 윤경희 이현주 이령은(humanist@humanistbooks.com)
조판 | 이희수 com.
용지 | 화인페이퍼
인쇄·제본 | 영신사

발행처 | (주)휴머니스트 출판그룹
출판등록 | 제313-2007-000007호(2007년 1월 5일)
주소 | (03991) 서울시 마포구 동교로23길 76(연남동)
전화 | 02-335-4422 팩스 | 02-334-3427
홈페이지 | www.humanistbooks.com

ⓒ 한국역사연구회 3·1운동100주년기획위원회, 2019

ISBN 979-11-6080-206-1 94910
ISBN 979-11-6080-205-4 (세트)

* 이 도서의 국립중앙도서관 출판예정도서목록(CIP)은 서지정보유통지원시스템 홈페이지(http://seoji.nl.go.kr)와 국가자료공동목록시스템(http://www.nl.go.kr/kolisnet)에서 이용하실 수 있습니다.(CIP제어번호: CIP2019002384)

만든 사람들
편집주간 | 황서현
기획 | 최인영(iy2001@humanistbooks.com)
편집 | 엄귀영 이영란 김수영
디자인 | 김태형